全国中医药行业中等职业教育“十三五”规划教材

分析化学

（供中药学、中药制药、药学、药物制剂、医学检验等专业用）

主　编◎闫冬良

中国中医药出版社

·北　京·

图书在版编目（CIP）数据

分析化学/闫冬良主编．—北京：中国中医药出版社，2018.7（2023.11 重印）

全国中医药行业中等职业教育“十三五”规划教材

ISBN 978-7-5132-4767-2

Ⅰ．①分…　Ⅱ．①闫…　Ⅲ．①分析化学-中等专业学校-教材　Ⅳ．①O65

中国版本图书馆 CIP 数据核字（2018）第 023571 号

中国中医药出版社出版

北京经济技术开发区科创十三街 31 号院二区 8 号楼

邮政编码　100176

传真　010-64405721

三河市同力彩印有限公司印刷

各地新华书店经销

开本 787×1092　1/16　印张 16.75　字数 345 千字

2018 年 7 月第 1 版　2023 年 11 月第 3 次印刷

书号　ISBN 978-7-5132-4767-2

定价　52.00 元

网址　www.cptcm.com

服务热线　010-64405510

购书热线　010-89535836

维权打假　010-64405753

微信服务号　zgzyycbs

微商城网址　https://kdt.im/LIdUGr

官方微博　http://e.weibo.com/cptcm

天猫旗舰店网址　https://zgzyycbs.tmall.com

如有印装质量问题请与本社出版部联系（010-64405510）

《分析化学》

编 委 会

主　编
闫冬良（南阳医学高等专科学校）

副主编
李　春（江苏省南通卫生高等职业技术学校）
袁　勇（新疆昌吉职业技术学院）

编　委（以姓氏笔画为序）
孙丽花（郑州市卫生学校）
杜刚锋（南阳医学高等专科学校）
宋　昕（山东中医药高等专科学校）
陈　凯（四川中医药高等专科学校）
舒　雷（云南临沧卫生学校）

编写说明

《分析化学》是“全国中医药行中等业职业教育‘十三五’规划教材”之一。本教材根据习近平总书记关于加快发展现代职业教育的重要指示，认真贯彻落实《国家中长期教育改革和发展规划纲要（2010—2020年）》《中医药健康服务业发展规划（2015—2020年）》和《中医药发展战略规划纲要（2016—2030）》，以及中医药教育行指委《关于加快发展中医药现代职业教育的意见》和《中医药现代职业教育体系建设规划（2015—2020年）》等文件精神，努力提升中医药职业教育对全民健康和地方经济的贡献度，提高中等职业学校学生的实际操作能力，实现职业教育与产业需求、岗位胜任能力严密对接，满足中医药事业发展对于高素质技术型和技能型人才的需求，由全国中医药职业教育教学指导委员会、国家中医药管理局教材建设工作委员会办公室统一规划、宏观指导，中国中医药出版社组织全国相关的高职和中职院校联合编写出版。本教材可供中等医药卫生学校中药学、中药制药、药学、药物制剂、医学检验等专业的师生使用，也可以作为相关人员的参考资料。

本教材力求体现“专业设置与产业需求对接、课程内容与职业标准对接、教学过程与生产过程对接”的指导思想，“崇尚一技之长”，提升人才培养质量。在编写过程中，注重强化质量意识和精品意识，突出思想性、科学性、实用性、启发性、教学适用性，本着“以应用为主旨”的教学思想和“实用、够用”的原则，以“三对接”为宗旨，以巩固专业思想和执业药师考试大纲、药学职称考试大纲为导向，以服务人才培养为目标，以提高教材质量为核心，精心遴选编写内容，优化教材内容结构和知识点，把初中化学知识、中职无机化学和有机化学知识作为起点，简明扼要地介绍相关的基础知识、基本理论和基本技能，尽可能体现教育教学改革和教材改革的新成果，做到学以致用。同时，在规范化、标准化、编写技巧、语言文字等方面狠下功夫，从整体上提高教材质量，力求编写一本“教师好教、学生好学”的中职教材，最大限度地满足中等医药职业教育教学的实际需要，发挥教材在提高人才培养质量中的基础性作用。

全书分为十二章，主要包括滴定分析法概论、滴定分析的仪器、测量数据的处理、滴定分析法、电化学分析法、紫外-可见分光光度法、经典色谱法和其他分析方法等。书后安排二十个实验项目，还有必要的附录。

本教材的主要特点是：注重认知规律，循序渐进，突出重点。从滴定分析法概论入手，先介绍测量工具及其精度，再介绍测量数据的处理，进而介绍具体的分析方法，逐步强化“量”的概念，既有利于前期知识的衔接，又有利于后续知识的统一，着力培养和提高学生的专业知识、实践技能和思维能力，引导学生养成严谨求实的科学态度，为学生学习后续课程、适应工作岗位或进一步学习深造奠定基础。

鉴于分析化学实践性比较强的特点，在使用本教材时，建议安排教学72学时，其中理论教学48学时，实验教学24学时。各校可根据课程的具体安排和实验室的基础条件等具体情况进行适当调整。

本教材由闫冬良统稿。具体分工如下：闫冬良编写第一章、第二章、第十章和附录；李春编写第三章和第四章；杜刚锋编写第五章和第十一章；舒雷编写第六章；袁勇编写第七章；宋昕编写第八章；孙丽花编写第九章；陈凯编写第十二章。另外，各位编者还编写了与理论知识相对应的实验项目。

本教材在编写过程中，得到了中国中医药出版社领导的热情关怀和责任编辑的具体指导，同时也得到各位编者所在院校领导和老师的大力支持及帮助，在此一并致以衷心感谢！

由于我们的理论水平和实践经验都很有限，教材中若存有不足，恳请专家和读者提出宝贵意见，以便再版时修订提高。

《分析化学》编委会

2018年3月

目录

第一章　绪论 …… 1
第一节　分析化学的作用 …… 1
第二节　分析化学的分类方法 …… 2
一、按分析任务分类 …… 2
二、按分析对象分类 …… 2
三、按分析的方法原理分类 …… 3
四、按量的概念分类 …… 4
五、其他分类方法 …… 5
第三节　完成分析工作的一般程序 …… 6
一、采集试样 …… 6
二、制备试样 …… 6
三、分析测定 …… 6
四、处理分析数据 …… 7
第四节　分析化学的发展趋势 …… 7
第五节　分析化学的学习方法 …… 8

第二章　滴定分析法概论 …… 11
第一节　概述 …… 12
一、滴定分析法的特点 …… 12
二、滴定反应的基本条件 …… 12
三、滴定分析法的分类 …… 12
四、滴定分析法的滴定方式 …… 13
第二节　基准物质与滴定液 …… 15
一、基准物质 …… 15
二、滴定液的浓度 …… 15
三、滴定液的配制 …… 17
第三节　滴定分析的计算 …… 19
一、滴定分析的计算依据 …… 19
二、滴定分析的基本计算公式 …… 20
三、滴定分析的计算实例 …… 22

第三章　滴定分析的仪器 …… 29

第一节　电子天平 …… 30

一、电子天平的结构和特点 …… 30

二、电子天平的称量规则 …… 30

三、使用电子天平的注意事项 …… 32

四、电子天平的称量方法 …… 32

五、电子天平常见故障及其排除 …… 34

第二节　容量仪器 …… 34

一、滴定管 …… 34

二、容量瓶 …… 38

三、移液管 …… 39

第四章　测量数据的处理 …… 45

第一节　定量分析的误差 …… 45

一、准确度与误差 …… 45

二、精密度与偏差 …… 47

三、准确度与精密度的关系 …… 48

四、误差的来源 …… 49

五、减小误差的几种主要方法 …… 50

第二节　有效数字 …… 51

一、有效数字的基本概念 …… 52

二、有效数字的修约规则 …… 52

三、有效数字的运算规则 …… 53

四、有效数字在定量分析中的应用 …… 54

第三节　可疑测量数据的取舍 …… 55

一、四倍法 …… 55

二、Q 检验法 …… 55

第五章　酸碱滴定法 …… 60

第一节　酸碱指示剂 …… 60

一、酸碱指示剂的变色原理和变色范围 …… 60

二、影响指示剂变色范围的因素 …… 63

三、混合指示剂 …… 63

第二节　酸碱滴定的类型与指示剂的选择 …… 64
一、一元强酸（强碱）的滴定 …… 64
二、一元弱酸（弱碱）的滴定 …… 66
三、多元酸（碱）的滴定 …… 69
第三节　酸碱滴定液的配制 …… 71
一、氢氧化钠滴定液的配制 …… 71
二、盐酸滴定液的配制 …… 72
第四节　酸碱滴定法的应用 …… 72
一、直接滴定法 …… 73
二、间接滴定法 …… 74

第六章　沉淀滴定法 …… 82
第一节　铬酸钾指示剂法 …… 83
一、基本原理 …… 83
二、滴定条件 …… 83
三、硝酸银滴定液的配制 …… 85
四、应用实例 …… 85
第二节　铁铵矾指示剂法 …… 86
一、直接滴定法 …… 86
二、返滴定法 …… 86
三、硫氰酸铵或硫氰酸钾滴定液的配制 …… 87
四、应用实例 …… 87
第三节　吸附指示剂法 …… 88
一、基本原理 …… 88
二、滴定条件 …… 88
三、应用实例 …… 89

第七章　配位滴定法 …… 93
第一节　EDTA 及其配合物 …… 94
一、EDTA 的结构和性质 …… 94
二、EDTA 在水中的解离 …… 94
三、EDTA 与金属离子配位反应的特点 …… 95
第二节　配位滴定法的基本原理 …… 95

一、配位平衡 …… 95
二、金属指示剂 …… 97
第三节 配位滴定的滴定液 …… 100
一、EDTA 滴定液的配制 …… 100
二、锌滴定液的配制 …… 101
第四节 EDTA 滴定法的应用 …… 101
一、直接滴定法 …… 102
二、返滴定法 …… 102

第八章 氧化还原滴定法 …… 107
第一节 高锰酸钾法 …… 108
一、高锰酸钾法的基本原理 …… 108
二、高锰酸钾法滴定液的配制 …… 108
三、高锰酸钾法的应用 …… 109
第二节 碘量法 …… 110
一、碘量法的基本原理 …… 110
二、碘量法滴定液的配制 …… 112
三、碘量法的应用 …… 113
第三节 其他氧化还原滴定法 …… 114
一、亚硝酸钠法 …… 114
二、重铬酸钾法 …… 115
三、铈量法 …… 116

第九章 电化学分析法 …… 120
第一节 电化学基础知识 …… 120
一、原电池 …… 120
二、电极电位 …… 122
三、能斯特方程 …… 123
第二节 直接电位法 …… 124
一、参比电极和指示电极 …… 124
二、直接电位法测定溶液 pH 的基本原理 …… 125
三、酸度计 …… 126
第三节 电位滴定法和永停滴定法简介 …… 127

一、电位滴定法 …… 127
二、永停滴定法 …… 128

第十章　紫外-可见分光光度法 …… 132
第一节　光与物质的相互作用 …… 133
一、光的本质与电磁波谱 …… 133
二、单色光与复合光 …… 134
三、溶液的颜色 …… 134
第二节　紫外-可见分光光度法的基本原理 …… 135
一、透光率和吸光度 …… 135
二、朗伯-比尔定律 …… 136
三、吸光系数 …… 136
四、吸收光谱 …… 138
五、影响朗伯-比尔定律的主要因素 …… 139
第三节　紫外-可见分光光度计 …… 140
一、紫外-可见分光光度计的基本结构 …… 140
二、常见的紫外-可见分光光度计 …… 142
三、紫外-可见分光光度计的操作规程 …… 144
第四节　定性和定量分析 …… 144
一、定性分析方法 …… 144
二、定量分析方法 …… 145

第十一章　经典色谱法 …… 152
第一节　概述 …… 152
一、色谱法的发展概况 …… 152
二、色谱法分离的基本原理 …… 153
三、色谱法的分类 …… 154
第二节　柱色谱法 …… 155
一、液-固吸附柱色谱 …… 155
二、液-液分配柱色谱 …… 158
三、离子交换柱色谱 …… 160
四、空间排阻柱色谱 …… 161
五、柱色谱的应用与实例 …… 162

第三节 纸色谱法 …… 162
一、比移值和相对比移值 …… 162
二、色谱滤纸的选择和处理 …… 163
三、操作方法 …… 164
四、应用实例 …… 165
第四节 薄层色谱法 …… 166
一、薄层色谱法的原理 …… 166
二、吸附剂的选择 …… 166
三、展开剂的选择 …… 167
四、操作方法 …… 167
五、应用实例 …… 170

第十二章 其他分析方法简介 …… 178
第一节 气相色谱法 …… 178
一、气相色谱法的分类 …… 178
二、气相色谱仪的基本组成 …… 179
三、气相色谱法的一般流程 …… 180
四、气相色谱法的有关概念 …… 180
五、定性与定量分析 …… 181
第二节 高效液相色谱法 …… 182
一、高效液相色谱法的概念 …… 182
二、高效液相色谱法的特点 …… 182
三、高效液相色谱仪的基本组成 …… 183
四、定性与定量分析 …… 183
五、气相色谱法和高效液相色谱法的比较 …… 183
第三节 红外吸收光谱法 …… 184
一、红外光谱 …… 184
二、分子振动的基本形式 …… 185
三、红外分光光度计 …… 185
四、红外吸收光谱的重要区段 …… 186
第四节 质谱法 …… 187
一、质谱法的概念 …… 187
二、质谱仪及其工作原理 …… 187

三、质谱图 …… 188
四、质谱法的特点 …… 189

实验指导 …… 191
实验一　电子天平称量练习 …… 191
实验二　滴定分析仪器的洗涤及使用练习 …… 193
实验三　盐酸滴定液的配制 …… 196
实验四　药用氢氧化钠的含量测定 …… 198
实验五　氢氧化钠滴定液的配制 …… 200
实验六　食醋中总酸量的测定 …… 202
实验七　硝酸银滴定液的配制 …… 204
实验八　复方氯化钠注射液总氯量的测定 …… 206
实验九　EDTA 滴定液的配制 …… 207
实验十　水的总硬度的测定 …… 209
实验十一　高锰酸钾滴定液的配制 …… 211
实验十二　双氧水的含量测定 …… 213
实验十三　硫代硫酸钠滴定液的配制 …… 215
实验十四　维生素 C 的含量测定 …… 217
实验十五　直接电位法测定饮用水的 pH …… 218
实验十六　高锰酸钾溶液吸收曲线的绘制 …… 220
实验十七　维生素 B_{12}注射液的含量测定 …… 223
实验十八　混合金属离子的柱色谱分离 …… 224
实验十九　混合氨基酸的纸色谱分离 …… 226
实验二十　磺胺类药物的薄层色谱分离 …… 227
附录一　分析化学实验室须知 …… 230
附录二　常见元素及其相对原子量 …… 236
附录三　常见化合物的式量 …… 237
附录四　市售常用试剂溶液的浓度 …… 239
附录五　难溶化合物的溶度积（K_{sp}）[①] …… 240
附录六　常用弱酸、弱碱的解离常数 …… 242
附录七　标准电极电位表 …… 245

主要参考书目 …… 248

第一章
绪　论

【学习目标】

掌握分析化学的概念和任务。

熟悉分析方法的分类。

了解分析过程的一般步骤。

分析化学是研究物质化学组成、含量、结构等信息的分析方法、有关理论和实验技术的一门科学。主要研究物质是由哪些组分所组成、被测组分的含量是多少、被测组分的结构和状态怎么样，还要研究分析检测所依据的理论、实验的方法和技术等。分析化学同无机化学、有机化学一样，是化学学科的一个重要分支。

第一节　分析化学的作用

分析化学在处理和解决实际问题中发挥着重要作用。实事求是地讲，只要涉及物质及其变化的研究，都需要分析化学提供相关信息，如工农业生产、资源的开发与利用、天文学、考古学、质量守恒定律的证实、原子量的测定，以及有机合成、催化机理、元素周期律、溶液理论等的确证，都需要用到分析化学的理论知识和实践技能。有人把分析化学称为科学研究的“参谋”、工农业生产的“眼睛”、产品质量的“守护神”。因此，分析化学的发展水平是衡量一个国家科学技术水平的重要标志之一。反过来，各有关科学技术的发展，又给分析化学提出了新的要求，从而促进了分析化学的发展。

在医药卫生、环境保护、生命科学等领域，分析化学更是发挥着其他任何学科无法替代的作用。如临床检验、病因调查、环境检测、新药研发、药品质量控制、药代动力学研究、中草药有效成分的分离和测定、生物大分子的结构研究、食品营养成分分析、农药残留量检测等，都离不开分析化学的理论、方法和技术。

在中等医药学校教育中，分析化学是一门重要的专业基础课，同样发挥着非常重要的作用。中药学、中药制药、药学、药物制剂、医学检验及相关专业的许多课程都涉及分析化学的理论、方法及技术。在医药卫生的工作实践中，要么直接使用分析化学介绍的分析仪器，要么使用以分析化学的方法、理论和实验技术为基础而设计的专用仪器。因此，学习分析化学不仅能帮助学生掌握有关分析方法的理论及操作技能，而且能帮助学生掌握科学研究的方法，更重要的是引导学生牢固树立“量”的概念和质量意识，培养和提高学生发现问题、分析问题、解决问题的能力，培养严谨的科学态度、踏实细致的工作作风、实事求是的科学道德和初步从事科学研究的技能，提高学生的综合素质和创新能力，促进学生素质的全面发展，为学好专业课、胜任岗位工作打下坚实的基础。

第二节　分析化学的分类方法

分析化学的内容十分丰富，应用非常广泛，可以从不同的角度进行分类。

一、按分析任务分类

按分析的主要任务来分类，分析化学可以分为定性分析、定量分析和结构分析。

（一）定性分析

定性分析的任务是鉴定物质的化学组成，即鉴定物质由哪些元素、离子、原子、原子团、官能团或化合物组成，解决“物质是什么”的问题。

（二）定量分析

定量分析的任务是测定试样中有关组分的相对含量，解决“含量是多少”的问题。有关组分相对含量的大小，往往决定相应工作的兴废。例如，某药品的含量等于或高于国家标准，则含量合格，否则，含量不合格，被视为劣药。学习分析化学，一定要牢固树立“量”的概念。

（三）结构分析

结构分析的任务是研究有关物质的化学结构和存在形态，即确定物质的化学结构、晶体结构或空间分布，以及价态、配位态、结晶态等。物质的结构决定其性质，物质的性质决定其用途。

二、按分析对象分类

按分析的对象来分类，分析化学可以分为无机分析和有机分析。

（一）无机分析

无机分析的分析对象为无机化合物，即确定无机化合物的化学组成、组分的相对含量或存在形态。

（二）有机分析

有机分析的分析对象为有机化合物，即确定有机化合物的化学组成、组分的相对含量、官能团或结构形态。

三、 按分析的方法原理分类

按分析的方法原理来分类，分析化学可以分为化学分析和仪器分析，这是本章的学习重点。

（一）化学分析

化学分析的是以物质的化学性质为基础而建立的分析方法。就化学分析而言，既有定性分析和定量分析之分，又有无机分析和有机分析之分。

通常重点介绍化学定量分析，包括重量分析与滴定分析两部分。

1. 重量分析 是以质量为测量值的分析方法。又可细分为沉淀法、挥发法和萃取法等。

2. 滴定分析 是以体积为测量值的分析方法。将已知准确浓度的溶液滴加到被测物质溶液中，直至所加溶液的物质的量按化学计量关系与被测物质恰好反应完全，然后根据所加溶液的浓度和消耗体积，计算出被测物质含量的分析方法。由于这种测定方法是以测量溶液体积为基础，故又称为容量分析。滴定分析法可细分为酸碱滴定法、沉淀滴定法、配位滴定法和氧化还原滴定法等。

化学分析法的特点：仪器设备简单、测定结果准确可靠，但测定过程耗时费力，无法测定微量组分。

（二）仪器分析

仪器分析的是以待测组分的物理或物理化学性质为基础而建立的分析方法。由于这类分析方法需要特殊的电子仪器，故称为仪器分析。可细分为电化学分析、光学分析、色谱分析及质谱分析等。

1. 电化学分析 以电信号（电位、电导、电量、电流）为测量值的分析方法。电化学分析可细分为电位分析法、电导分析法、电量法和伏安法等。

2. 光学分析 是以光信号（波长、频率、光强度）为测量值的分析方法。光与待测物质发生作用后，有时改变传播方向，有时改变光的强度，有时待测物质会发射某种波长的光，因此，光学分析可以细分为很多分析方法。

视域拓展

光学分析法的分类

光与待测物质发生作用后改变了传播方向，以此为基础所建立的分析法称为一般光学分析法或非光谱分析法，如折光法、旋光法、衍射法等。

光与待测物质发生作用后改变了强度或发射某种波长的光，以此为基础所建立的分析方法称为光谱分析法，如紫外-可见分光光度法、红外分光光度法、原子吸收分光光度法、荧光分析法、核磁共振波谱法等。

3. 色谱分析 是一类分离分析方法。主要有经典色谱法（柱色谱、纸色谱、薄层色谱）、气相色谱法和高效液相色谱法等。色谱分析法在《中华人民共和国药典》（称简《中国药典》）的应用逐版增多。

4. 质谱分析 是利用离子化技术，将待测组分的分子转化为带正电荷的离子，按其质荷比（m/z，离子质量与电荷之比）的差异进行分离测定，根据质谱峰的位置、强度等信息进行定性、定量和结构分析的方法。

仪器分析的特点是：灵敏、快速、准确度比较高、仪器自动化程度高，特别适合于微量组分或复杂体系的分析，但仪器复杂、价格昂贵。

知识链接

有机“四大谱”

在有机分析和天然新药研究中，常用紫外光谱判定分子中的官能团、红外光谱判定分子中的官能团和化学键、核磁共振波谱判定分子中的原子、质谱判定分子中的结构单元和分子量，它们共同成为确定有机物分子结构的有力工具，故称有机“四大谱”。

化学分析和仪器分析各有所长，相辅相成，化学分析适用于常量试样中常量组分的定性、定量分析，仪器分析适用于微量、超微量试样中微量、痕量组分的定性、定量和结构分析。就每种分析方法来讲，各有其适宜的测定对象，因此，在实际工作中应根据具体情况选择相应的分析方法。

四、 按量的概念分类

“量”的概念是分析化学的灵魂之一，应该从两个方面来认识：一是分析测定时的

“取样量”或“取样体积”，固体试样的取样量常用质量来衡量，液体试样的取样量常用体积来衡量；二是待测组分在试样中的含量。

（一）按取样量或取样体积分类

分析化学可以分为常量分析、半微量分析、微量分析和超微量分析等，具体见表1-1。

表1-1　按取样量分类的分析方法

分类名称	常量分析	半微量分析	微量分析	超微量分析
取样量（mg）	>100	10～100	0.1～10	<0.1
取样体积（mL）	>10	10～1	1～0.01	<0.01

实际工作中，化学定性分析一般采用半微量或微量分析；化学定量分析一般采用常量分析；仪器分析一般采用微量和超微量分析。

（二）按待测组分在试样中的含量分类

分析化学可以分为常量组分分析、微量组分分析、痕量组分分析等，具体见表1-2。

表1-2　按待测组分含量分类的分析方法

分类名称	常量组分分析	微量组分分析	痕量组分分析
组分含量（%）	>1%	0.01%～1%	<0.01%

五、其他分类方法

（一）按分析的作用分类

按分析的作用分类，分析化学可以分为例行分析和仲裁分析。例行分析是指一般实验室在日常生产或工作中的分析，又称常规分析。例如，制药厂质检室的日常分析工作即为例行分析；再如，普查某人群的健康状况时，常常需要检测每个人血液的生化指标，这也属于例行分析。仲裁分析是指不同单位对分析结果有争议时，要求某仲裁单位（如一定级别的药检所、法定检验单位）用法定方法进行分析测定，以仲裁原分析结果的准确性。

（二）按分析时试样的状态分类

按分析时试样的状态分类，分析化学可以分为干法分析和湿法分析。干法分析是指对固态试样直接进行分析测定，湿法分析是指将试样制成溶液之后再进行分析测定。绝大多数情况下均采用湿法分析。

（三）按分析的领域分类

按分析的领域分类，分析化学可以分为药物分析、卫生分析、环境分析、食品分析、工业分析、矿岩分析、农业分析等。顾名思义，它们分别是指针对医药卫生、环境保护、食品行业、工矿企业、农业生产等相关试样所进行的分析和检测。

第三节 完成分析工作的一般程序

在一般的药学分析工作中，完成分析工作任务通常需要如下几个步骤。

一、采集试样

为了获得有用的分析数据和化学信息，分析测定的试样必须具有代表性。例如，对1吨某制药原料进行检验时，实际分析的试样往往只有1g或更少，采集的试样必须能够代表被检物质的整体状况。也就是说，采集试样的原则是“试样具有代表性”，否则，即使分析测定的结果再准确，都毫无实际意义。因此，必须采用科学取样法，从大批原料的不同部分、不同深度选取多个取样点进行采样，混合均匀，然后利用缩分法，从中取出少量作为试样进行分析测定，用测定的结果代表整批原料的平均组成和含量。

二、制备试样

制备试样就是将试样制备成溶液或转化为易于形成溶液的形态的操作过程，主要包括分解试样和分离干扰物质，以便用适宜的分析方法对试样进行测定，从而获得可靠的测定结果。

（一）分解试样

在一般的定量分析中，通常将固体试样进行分解，制成溶液（干法分析除外），再进行分析。分解试样的方法主要有溶解法和熔融法。

1. 溶解法 此法是采用适当溶剂将试样溶解后制成溶液。由于试样的组成不同，溶解时所用的溶剂也不同。对于无机化合物试样，首选的溶剂是纯化水。若不溶于水，可根据其性质选用酸作溶剂，如盐酸、硝酸、硫酸、磷酸、高氯酸、氢氟酸及它们的混合酸等，或选用碱作溶剂，如氢氧化钠、氢氧化钾、氨水等。对于有机化合物试样，一般采用有机试剂作溶剂，如乙醇、丙酮、甲醇、三氯甲烷、苯、甲苯等。

2. 熔融法 有些试样难溶于溶剂，常采用熔融法对试样进行预处理，即根据试样的性质，在高温条件下利用酸性或碱性熔剂与试样发生复分解反应，使试样中的待测成分转变为可溶于纯化水或某些溶剂的化合物。常用的酸性熔剂有$K_2S_2O_7$；碱性熔剂有Na_2CO_3、K_2CO_3、Na_2O_2、NaOH和KOH等。

（二）干扰物质的分离

对于成分比较复杂的试样，其他组分对待测组分的测定产生干扰，必须事先将干扰组分分离除去。常用的分离方法有离心分离法、沉淀法、挥发法、萃取法、色谱法等。

三、分析测定

根据试样来源、组成、待测组分的性质及大致含量、测定目的要求和干扰物质的存在等方面情况，选用适当的分析方法对试样进行分析测定。一般来说，测定常量组分时，常选用化学分析法；测定微量组分时，常选用仪器分析法。例如，测定自来水中钙、镁离子的含量常选用滴定分析法，而测定矿泉水中微量锌的含量常选用仪器分析法。

四、 处理分析数据

在测定试样的过程中获得了一些分析数据，需要根据相关的化学计量关系和计算公式进行运算，从而得出待测组分的相对含量，还需要以适当的形式表示分析结果。固体试样通常以待测组分的百分含量或质量分数表示。液体试样通常以待测组分的物质的量浓度、质量浓度或体积分数等表示。在药品分析工作中，通常以每片药品或每支液体药品中所含待测组分的质量来表示。

现代的分析仪器大多数都带有微电脑处理系统或工作站（数据处理软件），具有自动处理分析数据、自动储存分析结果、屏幕显示和输出打印等功能，使分析检测工作非常便利。

第四节　分析化学的发展趋势

分析化学的发展曾经经历了三次巨大的变革。第一次在20世纪初，由于物理化学溶液理论的发展，为分析化学提供了理论基础，使分析化学由一门技术发展成为一门科学。第二次是在20世纪中叶，物理学和电子学的发展促进了各种仪器分析方法的发展，打破了化学分析占主导地位的局面。20世纪70年代以来，分析化学正处在第三次变革时期，由于计算机科学、化学计量学、生命科学、新材料科学、新能源科学、精密仪器制造业等其他学科向分析化学相互渗透，丰富和完善了分析化学的理论、方法和手段，使分析化学的变革更加深刻，发展更加迅速，其主要发展趋势是分析测定快速、准确、非破坏性、高灵敏度、高选择性、遥测、自动化、智能化、在线监测、确定物质存在的状态和形态等。

化学计量学

化学计量学是用统计学或数学方法对化学体系的测量值与体系状态之间建立联系的学科。有人称之为化学统计学，是数学、统计学、计算机科学与化学结合而形成的化学分支学科。

化学计量学应用数学、统计学和其他方法和手段（包括计算机）选择最优试验设计和测量方法，并通过对测量数据的处理和解析，最大限度地获取有关物质系统的成分、结构及其他相关信息。

第五节　分析化学的学习方法

学习分析化学，应把握本教材的编排脉络，即以分析的方法原理分类为主线，着重领会滴定分析法（包括分析数据处理）、直接电位法、紫外-可见分光光度法和经典色谱法等的基本原理。在学好理论知识的同时，还要认真上好实验课，学会使用常用的分析仪器，自觉规范实验操作，逐步养成认真的科学态度及独立进行精密科学实验的技能和技巧，牢固树立“量”的概念。做到理论联系实际，深化对理论知识的理解和巩固，实现从感性认识上升到理性认识的飞跃。

在学习滴定分析法时，要把握各种滴定分析法的共性，如有关滴定分析的基本概念、滴定反应的条件、滴定液的配制方法、分析数据的采集与处理等知识的基本思路。同时，还要注意区分不同滴定分析法的测定条件、滴定终点判定、滴定液与待测组分发生化学反应的计量关系、应用范围等。

在学习电化学分析时，要在理解电极电位的基础上，认真体会能斯特方程，即电极电位与离子浓度的关系，通过测定电池电动势，从而求出待测离子浓度的方法，重点把握直接电位法的基本原理。

在学习紫外-可见分光光度法时，要认真把握透光率、吸光度的概念和意义，牢记并深刻理解光的吸收定律，熟悉紫外-可见分光光度计的基本结构和定量分析方法。

在学习经典色谱法时，要掌握吸附色谱、分配色谱、离子交换色谱和空间排阻色谱的分离机制，以及柱色谱、纸色谱和薄层色谱的操作步骤和技巧，深刻理解比移值和相对比移值的内涵和实际意义。

学习分析化学，应在不断实践中巩固和深化理论知识和实践技能，注重培养自学能力和创新意识，针对具体的检测对象，运用所学的知识和技术，选择合适的检测方法，做到学以致用。

复习思考

一、选择题

（一）单选题

1. 按分析的任务分类，分析化学可分为（　　）

A. 无机分析和有机分析　　B. 化学分析和仪器分析

C. 常量分析和微量分析　　D. 重量分析和滴定分析

E. 定性分析、定量分析和结构分析

2. 常量分析的取样量一般在（　　）

A. 1g 以上　　B. 0. 1g 以上　　C. 0. 01 ~0. 1g

D. 0. 001 ~00. 1g　　E. 0. 001 ~0. 0001g

3. 按照分析的方法原理分类，分析化学可分为（　　）

A. 定性分析、定量分析和结构分析　　B. 电化学分析和光学分析

C. 化学分析和仪器分析　　D. 无机分析和色谱分析

E. 电化学分析、光学分析、色谱分析和质谱分析

4. 采集试样的原则是试样具有（　　）

A. 典型性　　B. 统一性　　C. 代表性

D. 随意性　　E. 整体性

5. 下列叙述错误的是（　　）

A. 化学分析是以待测物质化学反应为基础的分析方法

B. 仪器分析是以待测物质的物理或物理化学性质为基础的分析方法

C. 滴定分析是以待测物质化学反应为基础的分析方法

D. 光学分析是以待测物质的发光性为基础的分析方法

E. 定性分析是以鉴定物质的化学组成为目的的分析

（二）多选题

1. 化学分析法的特点是（　　）

A. 仪器设备简单，价格低廉

B. 测定结果准确，适于测定微量、痕量组分

C. 费力耗时，无法测定微量、痕量组分

D. 仪器设备简单，测定时省时省力

E. 测定误差大，应该废弃

2. 滴定分析法属于（　　）

A. 定量分析　　B. 仪器分析　　C. 化学分析

D. 湿法分析　　E. 微量组分分析

3. 完成分析工作任务的一般程序是（　　）

A. 采集试样　　B. 制备试样

C. 分析测定　　D. 请求权威机构仲裁分析结果

E. 处理分析数据、表示分析结果

4. 分析化学是研究（　　）

A. 物质性质和应用的科学

B. 定性、定量、结构分析方法的科学

C. 物质性质和结构的科学

D. 分析方法及其理论和实验技术的科学

E. 无机物和有机物的科学

5. 仪器分析的特点是（　　）

A. 仪器昂贵、自动化程度高　　B. 灵敏、快速、准确度比较高

C. 仪器简单、操作方便　　D. 适于微量分析

E. 完全可以替代化学分析

二、填空题

1. 分析化学是研究物质组成、含量、结构和形态等化学信息的________、有关理论及________的一门自然科学。

2. 分析方法按任务可分为________、________、________等三类。

3. 分析方法按测定原理可分为________、________等两类。

4. 滴定分析法包括________、________、________、________等。

5. 仪器分析可分为________、________、________、________等。

6. 分析方法按待测组分含量高低，可分为________、________、________等三类。

7. 完成定量分析工作任务的一般程序是：第一步________，第二步________，第三步________，第四步________。

8. 化学分析是以________________为基础的分析方法，主要用于常量分析，取样量在________g 以上，或待测组分含量在________以上。仪器分析是以________为基础的分析方法，通常适于________的测定。

三、简答题

1. 什么叫分析化学？它的任务是什么？

2. 根据测定的方法原理，试谈谈分析化学的分类情况。

扫一扫，知答案

第二章

滴定分析法概论

【学习目标】

掌握滴定分析法的基本原理；滴定液及其浓度表示方法；滴定分析的有关计算；滴定液的配制方法。

熟悉滴定分析法的有关术语；滴定分析法的类型；常用的滴定方式。

了解滴定反应具备的条件；指示剂应具备的条件；基准物质应具备的条件。

滴定分析法是将一种已知准确浓度的试剂溶液滴加到试样溶液中，当所加的试剂溶液与待测组分按化学计量关系定量反应完全时，根据滴加试剂溶液的浓度和消耗的体积，计算出待测组分浓度或待测组分含量的方法。由于这种测定方法是以测量溶液体积为基础，故又称为容量分析法。这是一类最基本、最常用的化学定量分析方法。

在滴定分析中，已知准确浓度的试剂溶液称为标准溶液，《中国药典》称为滴定液，本教材采用之。将滴定液滴加到试样溶液中的操作过程称为滴定。在滴定过程中，滴定液与待测组分发生的化学反应称为滴定反应。当加入的滴定液与待测组分按化学计量关系定量反应完全的点，称为化学计量点，简称计量点。

大多数滴定反应在到达化学计量点时，外观上没有明显的改变，为了能够准确确定化学计量点，在实际滴定时，常在试样溶液中加入一种辅助试剂，借助其颜色变化来指示化学计量点的到达而停止滴定。像这种借助其颜色变化来指示化学计量点到达的辅助试剂称为指示剂。当加入滴定液时，指示剂的颜色恰好发生变化的点，停止滴定，称为滴定终点。化学计量点是根据化学反应的计量关系求得的理论值，滴定终点是滴定时的实际测量值，二者之间通常不能完全一致，原因是指示剂并非恰好在计量点变色，滴定终点和计量点之间存在一定的差别，称为滴定误差或终点误差。滴定误差是滴定分析法的系统误差之一。

第一节　概　述

一、滴定分析法的特点

1. 优点　滴定分析法有两大优点，一是准确度高，一般情况下相对误差在0.1%以下，而仪器分析法的相对误差为3%～5%；二是分析成本低廉，所用仪器简单，操作方便，测定快速，易于普及。

2. 缺点　滴定分析法的缺点是不适于试样量少（0.1g以下）或待测组分含量低（1%以下）的测定。

二、滴定反应的基本条件

滴定反应是滴定分析法进行定量计算的基础，必须符合下列几个条件。

1. 反应必须定量完全　滴定反应要严格按一定的化学反应方程式定量进行，反应转化率应达到99.9%以上。

2. 反应速率要快　滴定反应要求在瞬间完成，对于速率较慢的反应，要有适当的方法提高反应速度，如加热、加催化剂等。

3. 无副反应发生　试样中的杂质不得干扰滴定反应，滴定液只能与待测组分发生反应，否则应预先除去杂质。

4. 有合适的指示剂　能够借助指示剂的颜色变化来确定滴定终点。

三、滴定分析法的分类

根据滴定反应类型的不同，以水作溶剂的滴定分析法可分为四类。

1. 酸碱滴定法　以酸碱中和反应为基础的滴定分析方法称为酸碱滴定法。滴定反应为：

$$H^+ + OH^- = H_2O$$

常用强碱（如NaOH）作滴定液测定酸或者酸性物质。常用强酸（如HCl）作滴定液测定碱或碱性物质。

2. 沉淀滴定法　以沉淀反应为基础的滴定分析方法称为沉淀滴定法。最常用的是银量法，即以$AgNO_3$为滴定液测定可溶性卤化物、硫氰酸盐等，滴定反应为：

$$Ag^+ + X^- = AgX\downarrow$$

式中X^-为Cl^-、Br^-、I^-及SCN^-等离子。

3. 配位滴定法 以配位反应为基础的滴定分析方法称为配位滴定法。最常用的是EDTA滴定法，即以EDTA（一种氨羧配位剂）为滴定液测定金属离子，滴定反应为：

$$M+Y \longrightarrow MY$$

式中M代表金属离子，Y代表配位剂。

4. 氧化还原滴定法 以氧化还原反应为基础的滴定分析方法称为氧化还原滴定法。氧化还原滴定法可用氧化剂为滴定液测定还原性物质，也可用还原剂为滴定液测定氧化性物质。常用的方法有高锰酸钾法、碘量法、亚硝酸钠法等。例如，用高锰酸钾滴定液测定过氧化氢的反应式为：

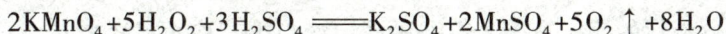

$$2KMnO_4+5H_2O_2+3H_2SO_4 \longrightarrow K_2SO_4+2MnSO_4+5O_2\uparrow+8H_2O$$

非水滴定法

非水滴定法是在非水溶剂（有机溶剂或不含水的无机溶剂）中进行的滴定分析方法，它也可以分为酸碱滴定法、沉淀滴定法、配位滴定法和氧化还原反应滴定法等四类。在药物分析中，常用的是非水酸碱滴定法，主要用于测定有机碱及其氢卤酸盐、硫酸盐、有机酸盐，以及有机酸碱金属盐类的含量，也用于测定某些有机弱酸的含量。

根据质子理论可知，以非水溶剂作为滴定介质，不仅能增大有机化合物的溶解度，而且能改变物质的酸碱强度，使在水中不能被准确滴定的弱酸、弱碱能够在非水中被准确滴定，从而扩大了滴定分析的应用范围。

四、滴定分析法的滴定方式

滴定方式即测定方式，常见的有如下几种。

1. 直接滴定法 将滴定液直接滴加到被测物质溶液中进行测定的滴定方式。直接滴定法是滴定分析法中最常用、最基本的滴定方式。只要化学反应符合滴定反应的基本条件，都可以用直接滴定法进行滴定。例如，用NaOH滴定液滴定HCl，用$AgNO_3$滴定液滴定Cl^-，用EDTA滴定液测定Ca^{2+}，用$KMnO_4$滴定液滴定H_2O_2等，都是直接滴定法。

直接滴定法操作简便、快速，引入误差的机会少，是最常用的滴定方式。

2. 间接滴定法 当滴定液与待测组分的反应不符合滴定反应的基本条件时，必须采用间接的滴定方式进行测定，也就是说，滴定液不与待测组分直接发生反应，而与另一物质发生反应，从而间接求算待测组分含量的滴定方式。

（1）剩余滴定法　先向被测物质溶液中准确加入过量的滴定液，使其与待测组分充分反应，再用另一种滴定液滴定剩余的滴定液。这种方法称为剩余滴定法，也称返滴定法或回滴法。

例如，用酸碱滴定法测定固体碳酸钙的含量，可先准确加入过量的盐酸滴定液，使试样完全溶解，冷却后，再用氢氧化钠滴定液回滴剩余的盐酸。反应如下：

$$CaCO_3 + 2HCl(\text{定量、过量}) = CaCl_2 + CO_2\uparrow + H_2O$$

$$HCl(\text{剩余}) + NaOH = NaCl + H_2O$$

第一种滴定液先与待测组分反应，后与第二种滴定液反应，换句话说，上述反应的计量关系是待测组分消耗的滴定液等于第一种滴定液与第二种滴定液之差。

剩余滴定法主要用于反应速度慢或被测物质难溶于水，以及没有合适的指示剂确定终点的滴定反应。

（2）置换滴定法　当滴定液不能与待测组分直接反应或不按确定的化学反应方程式定量进行反应（如伴有副反应）时，可在待测组分溶液中加入适当的试剂，使之与待测组分完全反应，定量生成一种能被滴定的新物质，然后再用适当的滴定液滴定该新物质，这种滴定方式称为置换滴定法。

例如，用氧化还原滴定法测定钙盐的含量，滴定液 $KMnO_4$ 不能直接与钙盐发生化学反应，不能直接滴定。但 Ca^{2+} 可与（$(NH_4)_2C_2O_4$）反应完全，定量转化为 CaC_2O_4 沉淀，将沉淀过滤洗涤后，用 H_2SO_4 溶解，再用 $KMnO_4$ 滴定液滴定 $H_2C_2O_4$，从而间接求算出钙盐的含量，其反应如下：

$$Ca^{2+} + C_2O_4^{2-} = CaC_2O_4\downarrow$$

$$CaC_2O_4 + H_2SO_4 = CaSO_4\downarrow + H_2C_2O_4$$

$$2MnO_4^- + 5H_2C_2O_4 + 6H^+ = 2Mn^{2+} + 10CO_2\uparrow + 8H_2O$$

$KMnO_4$ 与 Ca^{2+} 之间的计量关系为：

$$KMnO_4 \rightarrow \frac{5}{2}H_2C_2O_4 \rightarrow \frac{5}{2}Ca^{2+}$$

再如，用氧化还原滴定法测定重铬酸钾的含量，如果用 $Na_2S_2O_3$ 滴定液直接滴定试样溶液，$K_2Cr_2O_7$ 可以将一部分 $Na_2S_2O_3$ 氧化成 SO_4^{2-}，将另一部分 $Na_2S_2O_3$ 氧化生成 $S_4O_6^{2-}$，$K_2Cr_2O_7$ 与 $Na_2S_2O_3$ 之间不能按照确定的计量关系进行反应。根据有关的化学知识可知，在酸性条件下，$K_2Cr_2O_7$ 可以氧化 KI 定量生成 I_2，再用 $Na_2S_2O_3$ 滴定液滴定生成的 I_2，从而间接求算出 $K_2Cr_2O_7$ 的含量，其反应如下：

$$K_2Cr_2O_7 + 6KI + 7H_2SO_4 = Cr_2(SO_4)_3 + 3I_2 + 4K_2SO_4 + 7H_2O$$

$$2Na_2S_2O_3 + I_2 = Na_2S_4O_6 + 2NaI$$

$K_2Cr_2O_7$ 与 $Na_2S_2O_3$ 之间的计量关系为：

$$K_2Cr_2O_7 \rightarrow 6Na_2S_2O_3$$

第二节　基准物质与滴定液

一、基准物质

（一）基准物质的概念

在分析化学中，基准物质是能够用于直接配制滴定液或标定滴定液的化学试剂。事实上，大多数化学试剂不能用作基准物质，原因是有的纯度不高或不易提取，有的在空气中不稳定(如易吸水，易分解，易与氧气反应)，有的不能与有关物质定量反应或容易发生副反应等。

（二）基准物质的条件

1. **纯度高**　一般要求纯度在99.9%以上，纯度相当于一级品（见附表一）或纯度高于一级品的化学试剂。

2. **化学组成与化学式完全相符**　如含有结晶水的 $Na_2C_2O_4 \cdot 2H_2O$，其结晶水的含量也应与化学式相符合。

3. **性质稳定**　在空气中一般要求不易失水、吸水或变质，不易与氧气及二氧化碳发生反应。

4. **化学反应简单**　与有关物质反应时，应按化学反应式定量反应完全，且不发生副反应。

5. **摩尔质量足够大**　在物质的量相同的情况下，摩尔质量越大，称取的量越多，称量时引起的相对误差就越小。

纯度和浓度的意义

纯度和浓度都表示某一组分在物质中所占的比例或含量。纯度偏重表示组分自身的含量，浓度偏重表示组分在溶液中的含量。纯度的高低与浓度的大小没有直接关系，例如，市售分析纯盐酸，HCl 的纯度为 99.9%，表示此盐酸中，除水（蒸馏水）之外杂质很少，HCl 自身的含量为99.9%；HCl 的浓度为 36% ~37%，表示此盐酸溶液中，HCl 的含量为 36% ~37%，一般不表明其他成分的含量。

二、滴定液的浓度

滴定液的浓度是指滴定液中溶质 B 的浓淡程度，常用物质的量浓度和滴定度来表示。

（一）物质的量浓度

物质的量浓度 c_B 是指溶液中溶质 B 的物质的量与溶液的体积之比，或每升溶液中所含溶质 B 的物质的量（mol/L）。溶质 B 的物质的量浓度 c_B（mol/L）、质量 m_B（g）、摩尔质量 M_B（g/mol）、溶液体积 V（L）之间的关系为：

$$c_B = \frac{m_B}{M_B V} \tag{2-1}$$

在分析化学中，溶液的体积常用毫升（mL）作单位，故溶质 B 的物质的量浓度的表达式应为：

$$c_B = \frac{m_B}{M_B V} \times 1000 \tag{2-2}$$

在使用物质的量浓度时，必须指明物质的基本单元，它可以是原子、分子、离子、电子或其他粒子，或者是这些粒子的特定组合。另外还要注意换算溶液体积的单位。

反应的基本单元

对于化学反应 $bB+aA$ ══P 来说，若以分子 B 和分子 A 为基本单元，则反应的计量关系为：$n_B : n_A = b : a$。若以分子的组合（$\frac{b}{a}$B）和分子 A 为基本单元，或者以分子 B 和分子的组合（$\frac{a}{b}$A）为基本单元，则反应的计量关系均为 1 : 1。可见，反应的基本单元是根据需要而假定的原子、分子、离子、电子或其他粒子的特定组合。基本单元的摩尔质量，在数值上等于其式量。选择适当的基本单元之后，能够使化学反应的计量关系和有关计算变得简单。

例 2-1 准确称取基准锌 0.6500g，用稀盐酸溶解后，定量转移至 100mL 容量瓶定容，试求锌溶液的物质的量浓度。

解： 已知 $m_{Zn}=0.6500$g，$M_{Zn}=65.00$g/mol，$V_{Zn}=100$mL。

根据式 2-2 得：

$$c_{Zn} = \frac{m_{Zn}}{M_{Zn} V_{Zn}} = \frac{0.6500}{65.00 \times 0.1000} = 0.1000 \text{ (mol/L)}$$

当然，根据式 2-1 进行计算，也能得到相同的结果。

答：锌溶液的物质的量浓度为 0.1000mol/L。

（二）滴定度

滴定度通常有两种表示方法。

1. 滴定度以每毫升滴定液中所含的溶质 B 的质量来表示，符号为 T_B，其单位为 g/mL。例如，某氢氧化钾溶液的滴定度 $T_{KOH}=0.005600$g/mL 时，表示 1mL 氢氧化钾溶液中含有 0.005600g 氢氧化钾。

2. 滴定度以每毫升滴定液相当于待测组分的质量来表示，符号为 $T_{B/A}$，其单位为 g/mL。在 $T_{B/A}$ 中，B 表示滴定液溶质的化学式，A 表示待测组分的化学式。例如，每毫升 HCl 滴定液恰好可与 0.004000g NaOH 完全反应，则 HCl 滴定液对 NaOH 的滴定度可表示为 $T_{HCL/NaOH}=0.004000$g/mL。

用这种方法表示滴定度时，只要测定滴定中消耗滴定液的体积，则可非常方便地算出待测组分的质量，即：

$$m_A = T_{B/A}V_B \tag{2-3}$$

例 2-2 已知盐酸滴定液的浓度为 $T_{HCL/NaOH}=0.004000$g/mL，滴定某氢氧化钠溶液过程中，消耗盐酸滴定液 21.00mL，试计算该氢氧化钠溶液中所含氢氧化钠的质量。

解： 已知 $T_{HCL/NaOH}=0.004000$g/mL，$V_{HCl}=21.00$mL。

根据式 2-3 得：

$$m_{NaOH} = T_{HCl/NaOH} \cdot V_{HCl} = 0.004000\text{g/mL} \times 21.00\text{mL} = 0.08400\text{g}$$

答：该溶液中含氢氧化钠 0.08400g。

三、 滴定液的配制

在滴定分析中，不论采用任何滴定分析法或滴定方式，都需要借助滴定液的浓度和体积来计算待测组分的含量，因此，制备已知准确浓度的试剂溶液（滴定液）非常重要。配制滴定液的方法有直接法和间接法两种。

（一） 直接法

所谓直接法配制滴定液，就是精密称取一定质量的基准物质，直接配制滴定液的方法。如果溶质符合基准物质的条件，可以用直接法配制滴定液，操作步骤如下：

1. 精密称量 用电子天平精密称量一定质量的基准物质。

2. 定容 将称量好的基准物质置于小烧杯中，加入适量的蒸馏水（《中国药典》称之为纯化水）使之完全溶解。然后，定量转移至容量瓶，即沿玻璃棒将溶液倾入容量瓶，用少量蒸馏水洗涤烧杯和玻璃棒，并将洗涤液倾入容量瓶，如此重复 3 次。再向容量瓶中加蒸馏水至溶液的凹月面最低处与容量瓶刻线相切，盖好容量瓶塞子，上下颠倒 20 次混合均匀。

3. 计算浓度 根据称取基准物质的质量 m（g）、溶质的摩尔质量 M（g/mol）、容量瓶的容积 V（mL），根据式 2-1 计算滴定液的浓度 c（mol/L）。

$$c = \frac{m}{M \times V} \times 1000 \tag{2-4}$$

（二）间接法

如果溶质不符合基准物质的条件，就必须用间接法配制滴定液。所谓间接法配制滴定液，就是先用适当的溶质配制成近似浓度的溶液，再用基准物质或另一种滴定液来标定这种溶液的准确浓度的方法，操作步骤如下：

1. 制备近似浓度的溶液 用台秤称取适量的溶质，加入适量的蒸馏水使之完全溶解，再稀释至一定体积，混匀备用。这种溶液的准确浓度是未知的或不准确的，即为近似浓度溶液或待标定的滴定液。

2. 标定 用基准物质或另一滴定液来确定近似浓度溶液的准确浓度的操作过程称为滴定液的标定。常用的标定方法有下列三种。

（1）多次称量法 是用基准物质进行标定的方法之一，通常需要三个步骤：

① 用电子天平准确称量一定质量 m（g）的基准物质置于锥形瓶中，加入 20～25mL 蒸馏水使之完全溶解，加入适当的指示剂。

② 用待标定的滴定液滴定至滴定终点，记录消耗滴定液的体积 V（mL）。

③ 根据滴定反应方程式的计量关系（下一节详细介绍），计算待标定滴定液的准确浓度 c（mol/L）。如果选择合适的基本单元，基准物质与滴定液反应的计量关系为 1∶1，则待标定的滴定液浓度的计算公式为：

$$c = \frac{m}{M \times V} \times 1000 \qquad (2-5)$$

这种标定方法，一般需要平行操作 3 次，取平均值作为滴定液的浓度。

课堂互动

试对比式 2-4 和式 2-5 中对应符号的含义有何异同。

（2）移液管法 也是用基准物质进行标定的方法之一，通常需要三个步骤：

① 用电子天平准确称量一定质量 m（g）的基准物质置于小烧杯中，加入适量蒸馏水使之完全溶解，定量转移至容积为 $V_{容}$（mL）的容量瓶，定容备用。

② 用 25mL 移液管精密量取上述基准物质溶液 3 份，分别置于 3 个洁净锥形瓶中，分别加入适当的指示剂，用待标定的滴定液滴定至终点，记录消耗滴定液的体积 V（mL）。

③ 根据滴定反应方程式的计量关系，计算待标定滴定液的准确浓度 c（mol/L）。如果选择合适的基本单元，基准物质与滴定液反应的计量关系为 1∶1，则待标定的滴定液浓度的计算公式为：

$$c = \frac{m}{M \times V \times V_{容}} \times 25.00 \times 1000 \qquad (2-6)$$

取上述3次滴定所得结果的平均值作为滴定液的浓度。

课堂互动

如果基准物质用500mL容量瓶定容，取20.00mL进行滴定，滴定反应的计量关系为1∶1，试推导出滴定液浓度的计算公式。

（3）对比法　是用一种滴定液来标定待标定溶液准确浓度的方法，即根据滴定过程中两种溶液的体积和滴定反应的计量关系，计算出待标定溶液的准确浓度。这种标定方法通常需要两个步骤：

① 用移液管准确移取一定体积的滴定液（A）或待标定的滴定液（B）置于洁净锥形瓶中，加入适当的指示剂，用待标定的滴定液（B）或滴定液（A）滴定至终点，记录消耗溶液的体积 V_B 或 V_A。

② 根据滴定时所用两种滴定液的浓度和体积，计算待标定溶液的准确浓度。如果选择合适的基本单元，两种滴定液反应的计量关系为1∶1，则计算公式为：

$$c_B \cdot V_B = c_A \cdot V_A \qquad (2-7)$$

式2-7中，c_B、V_B 为待标定的滴定液的浓度和体积，c_A、V_A 为另一种滴定液的浓度和体积。

一般平行操作3次，取平均值作为待标定溶液的浓度。

课堂互动

1. 直接法配制滴定液时，是否需要标定？为什么？
2. 直接法和间接法配制滴定液时，称取溶质的称量工具是否相同？

第三节　滴定分析的计算

一、滴定分析的计算依据

在滴定分析中，用滴定液B滴定待测组分A溶液时，其滴定反应可用下式表示：

$$\underset{(滴定液)}{bB} + \underset{(被测物质)}{aA} = \underset{(生成物)}{P}$$

当滴定达到化学计量点时，则有 $b$mol 的 B 恰好与 $a$mol 的 A 完全作用（或相当），二者反应的计量关系为：

$$n_B : n_A = b : a$$

即：

$$n_A = \frac{a}{b} n_B \quad 或 \quad n_B = \frac{b}{a} n_A \tag{2-8}$$

如果选择合适的基本单元，B 与 A 反应的计量关系为 1∶1，则滴定达到化学计量点时，B 与 A 的物质的量相等，即 $n_A = n_B$，计算更加简单。

式 2-8 是滴定分析的计算依据，也是最基本的计量关系。根据物质的量和溶液浓度的有关知识可知，物质的量、溶液浓度、体积、溶质质量、摩尔质量之间存在一定的关系，因此，式 2-8 可以有很多种表现形式，尽管如此，我们依然可以归纳出下列几个基本计算公式，并根据具体问题灵活运用。

二、 滴定分析的基本计算公式

（一）滴定液与液体试样反应的计算公式

设滴定液 B 的浓度为 c_B，液体试样（待测溶液）的浓度为 c_A，待测溶液的体积为 V_A，在化学计量点时，消耗滴定液的体积为 V_B，则：

$$c_A V_A = \frac{a}{b} c_B V_B \tag{2-9}$$

如果选择合适的基本单元，两种溶液反应的计量关系为 1∶1，或对浓溶液进行稀释，则式 2-9 可以简化为：

$$c_A V_A = c_B V_B \tag{2-10}$$

即式 2-10 与式 2-7 的表现形式相同。

式 2-10 可用于两种溶液发生反应的计算，其物理意义：达到化学计量点时，两个反应物的基本单元的物质的量相等。式 2-10 还可用于对溶液进行稀释的计算，其物理意义：稀释前后溶质的量相等。

（二）滴定液与基准物质反应的计算公式

滴定液 B 滴定质量为 m 的基准物质（固体纯净物）A，即用基准物质标定滴定液的浓度，反应达到化学计量点时，消耗滴定液的体积为 V_B（mL），B 与 A 的计量关系为：

$$c_B V_B = \frac{b}{a} \times \frac{m_A}{M_A} \times 1000 \tag{2-11}$$

如果选择合适的基本单元，B 与 A 反应的计量关系为 1∶1，则式 2-11 可以简化为：

$$c_BV_B = \frac{m_A}{M_A} \times 1000 \tag{2-12}$$

式2-12与式2-4和式2-5的表现形式相同。

式2-12可用于滴定液与基准物质（固体纯净物）发生反应的计算，如标定滴定液，其物理意义：达到化学计量点时，滴定液中溶质基本单元的物质的量与基准物质基本单元的物质的量相等。还可以用于由基准物质（固体纯净物）配制溶液的计算，如直接法配制滴定液，其物理意义：溶液中溶质的物质的量与精密称取基准物质的物质的量相等。

（三）固体试样中待测组分含量的计算公式

对于固体试样，待测组分的含量通常以百分含量（或质量分数）表示，设试样质量为 m_S（g），试样中待测组分A的质量 m_A（g），滴定至化学计量点时消耗滴定液B的体积为 V（mL），则 $m_A=\frac{a}{b}\times c_B\times V_B\times M_A\times 10^{-3}$，所以，试样中待测组分的含量为：

$$A\% = \frac{m_A}{m_S} \times 100\% = \frac{a}{b} \times \frac{c_B \times V_B \times M_A \times 10^{-3}}{m_S} \times 100\% \tag{2-13}$$

如果选择合适的基本单元，B与A反应的计量关系为1∶1，滴定达到化学计量点时，B基本单元与A基本单元的物质的量相等（$a/b=1$），则式2-13可以简化为：

$$A\% = \frac{c_B \times V_B \times M_A \times 10^{-3}}{m_S} \times 100\% \tag{2-14}$$

当滴定液的浓度用滴定度 $T_{B/A}$ 表示时，试样中待测组分含量的计算则更加简单。设试样质量为 m_S（g），试样中待测组分A的质量 m_A（g），滴定至化学计量点时消耗滴定液B的体积为 V（mL），则由式2-3和式2-13可得：

$$A\% = \frac{m_A}{m_S} \times 100\% = \frac{T_{B/A} \times V_B}{m_S} \times 100\% \tag{2-15}$$

质量分数与百分含量的关系

某物质的质量除以其所在混合物的总质量称为质量分数；质量分数乘以100%称为质量百分比或百分含量。一般情况下，可以用质量分数或质量百分比来表示某组分在混合物中所占的比例。

（四）物质的量浓度 c_B 与滴定度 $T_{B/A}$ 间的关系

根据滴定度 $T_{B/A}$ 和物质的量浓度的定义，物质的量浓度 c_B 与滴定度 $T_{B/A}$ 间的换算关系为：

$$c_B = \frac{b}{a} \times \frac{T_{B/A}}{M_A} \times 1000 \qquad (2-16)$$

综上所述，式 2-8 是滴定分析法最基本的计量关系，由此可以衍生出许多计算公式，式 2-9、式 2-11、式 2-13 是滴定分析中最基本和最常用的计算公式，务必做到举一反三、熟练掌握。

三、 滴定分析的计算实例

（一）公式 $c_A V_A = \frac{a}{b} c_B V_B$ 的应用

例 2-3 现有 0.1000mol/L NaOH 溶液 100.0mL，应加多少体积的水能将其稀释成浓度为 0.08000mol/L 的 NaOH 溶液？

解： 稀释前 $c_1 = 0.1000$mol/L，$V_1 = 100.0$mL，稀释后 $c_2 = 0.08000$mol/L。

设加水的体积为 VmL，则：

$$c_1 V_1 = c_2 \times (100.0 + V)$$

代入数据： $0.1000 \times 100.0 = 0.08000 \times (100.0 + V)$

解得： $V = 25.00$mL

答：应向溶液中加 25.00mL 水即可。

例 2-4 在酸性溶液中，用 0.2014mol/L 的 $KMnO_4$ 滴定液滴定某未知浓度的 H_2O_2 试样溶液，消耗的 $KMnO_4$ 滴定液体积与试样溶液体积相等，计算 H_2O_2 溶液的物质的量浓度。

解： 已知 $c_{KMnO_4} = 0.2014$mol/L，$V_{H_2O_2} = V_{KMnO_4}$。

滴定时，$KMnO_4$ 与 H_2O_2 的反应式为：

$$2KMnO_4 + 5H_2O_2 + 3H_2SO_4 = K_2SO_4 + 2MnSO_4 + 5O_2\uparrow + 8H_2O$$

滴定反应的计量关系符合式 2-9，即：

$$c_{H_2O_2} V_{H_2O_2} = \frac{5}{2} \times c_{KMnO_4} V_{KMnO_4}$$

因为 $V_{H_2O_2} = V_{KMnO_4}$，所以 $c_{H_2O_2} = \frac{5}{2} \times c_{KMnO_4}$。

代入数据得： $c_{H_2O_2} = \frac{5}{2} \times 0.2014\text{mol/L} = 0.5035\text{mol/L}$

答：H_2O_2 溶液的物质的量浓度为 0.5035mol/L。

例 2-5 精密量取 0.1020mol/L 的 NaOH 滴定液 20.00mL 置于洁净的锥形瓶，加 2 滴甲基橙指示剂，用 H_2SO_4 溶液滴定至化学计量点时消耗 19.15mL，计算 H_2SO_4 溶液的物质的量浓度。

解：已知 $c_{NaOH}=0.1020mol/L$，$V_{NaOH}=20.00mL$，$V_{H_2SO_4}=19.15mL$。

求 $c_{H_2SO_4}=?$

滴定时，H_2SO_4 与 NaOH 的反应式为：

$$H_2SO_4+2NaOH = Na_2SO_4+2H_2O$$

滴定反应的计量关系符合式 2-9，即：

$$c_{NaOH}\times V_{NaOH}=2\times c_{H_2SO_4}\times V_{H_2SO_4}$$

代入数据得：$c_{H_2SO_4}=\frac{1}{2}\times\frac{c_{NaOH}\times V_{NaOH}}{V_{H_2SO_4}}$

$$=\frac{1}{2}\times\frac{0.1020mol/L\times20.00mL}{19.15mL}$$

$$=0.05326mol/L$$

答：H_2SO_4 溶液的物质的量浓度为 0.05326mol/L。

（二）公式 $c_BV_B=\frac{b}{a}\times\frac{m_A}{M_A}\times1000$ 的应用

例 2-6 欲配制 100.0mL 的 0.1000mol/L 的 $K_2Cr_2O_7$ 滴定液，则应称取基准物质 $K_2Cr_2O_7$ 质量为多少？

解：已知 $M_{K_2Cr_2O_7}=294.2g/mol$，$V=100.0mL$。

求 $m_{K_2Cr_2O_7}=?$

由式 2-12 得：

$$m_{K_2Cr_2O_7}=c_{K_2Cr_2O_7}V_{K_2Cr_2O_7}M_{K_2Cr_2O_7}\times10^{-3}$$

$$=0.1000mol/L\times100.0\times10^{-3}L\times294.2g/mol$$

$$=2.9420g$$

答：应称取基准物质 $K_2Cr_2O_7$ 质量为 2.9420g。

例 2-7 以邻苯二甲酸氢钾（KHP）为基准物质，标定浓度为 0.1mol/L 的 NaOH 滴定液的准确浓度时，欲使消耗该 NaOH 溶液为 20～25mL，试计算应称取基准物质 KHP 的质量范围。

解：已知 $M_{KHP}=204.22g/mol$，$V_1=20mL$，$V_2=25mL$。

求 $m_1=?$ $m_2=?$

以邻苯二甲酸氢钾 KHP 为基准物质标定 NaOH 溶液，其滴定反应为：

$$NaOH+KHP\longrightarrow KNaP+H_2O$$

滴定反应的计量关系符合式 10-8，即：

$$m_{KHP}=c_{NaOH}\times V_{NaOH}\times M_{KHP}\times10^{-3}$$

当 $V_1=20mL$ 时，$m_1=0.1000mol/L\times20\times10^{-3}L\times204.22g/mol=0.41g$

当 $V_2=25mL$ 时，$m_2=0.1000mol/L\times25\times10^{-3}L\times204.22g/mol=0.51g$

答：欲消耗0.1000mol/L NaOH滴定液20～25mL，应称取基准物质KHP的质量范围为0.41～0.51g。

例2-8 精密称取0.1265g基准物质无水 Na_2CO_3，标定盐酸滴定液时消耗滴定液24.15mL，试计算盐酸滴定液的浓度。

解：已知 $m_{Na_2CO_3}=0.1265g$，$V_{HCl}=24.15mL$，$M_{Na_2CO_3}=106.0g/mol$。

计算 $c_{HCl}=?$

HCl滴定液滴定 Na_2CO_3 的反应式为：

$$2HCl+Na_2CO_3 = 2NaCl+CO_2\uparrow+H_2O$$

滴定反应的计量关系符合式10-8，即：

$$c_{HCl}=2\times\frac{m_{Na_2CO_3}}{V_{HCl}M_{Na_2CO_3}}\times1000$$

代入数据计算得：$c_{HCl}=0.09883mol/L$。

答：盐酸滴定液的浓度为0.09883mol/L。

在例2-8中，如果选择HCl和 $\frac{1}{2}Na_2CO_3$ 为滴定反应的基本单元，

则 $M_{\frac{1}{2}Na_2CO_3}=53.00g/mol$，滴定反应的计量关系为1∶1，根据式10-8进行计算，可以得到相同的结果，此不赘述。

（三）公式 $A\%=\frac{a}{b}\times\frac{c_B\times V_B\times M_A\times10^{-3}}{m_S}\times100\%$ 的应用

例2-9 精密称取氯化钾试样0.2014g置于洁净锥形瓶中，加适量水溶解后，加入铬酸钾指示剂，用0.1012mol/L的 $AgNO_3$ 滴定液进行滴定，滴定终点时消耗 $AgNO_3$ 溶液19.80mL，求试样中纯KCl质量与KCl的含量。

解：已知 $m_S=0.2014g$，$c_{AgNO_3}=0.1012mol/L$，$V_{AgNO_3}=19.80mL$，$M_{KCl}=74.55\ g/mol$。

求 $m_{KCl}=?$ KCl% =?

根据题意，滴定反应式为：

$$AgNO_3+KCl = AgCl\downarrow+KNO_3$$

滴定反应的计量关系为1∶1，且化学计量关系符合式2-11。

故 $m_{KCl}=c_{AgNO}V_{AgNO_3}M_{KCl}\times10^{-3}$，代入数据计算得：

$$m_{KCl}=0.1012mol/L\times19.80mL\times74.55g/mol\times10^{-3}=0.1494g$$

$$KCl\%=\frac{m_{KCl}}{m_S}\times100\%=\frac{0.1494g}{0.2014g}\times100\%=74.18\%$$

在计算试样中KCl的含量KCl%时，也可以直接将有关数据代入式2-14计算，得到相同结果，此不赘述。

答：氯化钾试样中纯 KCl 的质量为 0.1494g；KCl 的含量为 74.18%。

（四）公式 $c_B = \frac{b}{a} \times \frac{T_{B/A}}{M_A} \times 1000$ 的应用

例 2-10 某 HCl 滴定液对 CaO 的滴定度为 $T_{HCl/CaO} = 0.01080g/mL$，试问该滴定液中 HCl 的物质的量浓度为多少?

解：已知 $M_{CaO} = 56.08g/mol$，$T_{HCl/CaO} = 0.01080g/mL$。

求 $c_{HCl} = ?$

根据题意，滴定反应式为：

$$2HCl + CaO = CaCl_2 + H_2O$$

滴定反应的计量关系为$\frac{b}{a}=2$，根据式 2-16 得：

$$c_{HCl} = 2 \times \frac{T_{HCl/CaO}}{M_{CaO}} \times 1000 = 2 \times \frac{0.01080g/mL}{56.08g/mol} \times 1000 = 0.3852mol/L$$

答：HCl 滴定液的物质的量浓度为 0.3852mol/L。

复习思考

一、选择题

（一）单选题

1. 滴定分析法的相对误差一般情况下在（　　）

A. 0.01%以下　　B. 0.1%以下　　C. 0.02%以下

D. 0.2%以下　　E. 0.4%以下

2. 滴定分析法属于（　　）

A. 定性分析　　B. 微量分析　　C. 半微量分析

D. 常量分析　　E. 痕量分析

3. 化学计量点是指（　　）

A. 指示剂颜色发生变化的转变点

B. 滴定液与被测物质按化学计量关系定量反应完全的点

C. 滴定液与被测物质反应达到质量相等的点

D. 停止滴定的点

E. 记录滴定液体积的点

4. 用酸碱滴定法测定固体碳酸钙的含量，可先准确加入过量的盐酸滴定液，使试样完全溶解，冷却后，加入 2 滴酚酞指示剂，再用氢氧化钠滴定液回滴剩余的盐酸。其滴定反应是（　　）

A. 盐酸与固体碳酸钙试样发生的反应

B. 氢氧化钠滴定液与剩余盐酸发生的反应

C. 氢氧化钠滴定液与酚酞指示剂发生的反应

D. 盐酸与酚酞指示剂发生的反应

E. 氢氧化钠滴定液与固体碳酸钙试样发生的反应

5. 对化学计量点和滴定终点叙述正确的是（　　）

A. 化学计量点和滴定终点相差越大，滴定误差越大

B. 化学计量点和滴定终点相差越大，滴定误差越小

C. 化学计量点是滴定剂与指示剂恰好反应的点

D. 化学计量点是指示剂颜色突然改变的点

E. 滴定终点是滴定剂与被测物质恰好反应完全的点

6. 将 Ca^{2+}沉淀为 CaC_2O_4，然后溶于酸，再用 $KMnO_4$滴定液滴定生成 $H_2C_2O_4$，从而测定 Ca 的含量。这种滴定方式属于（　　）

A. 直接滴定法　　B. 剩余滴定法　　C. 沉淀滴定法

D. 氧化还原滴定法　　E. 置换滴定法

7. 下列试剂中，可用直接法配制滴定液的是（　　）

A. $K_2Cr_2O_7$　　B. NaOH　　C. H_2SO_4

D. $KMnO_4$　　E. HCl

8. 欲配制 1L 0.1mol/L HCl 溶液，应取浓盐酸（12mol/L）的体积为（　　）

A. 0.84mL　　B. 8.4mL　　C. 1.2mL

D. 2mL　　E. 12mL

9. 盐酸滴定液测定 Na_2CO_3试样的含量时，HCl 与 Na_2CO_3完全反应的计量关系为（　　）

A. 1/1　　B. 1/2　　C. 2/1

D. 1/3　　E. 3/1

10. 浓度为 0.1000mol/L 的 HCl（式量为 36.5）滴定液对 $CaCO_3$（式量为 100.0）的滴定度是（　　）

A. 0.01g/mL　　B. 0.020g/mL　　C. 3.65×10^{-3}g/mL

D. 5.000×10^{-3}g/mL　　E. 无法计算

（二）多选题

1. 滴定液是指（　　）

A. 滴定分析中所用的已知准确浓度的试剂溶液

B. 由基准物质配制的溶液

C. 不能与被测物完全反应的溶液

D. 加到试样溶液中的已知其准确浓度的试剂溶液

E. 滴定分析中用于确定滴定终点的溶液

2. 下列说法正确的是（　　）

A. 滴定过程中发生的化学反应称为滴定反应

B. 基准物质的纯度应大于99.9%

C. 基准物质的分子组成与化学式完全符合

D. 直接滴定法的特点是滴定液与待测组分直接发生反应

E. 间接滴定法的特点是不消耗滴定液

3. 滴定反应的条件是（　　）

A. 反应速度快　　B. 反应必须定量完全

C. 有合适的指示剂确定滴定终点　　D. 能够改变溶液的颜色

E. 不发生副反应

4. 下列说法错误的是（　　）

A. 滴定液的浓度可用物质的量浓度表示

B. 滴定液的浓度可用滴定度表示

C. 不稳定的物质绝对不能用于配制滴定液

D. 滴定液又称为标准溶液

E. 直接法配制滴定液需要标定其准确浓度

5. 下列说法正确的是（　　）

A. 将指示剂滴加到待测溶液中的操作过程称为滴定

B. 以酸碱中和反应为基础的滴定分析法称为酸碱滴定法

C. 以沉淀反应为基础的滴定分析法称为沉淀滴定法

D. 以氧化还原反应为基础的滴定分析法称为氧化还原滴定法

E. 以配位反应为基础的滴定分析法称为配位滴定法

二、辨是非题

1. 滴定分析法是化学分析法之一。（　　）

2. 配制滴定液时，必须进行标定才能确定滴定液的准确浓度。（　　）

3. 滴定反应必须能够定量反应完全。（　　）

4. 盐酸和氢氧化钠不稳定，不能用于配制滴定液。（　　）

5. 滴定反应的计量关系是滴定分析法的计算依据。（　　）

6. 某物质分子的式量与其在反应中的基本单元的式量一定相等。（　　）

7. 摩尔质量的数值等于其式量。（　　）

8. 滴定分析法包括非水滴定法、电位滴定法和永停滴定法。（　　）

三、填空题

1. 滴定分析法可分为＿＿＿＿＿＿、＿＿＿＿＿＿、＿＿＿＿＿＿和＿＿＿＿＿＿四大类。

2. 标定滴定液的方法有＿＿＿＿＿＿、＿＿＿＿＿＿和＿＿＿＿＿＿。

3. 配制滴定液的方法有＿＿＿＿＿＿和＿＿＿＿＿＿两种。

4. 某 HCl 滴定液对被测物质 CaO 的滴定度可用 $T_{HCl/CaO}$ 表示，则该滴定液的溶质是＿＿＿＿＿＿，被测物质是＿＿＿＿＿＿。

5. 物质的量浓度 c_B 是指溶液中溶质 B 的＿＿＿＿＿＿与＿＿＿＿＿＿之比。若滴定液的浓度以每毫升滴定液相当于待测组分的质量来表示，则称为＿＿＿＿＿＿。

四、简答题

1. 滴定反应的基本条件是什么？

2. 基准物质应具备哪些条件？

3. 滴定液的浓度有哪些表示方法？

五、计算题

1. 用 0.1021mol/L 的盐酸溶液滴定 25.00mL 的氢氧化钠溶液，终点时消耗 19.89mL，计算氢氧化钠溶液的浓度。

2. 有一瓶 NaOH 溶液，浓度为 0.5854mol/L，量取该溶液 100.0mL，需加多少体积水能稀释成 0.4900mol/L 的溶液？

3. 称取碳酸钠试样 0.2403g，加蒸馏水溶解后，用 0.1089mol/L 的 HCl 滴定液进行滴定，终点时消耗 HCl 滴定液 22.52mL，求试样中 Na_2CO_3（式量为 106.0）的含量。

4. 某 $AgNO_3$ 滴定液的滴定度为 $T_{AgNO_3/NaCl} = 8.78mg/L$，试问该 $AgNO_3$ 滴定液的物质的量浓度为多少？

扫一扫，知答案

第三章

滴定分析的仪器

【学习目标】

掌握电子天平的称量规则和称量方法；滴定管、容量瓶和移液管的正确使用。

熟悉滴定管、容量瓶和移液管的种类。

了解有关仪器的适用范围。

滴定分析法是定量分析方法之一，需要用到两类精密仪器，一类是能够准确称量基准物质和式样质量的称量工具，如电子天平（万分之一电子分析天平），可以称准至0.0001mg。另一类是能够精密量取溶液体积的玻璃量器，如滴定管、容量瓶、移液管等，其精度为0.01mL，被称为容量仪器。只有用这些精密仪器测定有关的实验数据，才能达到定量计算的要求。例如，直接法配制滴定液，必须用电子天平准确称取一定质量的基准物质，在小烧杯中溶解后，定量转移至一定容积的容量瓶中，定容后计算其浓度。再如，测定液体试样中某组分的含量，必须用移液管精密量取一定体积的试样，用滴定管测量滴定过程中消耗滴定液的体积，根据滴定反应的计量关系计算其含量。

滴定分析法还要用到一些精度相对较差的仪器，如台秤（托盘天平）和电子秤，用于粗略称量固体物质的质量，量筒用于粗略量取液体体积，烧杯和锥形瓶常用作液体容器，这些仪器被称为辅助仪器。例如，间接法配制滴定液，在配制近似浓度的溶液时，试剂的质量和溶剂的体积都不需要十分准确，用辅助仪器完全可以满足要求。在标定滴定液时，必须用精密仪器测定基准物质的质量和滴定液的体积，才能计算出滴定液的准确浓度。

第一节 电子天平

一、电子天平的结构和特点

（一）电子天平的结构

电子天平的种类较多，现主要介绍一般分析测试中所用的万分之一电子天平，最大载荷为100g或200g，可精确到0.1mg。常见电子天平的结构见图3-1所示。不同型号的电子天平有不同的操作界面，有的电子天平操作键更加简洁。

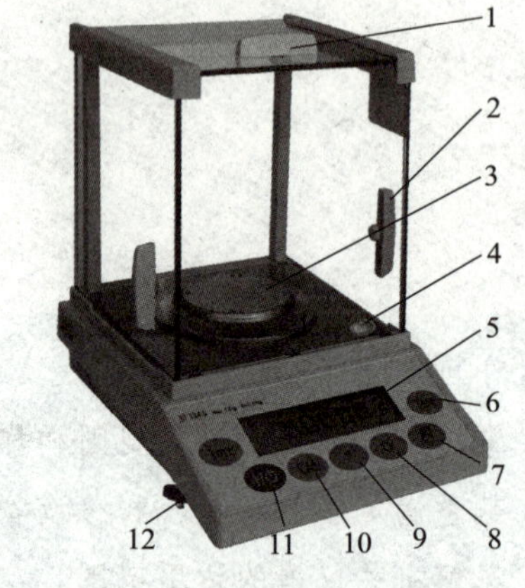

图3-1 电子天平结构

1. 顶门 2. 边门 3. 称盘 4. 水平仪
5. 显示屏 6. 清零键（Tare） 7. 打印键
8. 清除功能键 9. 功能键 10. 校准键（CAL）
11. 开关键（ON：开显示屏；OFF：关显示屏）
12. 水平调节螺丝

用于分析测试的电子天平通常在其外围有玻璃风罩，目的是避免气流干扰，保证稳定性和精确度。电子天平设有显示屏、触摸键，拥有自动校准、自动调零、扣除皮重、累计称量、挂钩下称、输出打印等功能。

（二）电子天平的特点

1. 使用寿命长，性能稳定，灵敏度高。

2. 称量时不用砝码。放上被称物后，在几秒内即达到平衡，显示读数，操作简便，称量速度快，准确度高。

3. 具有自动校准、超载指示、故障报警、自动去皮等功能。

4. 电子天平具有质量电信号输出，可以与打印机、计算机连用，扩展其功能，这是电光天平无可比拟的优点。

二、电子天平的称量规则

1. **称量前的检查** 取下天平罩，叠好，放于天平后。检查天平盘内是否干净，必要时予以清扫。检查天平是否水平，若不水平，调节水平调节螺丝（两只底脚螺丝），使水泡在水平仪中心。检查硅胶是否变色失效，若是，应及时更换。

2. **开机** 关好天平门，轻按开关键，LTD指示灯全亮，松开手，天平先显示型号，稍后显示为“0.0000g”，即可开始使用。如不是“0.0000g”，则按清零键（Tare）。（或按电子天平说明书要求操作）。

3. **初始校验** 电子天平的初始校验，也称为天平的校准。只有在电子天平首次使用前、环境变化、搬动或移位后，才进行校准，平时不需要初始校验。

对电子天平进行校准，分为内校天平和外校天平两种，其操作如下：

（1）外校天平　空盘且显示“0.0000g”时，按校准键（CAL）至显示“CAL-100”，此时在天平盘上用镊子放上100g标准砝码（天平的随机附件中配备的外部校准砝码），经数秒钟后，显示“100.0000g”，移去标准砝码，放回砝码盒中，关闭天平门，显示“0.0000g”，表示天平校准成功，则可进行称量。若显示不为零，则再清零，重复以上校准操作，至显示为“0.0000g”。有的仪器是200g校准砝码，显示的是“CAL-200”，操作方法相同。

（2）内校天平　也称为自校天平，空盘且显示“0.0000g”时，按校准键（CAL），可听到天平内部有电机驱动声音，显示屏上出现“CAL”，待数钞后，驱动声停止，屏上显示“0.0000g”，说明仪器已校准完毕。该系列的天平都配有一个内置的校准砝码，由内部的电机驱动加载，并在结束调校后被重新卸载。

4. 称量物的准备　分析化学实验中称取基准物质常借助于洁净干燥的称量瓶，称量瓶及称量物一般存放在干燥器内。

干燥器开盖或合盖时，应将盖子向一侧推，如图3-2所示，不要向上提起。搬移时，应用双手拇指压住盖子，以防盖子滑落，如图3-3所示。当较热物品放进干燥器后，应不时地把盖子稍微推开一些，使热空气排出，推开时间每次不要超过1秒。这样可以平衡干燥器内外压力，避免因空气受热膨胀将盖子滑落或冷却后容器内压力降低，盖子不易打开。

图3-2　干燥器开盖或合盖操作

图3-3　干燥器的搬移

5. 称量　电子天平有称重模式、计件称量、百分比称量等方式，默认设置是称重模式。为了获得稳定的称量结果，建议在进行称量操作前将天平预热半小时以上。

6. 称量结束　称量结束后，取下称量物，按清零键清零，按开关键，天平处于待机状态，用软毛刷清扫称盘，罩上天平罩，凳子放回原处，并在登记本上记录使用情况。平时电子天平应保持通电，将开关键置于待机状态。如一个月以上不用，应拔掉电源。

三、 使用电子天平的注意事项

1. 电源的电压要与电子天平相一致，且有良好的接地线。

2. 称量物的重量切勿超过天平的最大负荷量，切勿用手压称盘。

3. 天平应置于无震动、无气流、无阳光直射、无腐蚀性气体的环境中。

4. 天平应保持干燥，必要时天平箱内可放干燥剂。

5. 试样不得直接放在天平盘上，腐蚀性或吸湿性的物品应置于称量瓶或其他密闭容器中称量。天平内外须随时保持干净，若不慎掉落试样于天平中，应立即用毛刷刷净。

6. 在开关门，放取称量物时，动作必须轻缓，切不可用力过猛或过快，严禁嬉戏喧哗。

7. 称量物的温度要与天平的温度一致，不得把热的或冷的物体放入天平内称量。

四、 电子天平的称量方法

电子天平的称量方法有直接称量法、减量称量法、固定质量称量法、累计称量法等多种。电子天平有去皮功能，巧妙地应用该功能可以起到事半功倍的效果。

（一） 直接称量法

直接称量法就是用电子天平直接称出被称物品的质量。下面介绍两种快捷的称量方法。

1. 直接称量 按清零键（Tare）清零后，置称量物于天平盘上，关闭天平门，显示器上的数字稳定并出现单位“g”后，即可读数，此数值即为被称量物的质量。

2. 去皮称量 将容器置于秤盘上，关闭天平门，待天平稳定后按清零键（Tare）清零。打开天平门，小心地向容器内添加被称物，关闭天平门，天平的示数即为添加的被称量物的质量。

（二） 减量称量法

减量称量法又称递减称量法，称取的质量是由两次称量之差求得的。称出样品的质量不要求固定的数值，只需在要求的范围内即可，一般要求在±10%以内，常用此法连续称取多份样品。减量称量法一般要用称量瓶作为容器，用手套或纸条从干燥器中取出称量瓶，用手套或纸片夹住瓶盖柄打开瓶盖，用牛角匙加入适量试样（多于所需总量，但不超过称量瓶容积的三分之二），盖上瓶盖，置入天平中，显示稳定后，按清零键（Tare）清零。用手套或纸条取出称量瓶，在接收器的上方倾斜瓶身，用瓶盖轻敲称量瓶上口，使试样缓缓落入接收器中，如图3-4所示。当估计

图3-4 倾出样品操作

取出的试样接近所需量时，继续用瓶盖轻击瓶口，同时将瓶身缓缓竖直，用瓶盖敲击瓶口上部，使粘于瓶口的试样落入瓶中，盖好瓶盖。将称量瓶放入天平，显示的质量减少量即为取出的试样质量。若敲出质量多于所需质量时，则需重称，已取出试样不能收回，须弃去。继续按上述方法可称取第二份和第三份试样，进行平行试验。在空气中不稳定（易挥发、易吸水、易氧化和易与二氧化碳反应的物质）的固体试样和试剂，宜采用称量瓶以减量称量法称量。

（三）固定质量称量法

在实验过程中，有时需要称出某一固定质量值的试剂或试样，此时就要用固定质量称量法。现以称量0.5000g固体试样为例说明之。

先将盛放试样的容器放入天平盘中，去皮称量。打开天平门，小心地向容器内添加试样，当所加试样与固定质量相差很小时，需极其小心地将盛有试样的牛角匙伸向天平盘的容器上方2~3cm处，牛角匙的另一端顶在掌心上，用拇指、中指及掌心拿稳牛角匙，并用食指轻弹匙柄，将试样慢慢抖入容器中，直至恰好达到指定的质量（如0.5000g）。此操作应十分细心，如不慎加多了试样，只能用牛角匙取出多余的试样，再重复上述操作，直到恰好达到固定质量。

直接法配制一定浓度的滴定液时，可用这种称量方法称取一定质量的溶质。

（四）累计称量法

将被称物逐个置秤盘上，利用去皮功能，逐一去皮清零，最后移去所有被称物，则电子天平显示数的绝对值为被称物的总质量值。

下称法

电子天平还有一种下称法的称量方法，操作如下：拧松底部下盖板的螺丝，露出挂钩，将天平置于开孔的工作台上，调准水平，并对天平进行校准，就可用挂钩称量挂物了。

课堂互动

为什么减重称量法所用的称量瓶必须干燥，而承接被称物品的锥形瓶不需要干燥？

五、电子天平常见故障及其排除

分析工作者对自己使用的电子天平应掌握简单的检查方法，具备排除一般故障的技能，以保证工作顺利进行。在未掌握一定的技术之前不应乱动，电子天平的大修，一般由专门人员进行。电子天平常见故障及其排除方法参见表3-1。

表3-1　电子天平常见故障及排除

天平故障	产生原因	排除方法
显示屏上无显示	无工作电压	检查供电线路及仪器
显示不稳定	1. 振动和风的影响 2. 防风罩未完全关闭 3. 秤盘与天平外壳之间有杂物 4. 防风屏蔽环被打开 5. 被称物吸湿或有挥发性，使质量不稳定	1. 改变放置场所；采取相应措施 2. 关闭防风罩 3. 清除杂物 4. 放好防风环 5. 给被称物加盖子
测定值漂移	被称物带静电荷	装入金属容器中称量
频繁自动量程校正	室温及天平温度变化太大	移至温度变化小的地方
称量结果明显错误	天平未经校准	对天平进行校准

第二节　容量仪器

滴定分析所用的各种玻璃仪器，在使用前都必须洗涤干净，洗净的标准是内壁不挂水珠。容量仪器通常用铬酸洗液洗涤，辅助仪器通常用去污粉或肥皂水洗涤，然后用自来水冲洗干净，再用适量纯化水洗涤仪器内壁三次，确保仪器内除水以外没有任何杂质。对于滴定管和移液管来说，还要晾干水分或用适量待盛放的溶液将内壁润洗三次，确保仪器内壁附着的液体与待盛放溶液的浓度完全相同。

一、滴定管

（一）滴定管的种类

滴定管是用来准确测量滴定中所用滴定液体积的仪器。它是管身细长、内径均匀、具有精密刻度的玻璃管，最小刻度为0.1mL，读数可估计到0.01mL，它的“0”刻线在上端，最大容积刻线在下端。

滴定管的种类很多，根据用途不同，可分为酸式滴定管和碱式滴定管，酸式滴定管下端带有玻璃旋塞开关，以此控制滴定速度，可用来测量酸性或氧化性滴定液的体积，如图3-5a所示；碱式滴定管的下端连接乳胶玻璃珠开关，以此控制滴定速度，可用来测量碱性滴定液的体积，如图3-5b所示。

近年来，有些实验使用聚四氟乙烯活塞的滴定管，如图 3-5c 所示，习惯上又称为聚四氟塞滴定管，既耐酸又耐碱，可以盛放任何滴定液。

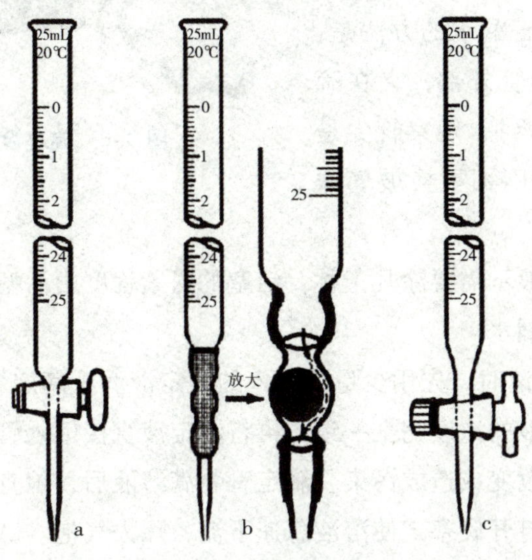

图 3-5 滴定管

a. 酸式滴定管 b. 碱式滴定管 c. 聚四氟乙烯滴定管

课堂互动

酸式滴定管不能盛放碱性滴定液，碱式滴定管不能盛放酸性或氧化性滴定液，为什么？

最常用是无色滴定管，如果滴定液见光易分解，如硝酸银滴定液，应用棕色滴定管；如果需要读数更加准确，需要用带有背蓝线的滴定管（刻度对面有一个白色瓷条，瓷条上有一条笔直的蓝线）。

常量滴定分析中，一般用 50mL 或 25mL 的滴定管；半微量滴定分析中，一般用 10mL、5mL 的滴定管。

（二）滴定管的使用

1. 用前检查 使用滴定管之前应检查其管尖是否堵塞或破损，以及开关是否漏水。检查酸式滴定管是否漏水的方法是：先将旋塞关闭，装入适量水，擦干滴定管外部，夹在滴定管架上，放置 2 ~ 3 分钟，观察管尖和旋塞缝隙是否有水珠渗出。再将旋塞旋转 180° 观察一次。若滴定管漏水或活塞旋转不灵活，应将酸式滴定管平放在实验台上，解开橡皮筋，拔出旋塞，用滤纸吸干旋塞及旋塞套内壁的水分，用手指在旋塞两头均匀涂抹薄薄一层凡士林，如图 3-6 所示。涂凡士林后，将活塞插入旋塞套沿同一方向旋转数周至旋塞透明，套上橡皮筋即可，再次用同样方法检查是否漏水。

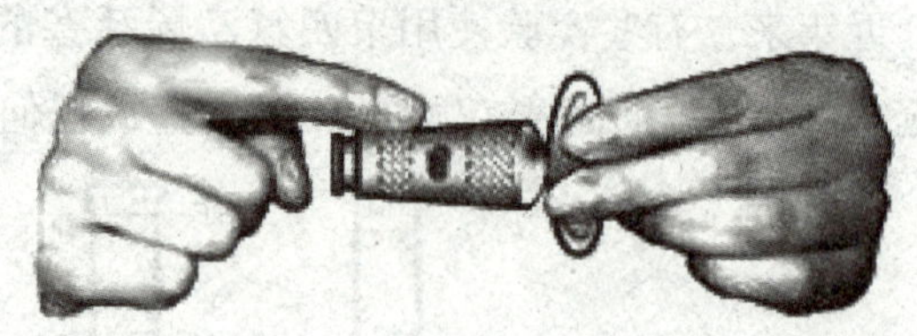
图 3-6 旋塞涂凡士林示意图

检查碱式滴定管是否漏水的方法是：装入适量水，擦干滴定管外部，夹在滴定管架上，放置 2～3 分钟，观察管尖是否有水珠滴出。若漏水则须更换玻璃珠或乳胶管。

聚四氟塞滴定管一般不需要涂凡士林，活塞的松紧程度由活塞细端的螺母来控制，使用前直接检查活塞是否漏水。

2. 装入溶液 装溶液时，先用少量待装入的滴定液润洗滴定管内壁 2～3 次，确保管内壁附着的溶液与滴定液的浓度完全一致，再将滴定液直接倒入管内，不能经过其他容器中转，以免溶液的浓度改变或造成污染。滴定管装满溶液后，检查管下端是否有气泡，如有气泡，酸式滴定管可打开旋塞，使溶液急速下流，除去气泡。碱式滴定管可将乳胶管向上弯曲，捏挤稍高于玻璃珠所在处的橡皮管，使溶液从尖嘴处流出，除去气泡，如图 3-7 所示。然后，加滴定液至“0”刻线以上少许。

3. 调节零点 用右手拇指、食指、中指轻轻捏住滴定管上端，保持其垂直于地面，左手操作滴定管开关使液面慢慢下降至液面的凹月面最低处与“0”刻线相切，记下初读数为 0.00mL。初读数不为 0.00mL 也可以，关键是正确读数，准确记录。

液面凹月面最低处

在对滴定管读数时，包括后面介绍的使用容量瓶定容时，我们会清楚地看到液面凹月面下端会呈现不透明和透明的两层，最下面透明的一层是因为玻璃管的构造使光线弯曲，造成的虚像，如果在玻璃管的反面衬上一张读数卡，则透明的虚像消失。因此读数时应以“两层”的分界线为准，这分界线的最下端就是液面凹月面最低处。

4. 读数 对滴定管进行读数时，眼睛、刻线、液面的凹月面最低处应在同一水平面上，如图 3-8 所示，否则引入读数误差。对于深色溶液，如 $KMnO_4$ 溶液，由于弯月面较难看清，可读取液面最上缘对应的刻度。读数应估读到 0.01mL，读数后应及时记录。

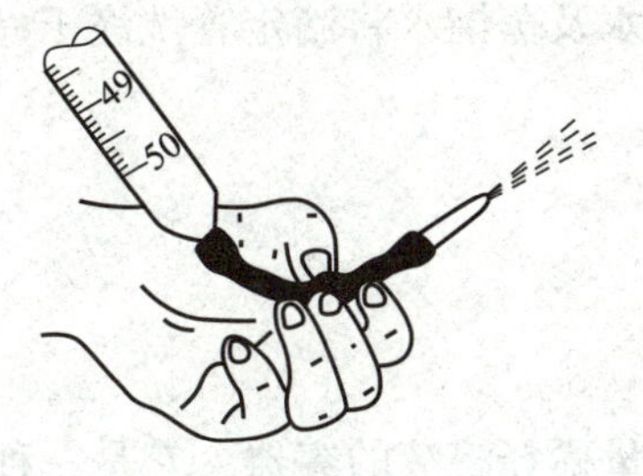

图 3-7　碱式滴定管排气泡示意图

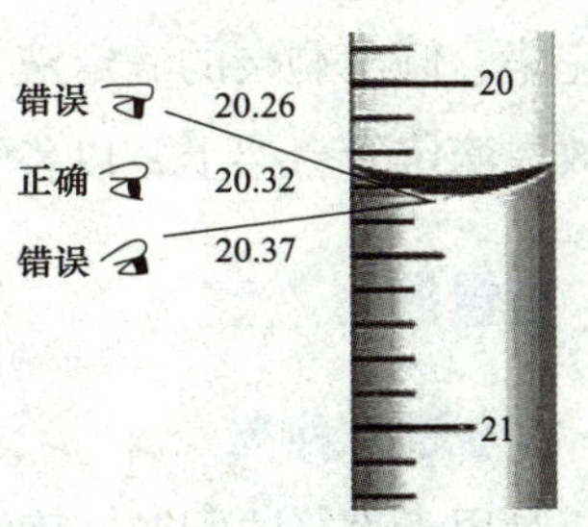

图 3-8　滴定管读数示意图

5. 滴定　滴定时，将滴定管垂直夹在滴定夹上，左手操作滴定管开关，右手握住锥形瓶上部，边滴定边振摇锥形瓶，使锥形瓶内的溶液作旋转运动，以便加入的滴定液与被滴定的溶液快速混合并发生化学反应，如图 3-9 所示。

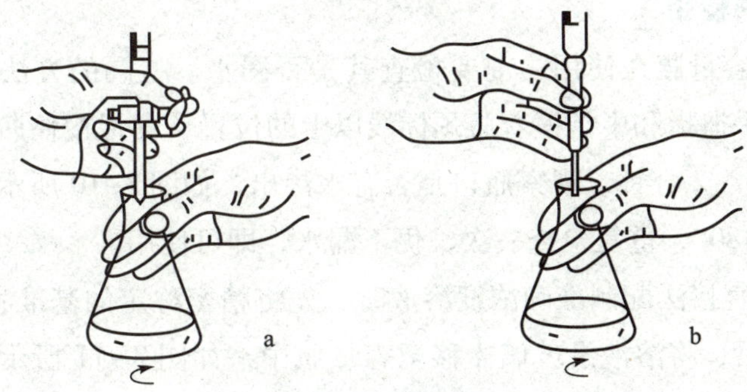

图 3-9　滴定操作示意图

a. 酸式滴定管的操作　b. 碱式滴定管的操作

使用酸式滴定管时，左手拇指放在活塞前面，食指和中指在后，其余手指微微弯曲抵住旋塞下端的管尖，慢慢旋转旋塞，如图 3-9a 所示。操作要领是拇指、食指和中指轻轻向里扣住旋塞，手心要空，以免顶出旋塞，使溶液漏出。使用碱式滴定管时，左手拇指在前，食指在后，挤捏玻璃珠外乳胶管，使之形成一条狭缝，溶液即可流出，如图 3-9b 所示。

开始滴定时，滴定速度可以稍快些，以每秒 3～4 滴为宜。接近终点时，应放慢滴定速度，及时用少量纯化水绕圈冲洗锥形瓶内壁，将残留在瓶壁的溶液冲下，甚至每次滴加 1 滴或半滴，滴一滴，摇几下，以防滴定过量，直至溶液突然变色即为滴定终点，及时读取终点读数并记录数据。

滴定所消耗滴定液的体积为终点读数与初读数之差。

在平行实验的每次滴定中，为了避免因滴定管上下端的刻度不完全一致而引起误差，每次滴定应控制使用同一部位的滴定管，例如，使用 50mL 的滴定管，第一次滴定是在 0～30mL的部位，第二次滴定液也应控制在这个部位。

测定完毕，倾出剩余的滴定液，分别用自来水及蒸馏水将滴定管洗涤干净，将洗净的滴定管倒放在滴定管台架上，以备下次再用。

二、容量瓶

（一）容量瓶的种类

容量瓶是用于直接法配制准确浓度溶液或定量稀释溶液的容器。它是一种细颈梨形的平底玻璃瓶，带有磨口塞或塑料塞，瓶颈上刻有一个环形刻线，表示在所示温度下，当溶液凹月面最低处与环形刻线相切时，溶液的体积恰好与瓶身标示的容积相等。容量瓶有无色和棕色两种，常用的有 5mL、10mL、25mL、50mL、100mL、250mL、500mL、1000mL 等规格，前四种规格用于微量分析，后四种规格用于常量分析。

（二）容量瓶的使用

1. 用前检查 容量瓶在使用之前要检查其是否漏水。检漏的方法是：将容量瓶装满水，盖紧瓶塞，一手拇指和中指捏着瓶颈标线以上的位置，食指按住瓶塞，另一手手指握住瓶底，将瓶倒立 1～2 分钟，观察瓶口是否有水渗出，如图 3-10 所示。如不漏水，直立瓶身，将瓶塞转动 180°，重复检查一次，仍不漏水，即可使用。

2. 使用方法 直接法配制准确浓度溶液时，先将精密称定的基准物质置于小烧杯中，加少量蒸馏水溶解后，将溶液沿玻璃棒移至容量瓶中，如图 3-11 所示。然后，用少量纯化水润洗小烧杯内壁 3 次，并将每次润洗液沿玻璃棒移至容量瓶中，确保精密称定的基准物质全部转移至容量瓶中，上述操作过程称为定量转移。

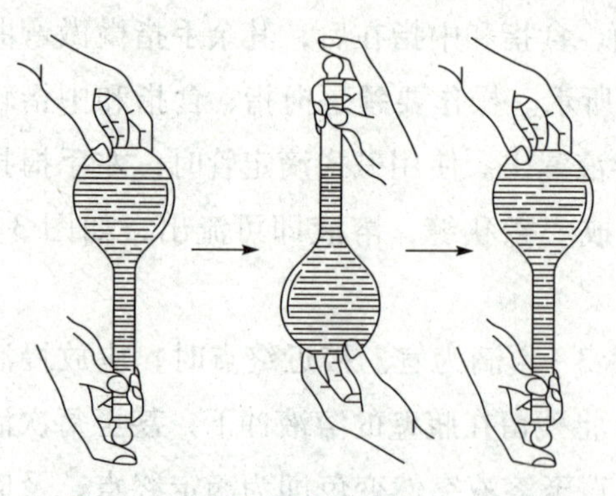

图 3-10 容量瓶的用前检查示意图

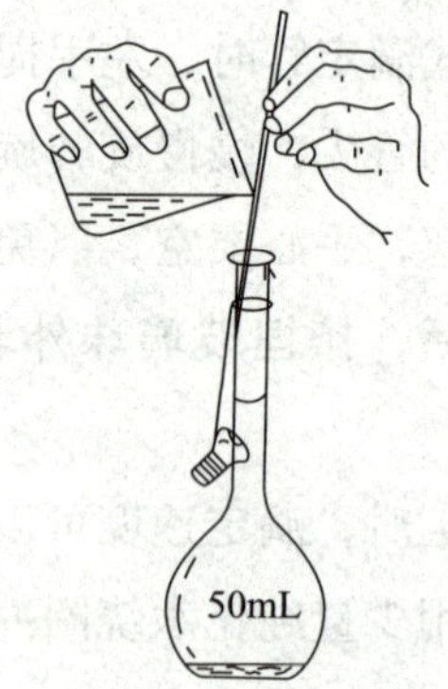

图 3-11 将溶液转移至容量瓶示意图

定量转移后，旋摇容量瓶，使溶液初步混匀，继续加入蒸馏水至接近标线时，用胶头滴管逐滴加蒸馏水，直至溶液凹月面最低处与环形刻线相切，盖紧瓶塞，用检查是否漏水的方法握住容量瓶，上下颠倒约 20 次，使溶液充分混匀。上述将一定质量的溶质制成一定体积的溶液的操作过程称为定容。

对浓溶液进行定量稀释时，先用移液管精密移取一定体积的浓溶液置于容量瓶中，然后用前述的方法加蒸馏水至刻线，摇匀即可。

配制好的溶液应倒入洁净的试剂瓶中，贴好标签，妥善储存。容量瓶不能长期存放溶液，也不能用于配制与瓶身标示温度差别较大的冷、热溶液。

三、 移液管

（一）移液管的种类

移液管是用于准确移取一定体积溶液的量出式量器。常用的移液管有两类，一类是中部膨大，两端细长的玻璃管，其中一端具有尖嘴，另一端有一个环形刻线，有时称为腹式吸管，如图 3-12a 所示，常见的规格有 5mL、10mL、20mL、25mL、50mL 等，这类移液管用于准确移取固定体积的溶液。另一类是管身有许多刻度的直形玻璃管，有时称为刻度吸管或吸量管，如图 3-12b 所示，其规格有 0.5mL、1mL、2mL、5mL、10mL 等。这类移液管用于准确移取所需体积的溶液。

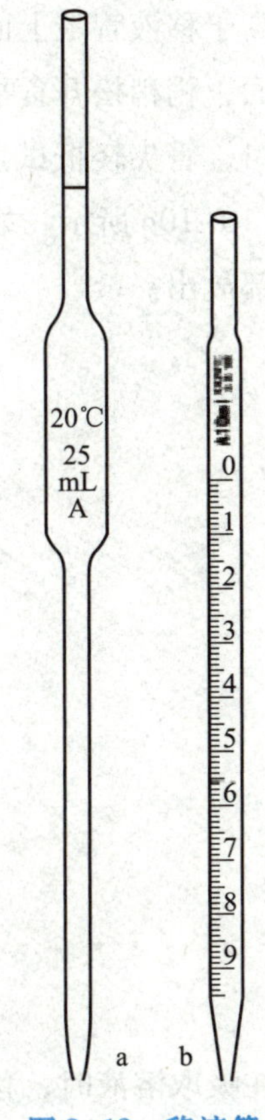

图 3-12 移液管

a. 腹式吸管 b. 吸量管

（二）移液管的使用

1. 用待吸的溶液润洗 使用移液管前应检查管尖嘴、管口有无破损，若有破损则不能使用。使用移液管时，先吸取少量待吸溶液，倾斜并旋转管身，使溶液润洗移液管内壁，然后直立管身，将溶液放入废液杯，如图 3-13 所示，重复操作 3 次。

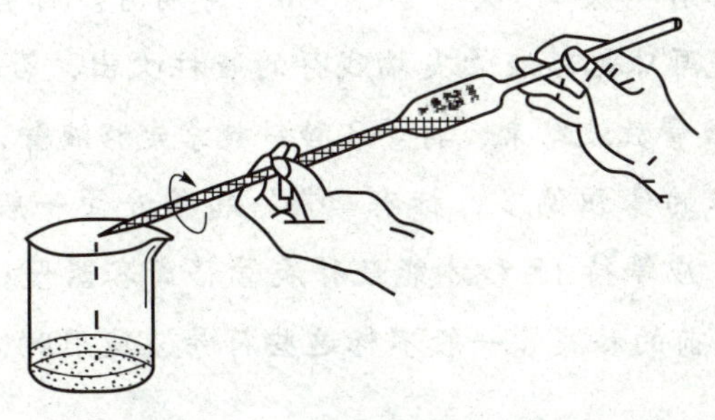

图 3-13 移液管的润洗示意图

2. 移取溶液 用一只手的拇指和中指捏住管口，食指用于堵管口，其余手指自然轻扶移液管的上部，移液管插入待吸溶液液面下 1cm 处；另一只手挤压洗耳球，让洗耳球的尖嘴抵住移液管的管口，缓慢松开洗耳球，溶液被吸入移液管，如图 3-14a 所示。当管内液面高于移液管最上面的刻线时，移走洗耳球，迅速用食指堵住管口，将移液管提起来离开液面，稍稍松开食指，使溶液凹月面最低处缓缓下降至与移液管最上端刻线相切时，堵紧管口，管尖轻抵试剂瓶内壁，插入盛放溶液的容器，松开食指使溶液流出，如图 10-10b、10-10c 所示。如果放出全部溶液，应使管尖与容器内壁接触超过 15 秒钟，确保溶液全部放出。

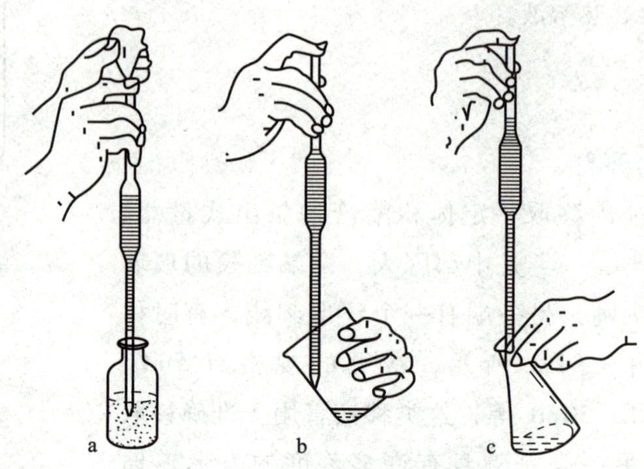

图 3-14　移液管转移溶液示意图

在吸取溶液时，移液管应随容器内液面的下降而下降。移液完毕，应将移液管放在移液管架上。使用完毕，应将移液管洗净并妥善保存。

移液管的“吹”与“不吹”

移液管上通常标有“吹”“快”“A”“B”等符号。标有“吹”字的移液管放液结束，还要用洗耳球把移液管尖端残存的液柱吹出，否则移取的体积偏少；标有“快”字的移液管放液结束，再等 3 秒钟就拿走移液管，不能将尖端残存的液柱吹出，否则移取的体积偏多；标有“A”的移液管一般都很贵，精确度高些，液体放完之后，应等待 15 秒才能让移液管移离容器壁；标有“B”的精确度比“A”低些。目前的移液管一般不标这些符号，使用时，按照标有“A”的移液管操作即可。

复习思考

一、选择题

（一）单选题

1. 当电子天平显示什么时，可进行称量（　　）

A. 0.0000　　B. 100.0000　　C. CAL

D. CAL-100　　E. Tare

2. 电子天平的显示器上无任何显示，可能的原因是（　　）

A. 无工作电压　　B. 被承载物带静电　　C. 天平未校准

D. 天平未水平　　E. 室温及天平温度变化太大

3. 减量称量法称取试样时，适合于称取（　　）

A. 剧毒的物质

B. 易吸湿、易氧化、易与空气中 CO_2 反应的物质

C. 液体物质

D. 易挥发的物质

E. 易燃易爆的物品

4. 在实验室常用的玻璃仪器中，可以直接加热的仪器是（　　）

A. 量筒和烧杯　　B. 容量瓶和烧杯　　C. 锥形瓶和烧杯

D. 容量瓶和锥形瓶　　E. 移液管和锥形瓶

5. 酸式滴定管尖部出口被凡士林堵塞，有效的处理方法是（　　）

A. 热水中浸泡并用力下抖　　B. 用细铁丝通并用水洗

C. 装满水利用水柱的压力压出　　D. 用洗耳球对吸

E. 用洗耳球吹

6. 使用碱式滴定管正确的操作是（　　）

A. 左手挤玻璃珠稍下侧部位的橡胶管

B. 左手挤玻璃珠稍上侧部位的橡胶管

C. 右手挤玻璃珠稍下侧部位的橡胶管

D. 右手挤玻璃珠稍上侧部位的橡胶管

E. 以上都不对

7. 滴定管读数时，视线比液面低，会使读数（　　）

A. 偏低　　B. 偏高　　C. 无影响

D. 对酸式滴定管偏高，碱式滴定管偏低

E. 对酸式滴定管偏低，碱式滴定管偏高

8. 当滴定管有油污时可用下列哪种洗涤后，依次用自来水、蒸馏水洗涤（　　）

A. 去污粉　　B. 铬酸洗液　　C. 强碱溶液
D. 毛刷　　E. 以上都不对

（二）多选题

1. 用电子天平称量某物的质量，下列记录错误的是（　　）
A. 0.24g　　B. 0.240g　　C. 0.2400g
D. 0.24000g　　E. 2.4g

2. 下列容器不可以直接加热的是（　　）
A. 锥形瓶　　B. 容量瓶　　C. 滴定管
D. 移液管　　E. 烧杯

3. 滴定分析法对化学反应的要求是（　　）
A. 反应必须按化学计量关系进行完全（达 99.9% 以上）
B. 反应速度迅速
C. 有适当的方法确定滴定终点
D. 化学反应必须有颜色变化
E. 化学反应必须有沉淀生成

4. 下列器皿中，需要在使用前用待装溶液润洗 2 ~ 3 次的是（　　）
A. 锥形瓶　　B. 滴定管　　C. 容量瓶
D. 移液管　　E. 烧杯

5. 可以存放在无色酸式滴定管中的溶液为（　　）
A. 酸性溶液　　B. 见光易分解溶液　　C. 氧化性溶液
D. 盐类溶液　　E. 碱性溶液

6. 电子天平的称量方法包括（　　）
A. 直接称量法　　B. 减重称量法　　C. 固定质量称量法
D. 累计称量法　　E. 砝码称量法

7. 在实验中要准确量取 20.00mL 溶液，可以使用的仪器有（　　）
A. 量筒　　B. 滴定管　　C. 滴管
D. 移液管　　E. 小烧杯

8. 以下滴定操作中错误的是（　　）
A. 滴定前期，左手离开旋塞，使溶液自行流下
B. 滴定完毕，管尖处有气泡
C. 近终点时，半滴半滴地加入滴定液
D. 初读数时，滴定管持在手中，终读数时，滴定管夹在滴定台上
E. 初读数时，滴定管夹在滴定台上，终读数时，滴定管持在手中

二、辨是非

1. 配制氢氧化钠滴定液时，必须用万分之一电子天平称量固体氢氧化钠试剂。(　　)

2. 容量仪器洗净之后，用前沥干纯化水，锥形瓶可以直接使用，滴定管和移液管必须用适量待盛放或移取的溶液润洗 2～3 次。(　　)

3. 滴定时，一般用右手控制滴定管的开关，用左手摇动锥形瓶。(　　)

4. 对滴定管进行读数时，眼睛、刻线、液面凹月面最低处应在同一水平面上，管身不必垂直于地面。(　　)

5. 移液管吸取溶液后，可以用洗耳球在管口吹气加压使溶液快速注入容器。(　　)

6. 量筒不能用于准确量取一定体积的溶液。(　　)

三、填空题

1. 滴定管装液前要用滴定液润洗 3 次，其目的是滴定液__________________。

2. 每次进行滴定操作，最好都要从________刻度开始。滴定结束后要稍停留一会儿读数，其目的是____________________________。

3. 容量瓶的检漏要求在容量瓶中装水至瓶的_______________附近，塞紧容量瓶的瓶塞，倒立________分钟以上观察是否漏水，如果不漏水，把塞子_______________，再次倒立观察。

4. 配制准确浓度的溶液，需把准确称量好的固体物质放在_______________中溶解，用_______________引流转移入_______________中，溶液倒完后要用纯化水洗涤_______________和_______________，洗涤液都要沿玻璃棒转移入_______________中，洗涤烧杯和玻璃棒 3 次后，直接加纯化水至 2/3 时，平摇，继续加纯化水至距标线________ cm 左右时，改用_______________滴加，至_______________与容量瓶的标线相切。一旦超过标线，必须_______________。随后将容量瓶倒转_______________次以上，确保溶液混匀。

5. 移液管所移取的体积通常可准确到________ mL。移液时，让溶液沿内壁流下，管内溶液流完后需停留________秒钟。如果是吸量管，每次都应从________刻度处为起始点，放出所需体积的溶液，余下的溶液倒入________。

四、简答题

1. 减重称量法若敲出的试样质量多于所需质量时，应如何处理？已取出的试样能不能收回？

2. 滴定管为什么每次都应从最上面的零刻度线为起点使用？

3. 滴定管、容量瓶和移液管用纯化水洗净后，哪些还要用操作液润洗 3 次，为什么？

4. 若用 NaOH 滴定液来测定 HCl 溶液，分析下列操作对 c_{HCl} 产生什么影响？

(1) 碱式滴定管水洗之后未用标准碱溶液润洗。

（2）滴定前碱式滴定管中未将气泡赶尽，滴定后气泡消失。

（3）滴定前碱式滴定管中无气泡，但滴定过程中由于捏玻璃珠下部的橡皮管，管内进了气泡。

（4）锥形瓶水洗后用待测酸液润洗。

（5）若使用的锥形瓶水洗之后未干燥，即注入酸并进行滴定。

（6）滴定读数时，开始时平视，结束时仰视。

扫一扫，知答案

第四章
测量数据的处理

【学习目标】

掌握误差产生的原因及减免办法；准确度和精密度的表示方法及二者之间的关系；有效数字位数的判断及其修约和计算规则。

熟悉误差的传递规律；系统误差的类型。

了解偶然误差的正态分布；可疑数据的取舍方法。

定量分析的任务是准确测定试样中组分的相对含量。但由于受分析方法、测量仪器、试剂和分析人员主客观因素等方面的限制，使得测量值不可能与真实值完全一致；同时，定量分析往往要经过一系列步骤，每步测量的误差都会影响分析结果的准确性。因此，即使是技术娴熟的分析人员，用各项技术指标均符合要求的测量仪器，用同一种可靠方法对同一试样进行多次测量，也不能得到完全一致的结果，这说明客观上存在难以避免的误差。为了提高分析结果的准确性，有必要探讨产生误差的原因和减小误差的方法，还有必要学习正确记录、处理、取舍测量数据的理论和方法。

第一节　定量分析的误差

一、准确度与误差

准确度是表示测量值与真实值的符合程度。测量值与真实值越接近，准确度越高，反之准确度越低。衡量准确度的高低可用误差表示。误差可用绝对误差和相对误差来表示。

1. 绝对误差　绝对误差（E）是表示测量值（x）与真实值（μ）的符合程度的物理量，其数学表达式如下：

$$E = x_i - \mu \tag{4-1}$$

当测量值大于真实值时，误差为正值，反之为负值。

2. 相对误差 相对误差（*RE*）是指绝对误差在真实值中所占的百分率，其数学表达式如下：

$$RE = \frac{E}{\mu} \times 100\% \tag{4-2}$$

实际工作中，常用绝对误差表示分析仪器的精度，而用相对误差表示分析结果的准确度。

例 4-1 用分析天平称两份试样，其质量分别为 0.1004g 和 1.0041g，两份试样的真实质量分别是 0.1005g 和 1.0042g，求两份试样的绝对误差和相对误差各为多少？

解 试样的绝对误差分别为：

$$E_1 = x_1 - \mu_1 = 0.1004 - 0.1005 = -0.0001$$

$$E_2 = x_2 - \mu_2 = 1.0041 - 1.0042 = -0.0001$$

试样的相对误差分别为：

$$RE_1 = \frac{E_1}{\mu_1} \times 100\% = \frac{-0.0001}{0.1005} \times 100\% \approx -0.1\%$$

$$RE_2 = \frac{E_2}{\mu_2} \times 100\% = \frac{-0.0001}{1.0042} \times 100\% \approx -0.01\%$$

从上所知，两份试样称量的绝对误差相等，但由于两份试样的质量相差 10 倍，所以相对误差相差 10 倍。由此可见，用相对误差表示测定结果的准确度比用绝对误差更合理。

课堂互动

标定氢氧化钠滴定液的基准试剂有邻苯二甲酸氢钾（分子量为 204.44）和 $H_2C_2O_4 \cdot 2H_2O$（分子量为 126.07），请问选哪一个好，为什么？

在实际工作中，由于任何测量都存在误差，所以不可能得到真实值。因此，在分析化学中，通常将约定真值或相对真值作为真实值。

用测量值与公认的真实值之差作为分析误差。用它可衡量分析结果的准确度，判断所选用的分析方法是否合适，检验分析工作者的操作优劣。

知识链接

1. 理论真值：是由理论推导得出的，不是实际测定的数值。例如：三角形内角和为180°。

2. 约定真值：是由国际计量大会定义的单位（国际单位）及我国的法定计量单位。例如：物质的量的单位，各元素的原子量等。

3. 相对真值：在分析工作中绝对纯的化学试剂是没有的，因而常用标准参考物质的证书上所给的含量作为相对真值。

4. 标准参考物质：必须是有公认的权威机构鉴定，并给予证书；具有良好的均匀性和稳定性；其含量测定的准确度至少高于实际测量的3倍。具备以上条件的物质方可作为分析工作中的标准参考物质，也可称作标准试样或标样。

如果上述几种真值都不知道，也可把最有经验的人用最可靠的方法，对标准试样进行多次测定所得结果的平均值作为真值的替代者。

二、 精密度与偏差

精密度指在相同条件下，多次测量结果之间互相接近的程度。各测量值之间越接近，测量的精密度越高。精密度的高低用偏差来衡量。偏差表示数据的离散程度，偏差越大，数据越分散，精密度越低。反之，偏差越小，数据越集中，精密度就高。偏差有以下几种表示方法。

1. 绝对偏差（d） 是指测量值（x_i）与平均值（$\bar{x}$）之差。

$$d = x_i - \bar{x} \tag{4-3}$$

2. 平均偏差（$\bar{d}$） 指单个绝对偏差绝对值的平均值。

$$\bar{d} = \frac{\sum_{i=1}^{n} |x_i - \bar{x}|}{n} \tag{4-4}$$

课堂互动

平均偏差为什么是绝对偏差的绝对值的平均值？如果不加绝对值符号，会出现什么情况？为什么？

3. 相对平均偏差（$R\bar{d}$） 是指平均偏差在平均值中所占的百分率。

$$R\bar{d} = \frac{\bar{d}}{\bar{x}} \times 100\% = \frac{\sum_{i=1}^{n} |x_i - \bar{x}| / n}{\bar{x}} \times 100\% \tag{4-5}$$

4. 标准偏差 多次测量值（n 趋向无限大）的总体标准偏差。对有限次测量值的样

本标准偏差用 S 表示。

$$S=\sqrt{\frac{\sum_{i=1}^{n}(x_i-\bar{x})^2}{n-1}} \tag{4-6}$$

5. 相对标准偏差（*RSD*） 是指标准偏差在平均值中所占的百分率。

$$RSD=\frac{S}{\bar{x}}\times 100\% \tag{4-7}$$

例 4-2 两人测定同一标准试样，各得一组数据的偏差如下：

（1）0.3 −0.2 −0.4 0.2 0.1 0.4 0.0 0.3 0.2 −0.3

（2）0.1 0.1 −0.6 0.2 −0.1 −0.2 0.5 −0.2 0.3 0.1

求两组数据的平均偏差和标准偏差；为什么两组数据计算出来的平均偏差相等，而标准偏差不等；哪组数据的精密度高？

解：

$$\bar{d}_1=\frac{|0.3|+|-0.2|+|-0.4|+|0.2|+|0.1|+|0.4|+|0.0|+|0.3|+|0.2|+|-0.3|}{10}=0.24$$

$$S_1=\sqrt{\frac{(0.3)^2+(-0.2)^2+(-0.4)^2+(0.2)^2+(0.1)^2+(0.4)^2+(0.0)^2+(0.3)^2+(0.2)^2+(-0.3)^2}{9}}=0.28$$

$$\bar{d}_2=\frac{|0.1|+|0.1|+|-0.6|+|0.2|+|-0.1|+|-0.2|+|0.5|+|-0.2|+|0.3|+|0.1|}{10}=0.24$$

$$S_2=\sqrt{\frac{(0.1)^2+(0.1)^2+(-0.6)^2+(0.2)^2+(-0.1)^2+(-0.2)^2+(0.5)^2+(-0.2)^2+(0.3)^2+(0.1)^2}{9}}$$

$=0.31$

因为第二组数据中有两个数据有较大的误差，分散度高，所以平均偏差相等，但标准偏差不一样。

第一组数据的精密度高。

从上例可知，标准偏差比平均偏差更能表达出某组数据的精密度。

三、 准确度与精密度的关系

测定结果的好坏应从精密度和准确度两个方面衡量。例如 A、B、C、D 四人分析同一试样，每人测定 4 次，所得结果如图 4-1 所示。A 所得结果准确度和精密度都好，结果可靠；B 的精密度虽很高，但准确度太低，可能测量中存在系统误差；C 的准确度与精密度都很差；D 的平均值虽接近真值，但几个数值彼此相差甚远，仅是由于正负误差相互抵消才使结果接近真值，纯属巧合。

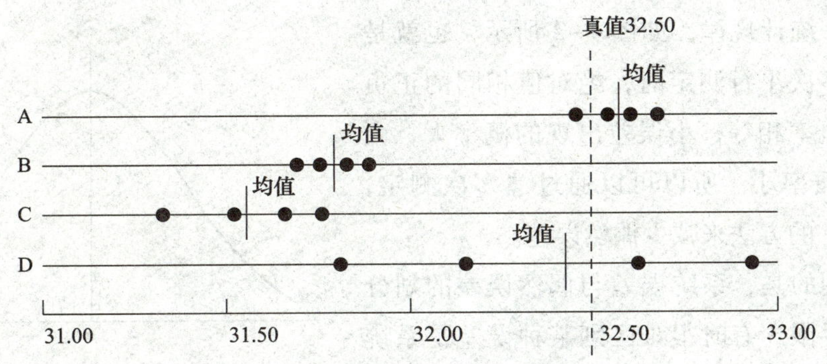

图 4-1　定量分析中准确度和精密度的关系

综上所述，可得出下列结论：

（1）精密度高是准确度高的前提，但精密度高不一定准确度高；

（2）在消除了系统误差的前提下，精密度高，准确度才会高。

四、误差的来源

分析工作中产生误差的原因很多，定量分析中的误差就其来源和性质的不同，可分为系统误差、偶然误差两大类。

1. 系统误差　系统误差又称可定误差，是由测定过程中某些确定的因素造成的，其特点为在同一条件下重复测定重复出现，且大小、方向（正或负）一定。根据系统误差的来源，可把系统误差分为方法误差、仪器误差、试剂误差、操作误差四类。

（1）方法误差　由于分析方法本身不完善所致的误差。例如，在酸碱滴定中，指示剂变色的滴定终点与化学计量点不一致；重量分析法中溶解度的大小会影响沉淀生成的完全程度，沉淀过程当中的共沉淀现象等都会给分析结果带来系统误差。

（2）仪器误差　由于使用的仪器不精准所引起的误差。例如，分光光度计的单色光不纯，量器刻度不准确，容量瓶与移液管不配套等所引起的误差都属于仪器误差。

（3）试剂误差　由于所用试剂纯度不够所引起的误差。例如，所用试剂和蒸馏水中含有微量杂质等会带来这种误差。

（4）操作误差　由于操作人员的主观原因或习惯在实验中所引起的误差。其前提是操作过程是规范的。例如：操作人员对滴定终点颜色的辨别能力不同，有的人偏深，有的人偏浅；滴定管读数时习惯性的偏高或偏低均可导致操作误差。

2. 偶然误差　偶然误差又称不可定误差，有时也称为随机误差，是指由于某些难以控制的偶然因素引起的误差。例如，测量条件（温度、湿度、气压等）的微小变化、分析仪器的微小震动、操作人员操作时的微小波动性差异都会引起偶然误差。

偶然误差具有原因、大小、方向不定等特点，因此在操作过程中不可避免。但它服从正态分布这一统计规律，如图 4-2 所示，也就是对试样进行多次平行测定时，绝对值相同的正负误差出现的概率相等；小误差出现的概率大，大误差出现的概率小。所以可以通过“多次测定，取其平均值”的方法来减少偶然误差。

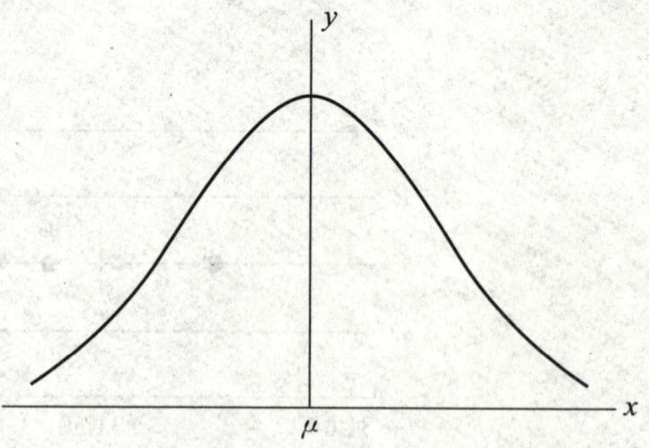

图 4-2 偶然误差的正态分布曲线

需要说明的是，系统误差与偶然误差的划分并无严格的界限。有时很难区别某种误差是系统误差还是偶然误差。例如，观察滴定终点颜色的改变，有人总是偏深，产生属于操作误差的系统误差，但在多次测定观察滴定终点的深浅程度时，又不能完全一致，因而产生偶然误差。

五、 减小误差的几种主要方法

1. 选择恰当的分析方法 不同分析方法的灵敏度和准确度不同。化学分析方法的灵敏度虽然不高，但对常量组分的测定能获得比较准确的分析结果（相对误差≤0.2%），而对微量或痕量组分的测定灵敏度难以达到。仪器分析法灵敏度高、绝对误差小，但相对误差较大，不适合常量组分的测定，但能满足微量或痕量组分测定准确度的要求。同时，选择分析方法还应考虑共存物质的干扰。总之，应根据分析对象，样品情况及对分析结果的要求，选择恰当的分析方法。

2. 减小测量误差 为了保证分析结果的准确度，必须尽量减小各步的测量误差。

例 4-3 使用万分之一的分析天平称量时，为了使称量相对误差小于±0.1%，样品称量应为多少克才能达到要求?

解：因为万分之一的分析天平的称量的绝对误差为±0.0001，一般称量需读数两次，可能引起的最大误差是±0.0002。

$$RE = \frac{E}{\mu} \times 100\%$$

$$\mu = \frac{\pm 0.0002}{\pm 0.1\%} \times 100\% = 0.2(g)$$

一般滴定管有±0.01mL 的绝对误差，一次滴定也需两次读数，可能产生最大的误差是±0.02mL，为了使相对误差≤±0.1%，消耗滴定液的体积就应该≥20mL。所以在常量滴定分析中，如果用 25mL 滴定管滴定，一般要求消耗液的体积为 20～25mL。

3. 消除测量中的系统误差

（1）校准仪器 对天平、移液管、滴定管等计量、容量器皿及测量仪器进行校准，可以减小仪器误差。由于计量及测量仪器的状态会随时间、环境条件等发生变化，因此需要定期进行校准。一般情况下，在同一分析实验中多次平行测量时使用同一套仪器，以抵消仪器误差。

（2）空白试验　在不加入试样的情况下，按与测定试样相同的条件和步骤的分析实验，称为空白试验。所得结果称为空白值。从试样的分析结果中扣除空白值，即可消除由试剂及实验器皿等引入的杂质所造成得误差。空白值不宜很大，否则，应通过提纯试剂或改用其他器皿等途径减少空白值。

4. 检验测量中的系统误差

（1）对照试验　对照试验是用来检验分析过程中有无系统误差的有效方法。常用的有标准试样对照和标准方法对照。

标准试样对照：用已知准确含量的标准试样代替待测试样，以相同的实验条件进行测量，根据标准试样的测量结果，求得测定方法的校正值，用以检查有无系统误差的存在。

$$\text{试样中某组分含量}=\text{试样中某组分测得含量}\times\frac{\text{标准试样中某组分已知含量}}{\text{标准试样中某组分测得含量}} \qquad (4-8)$$

标准方法对照：用公认的经典分析方法或国家颁布的标准分析方法与被检验的方法，对同一试样进行分析，根据结果判断被检验的分析方法有无系统误差。

（2）回收试验　当采用被检验方法测出试样中某组分含量后，可在几份相同试样（$n \geqslant 5$）中加入适量被测组分的纯品，以相同条件进行测量，按下式计算回收率：

$$\text{回收率}(\%)=\frac{\text{加入纯品后的测得量}-\text{加入前的测得量}}{\text{纯品加入量}}\times 100\% \qquad (4-9)$$

回收率允许范围一般为95%～105%，回收率越接近100%，系统误差越小，方法准确度越高。

5. 减少测量中的偶然误差　根据偶然误差的分布规律，在消除系统误差的前提下，平行测定次数越多，其平均值越接近于真值。因此增加平行测定次数，可以减少偶然误差对分析结果的影响。在实际工作中，一般对同一试样平行测定3～4次，其精密度符合要求即可。

第二节　有效数字

分析化学中的数字分为两类。一类数字为非测量所得的自然数，如测量次数、样品份数、计算中的倍数、反应中的化学计量关系以及各类常数等，这类数字无准确度问题。另一类数字是测量所得，即测量值或数据计算的结果，其数字位数多少应与分析方法的准确度及仪器测量的精密度相适应。

一、 有效数字的基本概念

有效数字是指在分析工作中实际测量到的数字。其包括所有的准确数字和最后一位可疑数字，即只有数据的末位数欠准，其误差是末位数的±1 个单位。有效数字不仅能表示数值的大小，还可以反映测量的精确程度。

例如，对常量滴定管可准确读取到 0. 1mL，估计读到 0. 01mL。在测量时，滴定管的读数为 22. 45mL，此数值为四位有效数字，其中 22. 4 是准确数字，最后一位 5 是可疑数字，存在±1 单位的误差，其实际应为 22. 45mL±0. 01mL；用万分之一的分析天平称量某试样时，试样的质量为 1. 3760g，即五位有效数字，其中 1. 376 为准确数字，最后一位 0 是可疑数字，其实际质量应该为 1. 3760g±0. 0001g。由此可见，在记录数据时，由于仪器的精度不同，所得到的有效数字的位数也不同。因此不能随意增加或减少有效数字的位数。

在确定有效数字的位数时，数据中的 1～9 均为有效数字，数字 0 则可能不是有效数字。0 位于第一个非零数字之前不是有效数字，0 位于非零数字之间或位于非零数字之后为有效数字。如数据 0. 05030，为四位有效数字，5 之前的两个 0 不是有效数字，5 和 3 之间的 0 以及 3 之后的 0 是有效数字，它除表示数量值外，还表示该数量的准确程度。在整数中则不能确定 0 是否为有效数字，如 2400 L，因此，常用指数形式明确该整数的有效数字位数，写成 2.40×10^{3}L，表示三位有效数字。对于很小的数字，也可用指数形式表示。例如，离解常数 $K_a=0.000028$，可写成 $K_a=2.8\times10^{-5}$。值得注意的是，有效数字位数在指数表示形式中没有改变。

变换单位时，有效数字的位数也须保持不变。例如，0. 0045g 应写成 4. 5mg。另外，从相对误差考虑，如果首位数字≥8，其有效数字可多计一位。例如 9. 32，其相对误差为 $\frac{E}{T}$，与四位有效数字的相对误差相当，故可认为是四位有效数字。

pH 及 pK_a 等对数值，其有效数字仅取决于小数部分的数字位数，而其整数部分的数字只代表原值的幂次。例如 pH＝8. 43，是两位有效数字。

综上所述，下列数字的有效数字位数分别为：

0. 0004g，0.3×10^{-2}，0. 4%	一位有效数字
0. 0070，0. 30%，pH＝2. 00	两位有效数字
0. 601，2.53×10^{-5}，lg$K$＝6. 332	三位有效数字
31. 80，0. 07675	四位有效数字

二、 有效数字的修约规则

由于测定过程中各环节所用的仪器精度不完全一致，使测得的数据有效位数可能不同，因此，在处理分析数据时，对有效数字位数较多（即误差较小）的测量值，应将多余的数字舍弃，该过程称为数字修约，其基本原则如下：

1. 采用“四舍六入五留双”的规则进行修约 该规则规定，当多余尾数的首位≤4时，舍去；多余尾数的首位≥6时，进位；多余尾数的首位数字等于5时，若5后数字有不为0的数字，则进位；若5后数字皆为0或没有数字，则视5前数字是奇数还是偶数，采用“奇进偶舍”的方式进行修约。

例如，将下列数据修约为四位有效数字。

22.3541→22.35　13.3362→13.34　35.1450→35.14　35.2350→35.24

35.04501→35.05　28.0351→28.04　19.165→19.16　65.455→65.46

2. 不能分次修约 只允许对原测量值一次修约至所需位数，不能分次修约。例如：将数据5.3457修约为2位，应5.3457→5.3，若分次修约5.3457→5.346→5.35→5.4，就不对了。

3. 可多保留一位有效数字进行运算 在大量运算中，为了不使修约误差迅速累积，可采用“安全数字”。即将参与运算各数的有效数字修约到比绝对误差最大的数据多保留一位，运算后，再将结果修约到应有的位数。

例如，计算6.3527、1.3、0.054、2.35的和。

按加减法运算法则应该将所有数据修约到小数点后1位，但在计算时可先多保留一位，于是上述数据计算，可写成6.35+1.3+0.05+2.35=10.05，计算结果再修约成10.0。

4. 修约标准偏差 对标准偏差的修约，其结果应使准确度降低。例如，某计算结果的标准偏差为0.611，取两位有效数字，应修约为0.62。表示标准偏差和*RSD*时，一般取一位有效数字，最多取两位有效数字。

5. 与标准限度值比较时不应修约 在分析测定中常需将测定值（或计算值）与标准限度值进行比较，以确定样品是否合格。若标准中无特别注明，一般不应对测量值进行修约，而应采用全数值进行比较。如某标准试样中镍含量≤0.03%为合格，此0.03%即为标准限度值，若获得的测定值为0.033%，按修约值0.03%比较即为合格，而按全数值0.033%比较，则应判为不合格。

三、有效数字的运算规则

1. 加减法 当几个数据相加或相减时，以小数点后位数最少的数据（绝对误差最大的数据）为依据进行修约，求出其和或差。

例4-4 求0.0213、52.47、1.2753的和。

解： 计算时，以52.47为标准，其他的数据都修约到小数点后二位，再计算，其结果为：

$$0.02+52.47+1.28=53.77$$

2. 乘除法　当几个数据相乘或相除时，以有效数字最少的数据（相对误差最大的数据）为依据进行修约，求出其积或商。

例 4-5　求 0.0213、32.47、1.3753 的积。

解：计算时，以 0.0213 为标准，其他的数据修约到三位有效数字后，再计算，其结果为：

$$0.0213\times32.5\times1.38=0.955$$

四、有效数字在定量分析中的应用

1. 正确选择测量仪器　不同的分析任务有不同的准确度要求。为了达到一定的要求，必须选择适当的测量仪器。如在常量分析中，用减重法称取 0.2g 试样，一般要求称量的相对误差为±0.1%，其绝对误差为±0.1%×0.2g=±0.0002g，则需要选择万分之一的分析天平才能达到分析要求。若要求称取的样品为 2g，则只需要选择千分之一的分析天平。

2. 正确记录测量数据　在测量中，正确记录数据是获得准确可靠的分析结果的前提。因此，在记录数据时应根据测定的方法和所用仪器的精度，正确地记录测量到的所有准确数字和最后一位可疑值。如记录滴定管的数据时，必须记录到小数点后两位，如 23.00mL；用万分之一的天平进行称量时，必须记录到小数点后四位，如 1.0450g。这些“0”都不能省略。

3. 正确表示分析结果　在分析结果的报告中，要注意最后结果中有效数字位数保留问题。不能随意的增加或减少。

例 4-6　在某化工厂分析室中，小张和小王两人同时分析某试样中硫的含量。用万分之一的分析天平称取试样 0.5000g，小张、小王报告的分析结果分别为 42.00%、41.999%，请问小张和小王哪一份报告应该被采用？为什么？

解：

$$\text{称量的相对误差\%}=\frac{\pm0.0001}{0.5000}\times100\%=\pm0.02\%$$

$$\text{小张的相对误差\%}=\frac{\pm0.01}{42.00}\times100\%=\pm0.024\%$$

$$\text{小王的相对误差\%}=\frac{\pm0.001}{41.999}\times100\%=\pm0.0024\%$$

由此可见，小张报告的准确度和称量准确度是一致的，而小王的准确度超过了称量准确度，是没有意义的。因此，应该采用小张的报告。

通常情况下，对于含量在≥10%的组分测定，分析结果一般要求用四位有效数字表示；对于含量在1%～10%的组分测定，分析结果一般要求用三位有效数字表示；对于含量在≤1%的组分测定，分析结果一般要求用两位有效数字表示。

在表示滴定液的准确浓度时，一般保留四位有效数字。

在表示标准偏差和 *RSD* 时，一般取一位有效数字，最多取两位有效数字。如 $R\bar{d}=0.02\%$。

第三节 可疑测量数据的取舍

在定量分析中，平行测得的几个数据，个别值可能会出现异常，如测量值偏高或偏低，此异常值称为可疑值。如确定可疑值为过失误差造成，则可直接舍弃，否则不能随便舍弃它，而要按一定的数理统计方法进行计算，决定其取舍。下面介绍两种常用的方法。

一、四倍法

四倍法又称 $4\bar{d}$ 检验法，步骤如下：

1. 找出可疑值，并计算除可疑值外其他数据的平均值（$\bar{x}$）和平均偏差（$\bar{d}$）。
2. 按下式计算：

$$\frac{|\text{可疑值}-\bar{x}|}{\bar{d}} \tag{4-10}$$

3. 可疑值的取舍判断，若计算结果大于或等于4，则可疑值舍弃，否则保留。

例4-7　测定某样品的含量，平行测定4次，所得含量数据分别为0.3019、0.3020、0.3022、0.3026。请用四倍法判断0.3026这个数据是否舍弃?

解：　先将0.3026除去，计算其他三个数据的平均值和平均偏差：

$$\bar{x}=\frac{0.3019+0.3020+0.3022}{3}=0.3020$$

$$\bar{d}=\frac{|0.3019-0.3020|+|0.3020-0.3020|+|0.3022-0.3020|}{3}=0.0001$$

$$\frac{|\text{可疑值}-\bar{x}|}{\bar{d}}=\frac{|0.3026-0.3020|}{0.0001}=6$$

由于计算结果>4，所以0.3026要舍弃。

答：用四倍法判断，0.3026应舍弃。

四倍法比较简单，但在数理统计上不够严密，仅作为4～8个数据的测量实验中的一种简易判据方法。显然，这种方法只能用于处理一些要求不高的实验数据。

二、*Q* 检验法

Q 检验法又叫作舍弃商法，作为对3～10次平行测定值的一种判据方法，根据所要求

的置信度（注：置信度是指测定值在一定的区间范围内出现的概率），按照下列步骤检验可疑值的取舍。

1. 将所有测得的数据按递增的顺序排列。

2. 计算全部测量值的极差和可疑值与邻近值之差，按下式计算 Q 值。

$$Q_{计} = \frac{邻差}{极差} = \frac{|x_{疑} - x_{邻}|}{x_{最大} - x_{最小}} \tag{4-11}$$

3. 根据测定次数 n 和要求的置信度（如 90%），查舍弃商 Q 值表，如表 4-1 所示，得到 $Q_{表}$。

4. 判断：若 $Q_{计} > Q_{表}$，则舍去可疑值，反之，则保留。

表 4-1 舍弃商 Q 值表（置信概率 90%）

测定次数（n）	3	4	5	6	7	8	9	10
$Q_{90\%}$	0.94	0.76	0.64	0.56	0.51	0.47	0.44	0.41
$Q_{95\%}$	0.97	0.84	0.73	0.64	0.59	0.54	0.51	0.49

例 4-8 平行四次测定铁试样的含量，测得值为 0.1014、0.1012、0.1025、0.1016，其中 0.1025 与其他数值差距较大，用 Q 检验法判断在置信度为 90% 时 0.1025 是否应该舍去？

解： （1）将数据按大小顺序排列 0.1012，0.1014，0.1016，0.1025。

（2）计算 Q 值 $Q_{计} = \frac{|x_{疑} - x_{邻}|}{x_{最大} - x_{最小}} = \frac{|0.1025 - 0.1016|}{0.1025 - 0.1012} = 0.69$

（3）查舍弃商 Q 值表：测试次数为 4，置信水平为 90% 时的 $Q_{90\%表} = 0.76$。

（4）判断：本题中 $Q_{计} < Q_{表}$，所以 0.1025 不应舍弃。

答：Q 检验法判断，在置信水平为 90% 时 0.1025 不应舍弃。

若一次取舍后，平行测定的数据中还有可疑值时，可依次进行取舍检验。

复习思考

一、选择题

（一）单选题

1. 下列哪种情况可引起系统误差（ ）

A. 电子天平零点突然有变动　　B. 加错试剂

C. 看错砝码读数　　D. 滴定时溅失少许滴定液

E. 滴定终点和计量点不吻合

2. 下列是四位有效数字的是（ ）

A. 3.113 B. 5.4300 C. 6.00
D. 1.6040 E. 4.54

3. 滴定管的读数误差为±0.02mL，若滴定时用去滴定液20.00mL，则相对误差是（　　）
A. ±1.0% B. ±0.1% C. ±0.01%
D. ±0.001% E. ±0.0001%

4. 空白试验能减少（　　）
A. 偶然误差 B. 方法误差 C. 仪器误差
D. 操作误差 E. 试剂误差

5. 减少偶然误差的方法是（　　）
A. 对照试验 B. 空白试验 C. 校准仪器
D. 多次测定取平均值 E. 回收试验

6. 在用HCl滴定液滴定NaOH溶液时，记录消耗HCl溶液的正确体积是（　　）
A. 24.1000mL B. 24.100mL C. 24.10mL
D. 24.1mL E. 24mL

7. 分析测定中的偶然误差，就统计规律来讲，以下不符合的是（　　）
A. 数值不固定
B. 多次测定取平均值可以减少偶然误差
C. 大误差出现的概率小，小误差出现的概率大
D. 数值相等的正负误差出现的概率相等
E. 多次测定均为正误差

8. 精密度表示方法不包括（　　）
A. 绝对偏差 B. 相对误差 C. 相对平均偏差
D. 标准偏差 E. 相对标准偏差

（二）多选题

1. 系统误差产生的原因有（　　）
A. 过失误差 B. 方法误差 C. 试剂误差
D. 仪器误差 E. 操作误差

2. 提高分析结果准确度的主要方法是（　　）
A. 选择适当的分析方法 B. 增加有效数字的位数
C. 增加平行测定的次数 D. 做空白试验
E. 做对照试验

3. 准确度与精密度之间的关系是（　　）
A. 准确度与精密度无关

B. 精密度是保证准确度高的前提

C. 消除系统误差后，精密度好，准确度才高

D. 消除偶然误差后，精密度好，准确度才高

E. 准确度是保证精密度好的前提

4. 决定测量数据中可疑值取舍的方法有（　　）

A. 舍弃绝对误差最大的数据　　B. 四舍六入五留双法

C. Q 检验法　　D. 四倍法

E. 四舍五入法

二、辨是非

1. 邀请技术娴熟的分析人员，用各项技术指标均符合要求的测量仪器，就能避免测量误差。(　　)

2. 测量值与真实值越接近，准确度越高，其误差越小。(　　)

3. 对某一样品测定了五次，其五次数据非常接近，表明测定结果准确度高。(　　)

4. 对一个测定结果的准确度可以用误差来表示。(　　)

5. 对一组数据的精密度可以用偏差来表示。(　　)

6. 精密度高不一定准确度高。(　　)

7. 平均偏差可以用来表示一组测量数据的分散程度。(　　)

8. 有效数字的修约规则规定，表示标准偏差和相对标准偏差（*RSD*）时，一般取一位有效数字，最多取两位有效数字。(　　)

9. 当几个数据相乘或相除时，以小数点后位数最少的数据为依据进行修约，再计算其积或商。(　　)

10. 对同一试样平行测定的次数越多越好，其测定的结果将越接近于真实值。(　　)

三、填空题

1. 准确度表示________与________的符合程度。

2. 精密度是指在相同条件下________________互相接近的程度。

3. 偏差有五种表示方法________、________、________、________、________。

4. 准确度与精密度的关系：________高是________高的前提。在消除了系统误差的前提下，________高，________才会高。

5. 根据系统误差的来源，可把系统误差分为________、________、________、________四类。

6. 偶然误差在操作过程中不可避免，但它服从________________规律，所以可以通过________________的方法来减少偶然误差。在实际工作中，一般对同一试样平行测定________次，其精密度符合要求即可。

7. 有效数字是指________________。其包括所有的准确数字和________可疑数字。

8. 有效数字采用________的规则进行修约。

9. 标准偏差和 *RSD* 时，一般取________位有效数字，最多取________位有效数字。

10. 在记录滴定管的数据时，必须记录到小数点后________位；用万分之一的天平进行称量时，必须记录到（g 为单位）小数点后________位。

四、简答题

1. 将下列数据修约成四位有效数字？

（1）28.745　（2）23.635　（3）10.0654（4）0.386550

（5）2.73451×10^{-3}　（6）108.445　（7）328.45（8）9.9864

2. 判断下列数据分别是几位有效数字？

（1）2.0843　（2）0.0356　（3）0.006720（4）20.076%

（5）6.7×10^{-3}　（6）1.03×10^{-6}　（7）$pK_a=4.25$（8）pH=8.2

五、计算题

1. 根据有效数字运算规则，计算下列结果：

（1）14.64998+175.36−17.025

（2）0.00625×5.106÷0.10512

2. 某分析天平的称量误差为±0.1mg，如果称取试样中0.05g，相对误差是多少？如果称量1g，相对误差又是多少？说明了什么问题？

3. 标定盐酸溶液的浓度，5 次平行测定的结果分别为 0.3745、0.3725、0.3750、0.3730、0.3720。计算平均浓度、平均偏差、相对平均偏差、标准偏差和相对标准偏差。根据计算结果分析标定结果的精密度是否符合滴定分析的要求。

4. 测定某试样的含量，平行测定四次，所得结果分别为 0.1446、0.1444、0.1464、0.1441。用四倍法检验 0.1464 是否应该舍弃？

5. 测定某试样的含量，平行测定五次，所得结果分别为 0.5017、0.5019、0.5020、0.5022、0.5029。用 *Q* 检验法（置信度为 90%）判断 0.5029 是否应该舍弃？

扫一扫，知答案

第五章 酸碱滴定法

【学习目标】

掌握强酸与强碱相互滴定、一元弱酸（碱）滴定的基本原理、滴定条件及指示剂的选择原则；酸碱滴定液的配制方法及直接滴定法的应用。

熟悉酸碱指示剂的变色原理、变色范围及常用酸碱指示剂的性质和多元酸（碱）的滴定条件及指示剂的选择；返滴定法和测定混合碱含量的原理。

了解混合指示剂的作用原理。

酸碱滴定法是以酸碱中和反应为基础的滴定分析方法。该方法操作简便，准确度高，是化学分析中经典的分析方法之一，广泛应用于直接测定酸、碱性物质或测定能够与酸、碱滴定液间接反应的物质含量。因此，它不仅广泛应用于科学研究和工农业分析中，还常应用于药物食品分析中。

酸碱中和反应通常没有明显的外观变化。因此，在滴定中通常要借助适当试剂（指示剂）的颜色变化或其他方法来确定滴定终点。

第一节 酸碱指示剂

一、 酸碱指示剂的变色原理和变色范围

（一）酸碱指示剂的变色原理

酸碱指示剂一般是有机弱酸或有机弱碱，在水溶液中存在解离平衡，其酸式结构和碱式结构不同，颜色也明显不同。在滴定过程中，溶液的 pH 不断发生改变，指示剂的酸式结构和碱式结构的浓度比随溶液 pH 的变化而变化。当某型体浓度达到一定数值时，溶液

明显显示它的颜色而指示滴定终点。例如，酚酞指示剂是无色的二元有机弱酸，它在水中发生如下离解和颜色变化：

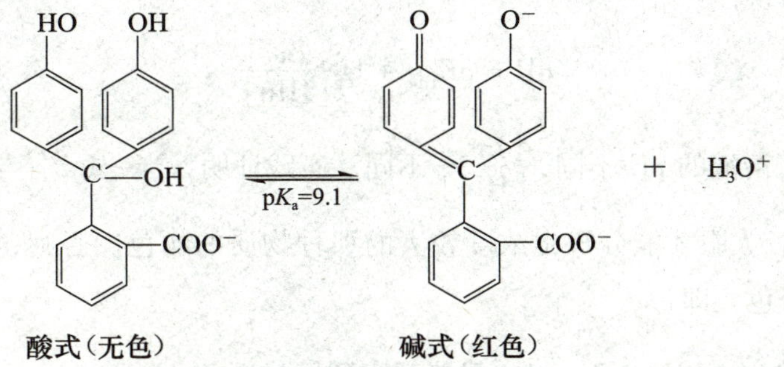

酸式（无色） $\underset{pK_a=9.1}{\rightleftharpoons}$ 碱式（红色） + H_3O^+

由平衡式可以看出，在酸性溶液中，酚酞以酸式结构存在，呈无色；向溶液中加碱或碱性物质，平衡向右移动，当溶液呈碱性时，酚酞由酸式结构转变为碱式结构，显红色。所以，在加碱的过程中，溶液由无色变为红色。反之，溶液由红色变为无色。

又如，甲基橙是一种有机弱碱，在碱性溶液中以碱式结构存在呈黄色，加入酸时转变为酸式结构呈红色。

若以 HIn 表示弱酸型指示剂，InOH 表示弱碱型指示剂，则它们在溶液中的解离平衡可分别表示为：

$$\underset{\text{酸式色}}{HIn} \rightleftharpoons \underset{\text{碱式色}}{In^-} + H^+$$

$$\underset{\text{碱式色}}{InOH} \rightleftharpoons \underset{\text{酸式色}}{In^+} + OH^-$$

综上所述，溶液的酸碱性（pH）不同，酸碱指示剂的存在形式就会不同，溶液的颜色也不同。换句话说，溶液颜色（酸碱指示剂的存在形式）的改变与溶液 pH 的变化密切相关，据此来指示酸碱滴定的终点。

（二）酸碱指示剂的变色范围

对于酸碱滴定，仅了解指示剂的颜色改变与溶液 pH 有关还是不够的，还须知道指示剂在什么 pH 条件下发生颜色突变，以确定滴定终点。现以弱酸型指示剂（HIn）为例来说明酸碱指示剂的变色与溶液 pH 变化的定量关系。指示剂的酸式 HIn 和碱式 In^- 在溶液中有如下离解平衡：

$$\underset{\text{酸式色}}{HIn} \rightleftharpoons \underset{\text{碱式色}}{In^-} + H^+$$

$$\text{当达到平衡时：} K_{HIn} = \frac{[H^+][In^-]}{[HIn]} \qquad (5-1)$$

K_{HIn} 在一定温度下为常数，称为指示剂的离解平衡常数，也称指示剂常数。上式可改写为：

$$[H^+] = K_{HIn} \times \frac{[HIn]}{[In^-]} \qquad (5-2)$$

两边取负对数得：

$$pH = pK_{HIn} + \lg\frac{[In^-]}{[HIn]} \qquad (5-3)$$

式 5-3 表明：溶液的 pH 不同，$\frac{[In^-]}{[HIn]}$不同。实践证明，当［In^-］与［HIn］相差 10 倍或 10 倍以上时，人眼才能分辨出浓度较大的那种物质的颜色。否则，人眼看到的是两种物质颜色的混合色。即：

当$\frac{[In^-]}{[HIn]} \geqslant 10$时，$pH \geqslant pK_{HIn}+1$，只能观察到碱式颜色。

当$\frac{[In^-]}{[HIn]} \leqslant \frac{1}{10}$时，$pH \geqslant pK_{HIn}-1$，只能观察到酸式颜色。

当［In^-］=［HIn］时，$pH = pK_{HIn}$，溶液呈中间色，即碱式颜色和酸式颜色的混合色。

式 5-2 中，K_{HIn}是常数，当［H^+］发生改变时，［In^-］和［HIn］的比值也随之改变，溶液颜色也随之改变。当溶液 pH 由 $pK_{HIn}-1$ 变化到 $pK_{HIn}+1$ 时，就可明显看到指示剂由酸式色变为碱式色。当溶液 pH 由 $pK_{HIn}+1$ 变化到 $pK_{HIn}-1$ 时，就可以明显看到指示剂由碱式色转变为酸式色。指示剂颜色发生改变的 pH 范围称为指示剂变色范围。$pH = pK_{HIn} \pm 1$ 称为指示剂的理论变色范围，pK_{HIn}称为指示剂的理论变色点。

由于人眼对不同颜色的敏感程度不同，加上两种颜色互相掩盖影响观察，因此，观察到的范围与上述理论变色范围并不完全一致。人眼观察到的指示剂变色范围称为指示剂的实际变色范围。例如，甲基橙的 $pK_{HIn}=3.4$，理论变色范围应是 $pK_{HIn} \pm 1 = 2.4 \sim 4.4$，而实际测得变色范围是 3.1 ~ 4.4，产生这种差别的原因是由于人眼对甲基橙的酸式色（红色）较之对碱式色（黄色）更为敏感，所以甲基橙的实际变色范围比理论变色范围稍窄一些。

可见，酸碱指示剂的变色范围并不是恰好在 pH = 7 左右，而是随着指示剂 pK_{HIn}不同而异。不同酸碱指示剂变色范围通常大于一个 pH 单位，小于两个 pH 单位。常用酸碱指示剂的变色范围列于表 5-1。指示剂变色范围越窄越好，因为 pH 稍有改变就可观察到溶液颜色的改变，有利于提高测定结果的准确度。

表 5-1　几种常用酸碱指示剂的变色范围

指示剂	变色范围 pH	颜色变化	配制方法
百里酚蓝（麝香草酚蓝）（第一变色范围）	1.2 ~ 2.8	红 ~ 黄	0.1g 指示剂溶于 100mL 20% 乙醇中
对-二甲氨基偶氮苯（二甲基黄）	2.9 ~ 4.0	红 ~ 黄	0.10g 指示剂溶于 200mL 乙醇中

续表

指示剂	变色范围 pH	颜色变化	配制方法
甲基橙	3.1～4.4	红～黄	0.10g 指示剂溶于 100mL 水中
溴酚蓝	3.0～4.6	黄～蓝	0.1g 指示剂溶于 100mL 20% 乙醇中或其钠盐水溶液
溴甲酚绿	3.8～5.4	黄～蓝	0.1g 指示剂溶于 100mL 20% 乙醇中或其钠盐水溶液
甲基红	4.4～6.2	红～黄	0.1g 或 0.2g 指示剂溶于 100mL 60% 乙醇中或其钠盐水溶液
溴百里酚蓝	6.0～7.6	黄～蓝	0.05g 指示剂溶于 100mL 20% 乙醇中或其钠盐水溶液
中性红	6.8～8.0	红～亮黄	0.1g 指示剂溶于 100mL 60% 乙醇中
苯酚红	6.8～8.2	黄～红	0.1g 指示剂溶于 100mL 60% 乙醇中或其钠盐水溶液
酚酞	8.0～10.0	无～红	0.5g 指示剂溶于 100mL 90% 乙醇中
百里酚蓝（麝香草酚蓝）（第二变色范围）	8.0～9.0	黄～蓝	参看第一变色范围
百里酚酞	9.4～10.6	无色～蓝	0.1g 指示剂溶于 100mL 90% 乙醇中

二、 影响指示剂变色范围的因素

影响指示剂变色范围的因素主要有下列几个方面。

1. 温度 酸碱指示剂的变色范围的决定因素是指示剂的 K_{HIn}，而 K_{HIn} 是随温度变化而变化的。例如甲基橙的变色范围，18℃时是 pH＝3.1～4.4；100℃时则 pH＝2.5～3.7。

2. 溶剂 指示剂在不同溶剂中其 K_{HIn} 不同，因此，指示剂在不同溶剂中具有不同变色范围。例如，甲基橙在水溶液中 $pK_{HIn}=3.4$，在甲醇溶液中 $pK_{HIn}=3.8$。

3. 指示剂的用量 指示剂的用量过多或过少，会使溶液的颜色太深或太浅，滴定至化学计量点时，溶液颜色的变化不明显，影响滴定终点的准确判断。此外，指示剂变色亦需消耗一定量的滴定液，从而引起误差。因此，加入的指示剂一定要适量。如在 50mL 溶液中加入 2～3 滴 0.1% 酚酞，在 pH＝9.0 时出现微红色；若加入 10～15 滴酚酞，则在 pH＝8.0 时就会出现微红色。因此，在滴定中应避免加入过多的指示剂。

4. 滴定程序 通常情况下，人眼观察显色比褪色敏锐，观察深色比浅色敏锐。因此，指示剂变色最好由浅色至深色或从无色到有色为宜。例如，用 NaOH 溶液滴定 HCl 溶液时，若选用酚酞作指示剂，溶液颜色由无色变为红色，颜色由浅入深，易于识别；若选用甲基橙作指示剂，溶液由红色变为黄色，颜色由深变浅，难以辨别，易滴过量。因此，用 NaOH 溶液滴定 HCl 溶液时一般选用酚酞作指示剂；用 HCl 溶液滴定 NaOH 溶液时一般选用甲基橙作指示剂。

三、 混合指示剂

单一指示剂的变色范围一般都较宽，即溶液颜色随溶液 pH 变化不够敏锐，对于在化学计量点附近 pH 变化很小的酸减滴定，用单一指示剂确定滴定终点会造成较大的终点误差。混合指示剂就是用两种或多种指示剂混合起来制成的指示剂。混合指示剂的变色范围窄，变色敏锐，可以更准确地指示化学计量点，减小终点误差。

第二节　酸碱滴定的类型与指示剂的选择

在酸碱滴定中，滴定剂通常是强酸（如 HCl）、强碱（如 NaOH）溶液，被滴定的物质一般是碱、酸或间接能与酸、碱发生反应的物质。根据酸碱强度及其相互反应的特点可将酸碱滴定分为一元强酸（强碱）的滴定、一元弱酸（弱碱）的滴定、多元酸（碱）的滴定等三类。酸碱滴定的类型不同，在化学计量点时溶液的 pH 不同，所选择的指示剂也不同。下面将分别讨论上述三类酸碱滴定过程中溶液 pH 的变化规律及其指示剂的选择原则。

一、一元强酸（强碱）的滴定

这种类型是滴定强酸，或滴定强碱。现以 0.1000mol/L 的 NaOH 溶液滴定 20.00mL 0.1000mol/L HCl 溶液为例说明之。为了便于研究滴定过程中 H^+浓度的变化规律，将整个滴定过程分为滴定前、化学计量点前、化学计量点、化学计量点后 4 个阶段。

（一）滴定前

溶液中仅有 HCl 存在，溶液的 pH 取决于 HCl 的初始浓度：

$$[H^+]=0.1000\text{mol/L},\ pH=1.00$$

（二）滴定开始后至化学计量点前

随着 NaOH 不断滴入，部分 HCl 被中和，可根据剩余的 HCl 量计算 pH。

例如，当加入 18.00mL NaOH 溶液时，剩余的 HCl 为 2.00mL，溶液的 pH 为：

$$[H^+]=5.26\times10^{-3}\text{mol/L},\ pH=2.28$$

当加入 19.98mL NaOH 溶液时，剩余的 HCl 为 0.02mL，溶液 pH 为：

$$[H^+]=5.0\times10^{-5}\text{mol/L},\ pH=4.30$$

（三）化学计量点时

滴入 NaOH 溶液 20.00mL 时，NaOH 与 HCl 的物质的量相等，二者反应完全，溶液呈中性，pH=7.00。

（四）化学计量点后

化学计量点后，再继续加入 NaOH 溶液，溶液中 NaOH 过量，此时溶液的 pH 取决于过量的 NaOH 浓度。

例如，加入 20.02mL NaOH 溶液时，NaOH 溶液过量 0.02mL，过量 NaOH 浓度为：

$$[OH^-]=5.0\times10^{-5}\text{mol/L}$$

$$pH=14-pOH=14.00-4.30=9.70$$

用类似方法可以计算出滴定过程中各点的 pH，数据列在表 5-2 中，以加入的 NaOH 滴定液的体积为横坐标，以相应溶液的 pH 为纵坐标绘制的曲线称为强碱滴定强酸的滴定曲线，见图 5-1。

表 5-2　用 0.1000mol/L 的 NaOH 滴定 20.00mL 的 0.1000mol/L 的 HCl

加入 NaOH 体积（mL）	剩余 HCl 体积（mL）	过量 NaOH 体积（mL）	pH
0.00	20.00		1.00
18.00	2.00		2.28
19.80	0.20		3.30
19.98	0.02		4.30
20.00	0.00		7.00
20.02		0.02	9.70
20.04		0.04	10.00
20.20		0.20	10.70
22.00		2.00	11.70
40.00		20.00	12.50

从表 5-2 和图 5-1 可以看出，整个滴定过程 pH 变化是不均匀的。从滴定开始到加入 19.98mL NaOH 溶液，溶液 pH 变化缓慢，只改变了 3.3 个 pH 单位；在化学计量点附近，从 19.98mL 到 20.02mL，只加 1 滴 NaOH，pH 由 4.30 变化到 9.70，改变了 5.40 个 pH 单位。这种在化学计量点附近（±0.1%）由 1 滴滴定液的加入所引起的溶液 pH 的突变称为滴定突跃，滴定突跃所在的 pH 范围称为滴定突跃范围。此后，过量 NaOH 溶液所引起的 pH 的变化又越来越小，滴定曲线又趋平坦。

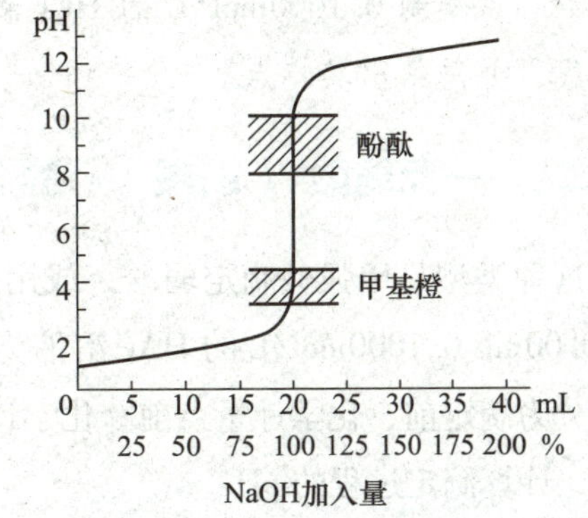

图 5-1　0.1000mol/L 的 NaOH 滴定 20.00mL 0.1000mol/L 的 HCl 的滴定曲线

根据滴定突跃范围，可选择适当的指示剂。最理想的指示剂应恰好在滴定反应的化学计量点变色，但实际上，凡是在突跃范围（pH=4.3～9.7）内变色的指示剂都可以选用，如甲基橙、甲基红、酚酞都可以认为是合适的指示剂。

选择指示剂的基本原则：指示剂的变色范围应全部处于或部分处于滴定突跃范围之内。

以上讨论的是用 0.1000mol/L 的 NaOH 滴定 0.1000mol/L 的 HCl 溶液的情况。如果改

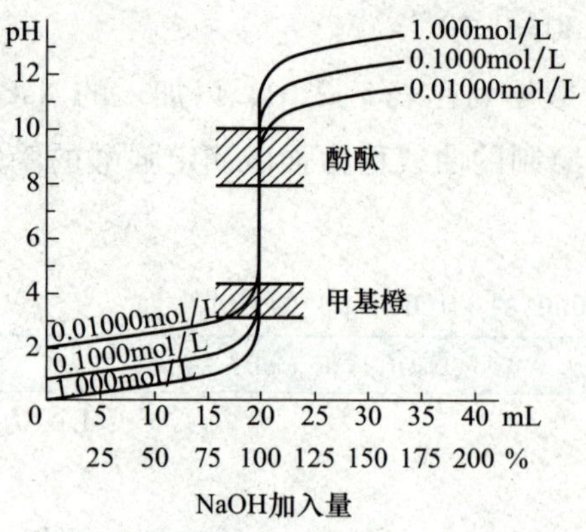

图 5-2 不同浓度的 NaOH 滴定 20.00mL 的不同浓度的 HCl 溶液的滴定曲线

变溶液浓度，化学计量点时溶液的 pH 仍为 7，但化学计量点附近的滴定突跃大小却不相同，如图 5-2 所示。

从图 5-2 可以看出，酸碱溶液越浓，滴定曲线上化学计量点附近的滴定突跃越大，可供选择的指示剂就越多。酸碱溶液越稀，滴定曲线上化学计量点附近的滴定突跃越小，指示剂的选择越受限制。当用 0.0100mol/L 的 NaOH 滴定 0.0100mol/L 的 HCl 溶液时，用甲基橙指示剂就不合适了。

如果用强酸滴定强碱，情况与强碱滴定强酸类似，但滴定曲线恰与图 5-1 相对称，pH 变化方向相反。

课堂互动

试绘制 0.1000mol/L 的 HCl 滴定 20.00mL 0.1000mol/L 的 NaOH 的滴定曲线，并总结出其特点。

二、一元弱酸（弱碱）的滴定

这种类型是用强碱滴定弱酸，或用强酸滴定弱碱。现用 0.1000mol/L 的 NaOH 溶液滴定 20.00mL 0.1000mol/L 的 HAc 溶液为例说明之。与强碱滴定强酸相类似，整个滴定过程也可分为滴定前、化学计量点前、化学计量点、化学计量点后 4 个阶段。已知 HAc 的 $pK_a = 4.74$，计算滴定过程的 pH。

（一）滴定前

这时溶液是 0.1000mol/L 的 HAc 溶液，H^+ 主要来自 HAc 的解离。

因为 $$cK_a > 25K_w, \quad \frac{c}{K_a} > 500$$

所以 $$[H^+] = \sqrt{cK_a} = \sqrt{0.1000 \times 1.8 \times 10^{-5}} = 10^{-2.87}(\text{mol/L})$$

$$pH = 2.87$$

（二）滴定开始至化学计量点前

这阶段溶液中，未反应的弱酸 HAc 及反应产物 NaAc 组成缓冲体系。如果滴入的 NaOH 溶液为 19.98mL，剩余的 HAc 为 0.02mL，则溶液的 pH 为：

$$pH = pK_a + \lg\frac{[Ac^-]}{[HAc]}$$

$$pH = 4.74 + \lg\frac{19.98}{0.02} = 7.74$$

$$pH = 7.74$$

（三）化学计量点时

此时，HAc 全部被中和生成一元弱碱 Ac^-，是浓度为 0.05000mol/L 的 NaAc 溶液，Ac^-的电离平衡常数 $K_b = 5.6\times10^{-10}$。

因为 $$cK_b > 25K_w，\frac{c}{K_b} > 500$$

所以 $$[OH^-] = \sqrt{cK_b} = 5.3\times10^{-6}\ (mol/L)$$

$$pH = 14.00 - pOH = 14.00 - 5.28 = 8.72$$

（四）化学计量点之后

此阶段与强碱滴定强酸的情况完全相同，根据 NaOH 过量的程度计算溶液的 pH。例如，当加入 20.02mL NaOH 时，NaOH 过量 0.02mL，溶液的酸度决定于 NaOH，其计算公式与强碱滴强酸相同：

$$[OH^-] = \frac{20.02-20.00}{40.02} = 5.00\times10^{-5}\ (mol/L)$$

故 $$pH = 14.00 - 4.30 = 9.70$$

用类似方法可以计算出滴定过程中各点的 pH，结果见表 5-3，作滴定曲线如图 5-3 所示。

表 5-3　用 0.1000mol/L 的 NaOH 滴定 20.00mL 的 0.1000mol/L 的 HAc

加入 NaOH 体积（mL）	剩余 HAc 体积（mL）	过量 NaOH 体积（mL）	pH
0.00	20.00		2.87
18.00	2.00		5.70
19.80	0.20		6.73
19.98	0.02		7.74
20.00	0.00		8.72
20.02		0.02	9.70
20.20		0.20	10.70
22.00		2.00	11.70
40.00		20.00	12.50

滴定前溶液的 pH = 2.87，比滴定同浓度 HCl 溶液的约高 2 个 pH 单位。滴定开始后 pH 升高较快，这是由于中和生成的 Ac^-产生同离子效应，使 HAc 更难离解，$[H^+]$ 较快

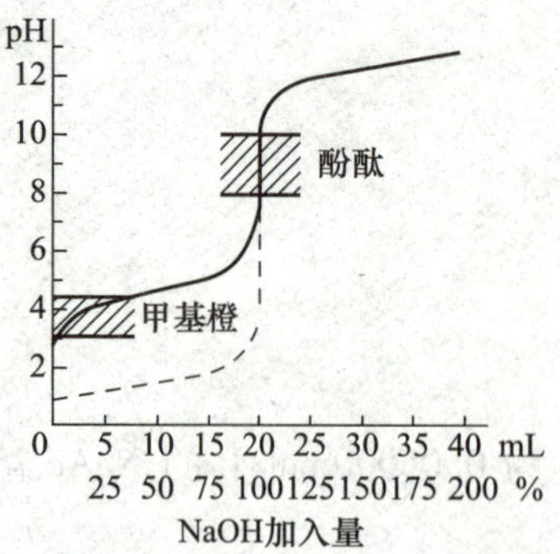

图 5-3　0.1000mol/L 的 NaOH 滴定 20.00mL 0.1000mol/L 的 HAc 溶液的滴定曲线

降低所致。继续滴入 NaOH，溶液中形成 HAc-NaAc 缓冲体系，pH 增加缓慢，这段曲线较为平坦。当滴定接近化学计量点时，剩余的 HAc 已很少，溶液缓冲能力大大减弱，于是随着 NaOH 滴入，溶液的 pH 又迅速升高，到达化学计量点时，在其附近出现了一个较为短小的滴定突跃，这个滴定突跃范围为 7.74～9.70，比同浓度强碱滴定强酸时小得多。化学计量点后溶液 pH 变化规律与强碱滴定强酸相同。

这类型滴定的突跃范围是在碱性范围内，因此，在酸性范围变色的指示剂，如甲基橙、甲基红等都不能作为强碱滴定弱酸的指示剂。可选用酚酞、百里酚蓝等变色范围处于或部分处于滴定突跃范围内的指示剂作为这一滴定类型的指示剂。

这一滴定类型的突跃范围与弱酸的强度和浓度有关。图 5-4 中标出了浓度为 0.1000mol/L 的 NaOH 溶液滴定 0.1000mol/L 不同强度弱酸的滴定曲线，从图 5-4 中可见，当酸的浓度一定时，K_a 越小，滴定突跃范围也越小，当 $K_a=10^{-9}$（例如 H_3BO_3）时，已无明显突跃，这种情况下已无法选用一般的酸碱指示剂来确定滴定终点。

滴定弱碱的情况与滴定弱酸非常相似，不同的是溶液的 pH 由大到小，所以，滴定曲线的形状刚好与强碱滴定弱酸相反，而且化学计量点时溶液显酸性。例如，以 HCl 溶液滴定 NH_3 溶液，由于生成了大量的 NH_4^+ 在水溶液中按酸式离解，产生一定的 H^+，使溶液显弱酸性。故滴定时应选用在微酸性范围内变色的指示剂。

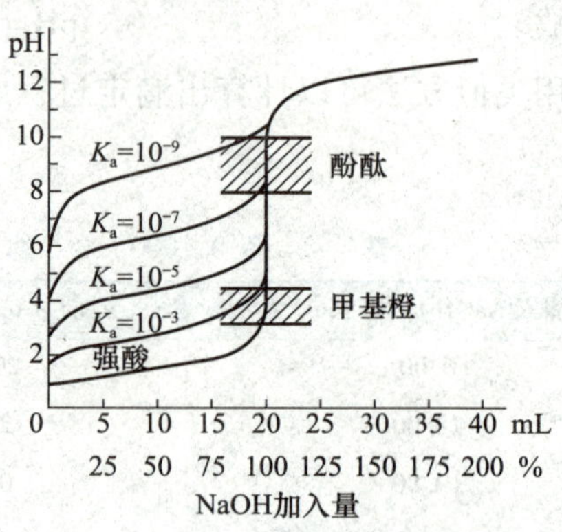

图 5-4　0.1000mol/L 的 NaOH 溶液滴定 0.1000mol/L 不同强度弱酸的滴定曲线

根据上述讨论，不同类型的酸碱滴定及指示剂选择小结如下：

1. 酸碱滴定中，滴定到达化学计量点时溶液的 pH 由所生成产物的酸碱性所决定。

2. 在化学计量点附近出现 pH 突跃，突跃范围的大小与滴定的酸（碱）强度及溶液的浓度有关。酸（碱）越强，突跃范围越大；酸（碱）溶液浓度越大，突跃范围越大；只有当酸（碱）的 $K \cdot c \geqslant 10^{-8}$ 时，才能产生明显的 pH 突跃，从而选择合适的指示剂，可以直接进行滴定。

3. 选择指示剂的原则是：指示剂的变色范围应全部或部分处于滴定突跃范围内。

三、多元酸（碱）的滴定

（一）多元酸的滴定

在水溶液中，多元酸分步离解。例如，H_3PO_4 为三元酸，分三步电离如下：

$$H_3PO_4 \rightleftharpoons H^+ + H_2PO_4^- \qquad K_{a_1}=7.25\times10^{-3}$$

$$H_2PO_4^- \rightleftharpoons H^+ + HPO_4^{2-} \qquad K_{a_2}=6.23\times10^{-8}$$

$$HPO_4^{2-} \rightleftharpoons H^+ + PO_4^{3-} \qquad K_{a_3}=4.40\times10^{-13}$$

现以 0.1000mol/L NaOH 溶液滴定 0.1000mol/L H_3PO_4 为例来讨论多元酸的滴定。

$$H_3PO_4 + NaOH \rightleftharpoons NaH_2PO_4 + H_2O$$

$$NaH_2PO_4 + NaOH \rightleftharpoons Na_2HPO_4 + H_2O$$

$$Na_2HPO_4 + NaOH \rightleftharpoons Na_3PO_4 + H_2O$$

在滴定过程中，理论上存在三个化学计量点，应该有三个滴定突跃，但实际情况并非如此。用强碱滴定多元酸时，各计量点附近有无明显突跃和相邻的 pH 突跃能否分开的条件是：

1. 当 $K_a \cdot c \geqslant 10^{-8}$ 时，这一计量点附近有滴定突跃。

2. 当 $\frac{K_{a_1}}{K_{a_2}} \geqslant 10^4$ 时，相邻两个计量点附近的滴定突跃能彼此分开。

例如，草酸的 $K_{a_1}=6.50\times10^{-2}$，$K_{a_2}=6.7\times10^{-5}$，根据 $K_a \cdot c > 10^{-8}$ 可知，两个计量点附近都有明显的 pH 突跃。但 $\frac{K_{a_1}}{K_{a_2}} < 10^4$，当用 NaOH 滴定时，两个 pH 突跃分不开，不能分别滴定两步离解出的 H^+，草酸只能作为二元酸被滴定。

在滴定 H_3PO_4 时，因为 H_3PO_4 的 $K_{a_1} \cdot c > 10^{-8}$，$K_{a_2} \cdot c \approx 10^{-8}$，说明在第一、二计量点附近的 pH 突跃较明显。$K_{a_3} \cdot c < 10^{-8}$，说明在第三计量点附近的 pH 突跃不明显，不能直接滴定。又因为 $\frac{K_{a_1}}{K_{a_2}} > 10^4$，说明第一、二计量点附近的两个 pH 突跃能彼此分开，第三步离解的 H^+ 也不影响第二步解离的 H^+ 的滴定。因此，能用 NaOH 溶液分步滴定 H_3PO_4 第一、二步离解的 H^+。

由于多元酸滴定过程中溶液 pH 的计算比较复杂，因此，通常只计算出各计量点的 pH，然后据此来选择适宜的指示剂指示终点。

在用 0.1000mol/L NaOH 标准溶液滴定 0.1000mol/L H_3PO_4 溶液中，滴定至第一、二计量点时的产物都是两性物质，可以采用最简式计算［H^+］。

第一计量点，滴定产物为 NaH_2PO_4，溶液的 pH 应有两性物质 $H_2PO_4^-$ 决定。

$$[H^+]=\sqrt{K_{a_1}\cdot K_{a_2}}$$

$$pH=\frac{1}{2}(pK_{a_1}+pK_{a_2})=4.66$$

可选用甲基橙、甲基红等作指示剂。

第二计量点，滴定产物为 Na_2HPO_4，溶液的 pH 应由两性物质 HPO_4^{2-} 决定。

$$[H^+]=\sqrt{K_{a_2}\cdot K_{a_3}}$$

$$pH=\frac{1}{2}(pK_{a_1}+pK_{a_2})=9.78$$

可选用酚酞、百里酚酞等作指示剂。由于计量点附近 pH 突跃较小，终点指示剂变色不明显，滴定误差较大，如果选用相应的混合指示剂，则终点变色较单一指示剂敏锐。

（二）多元碱的滴定

与多元酸一样，多元碱在水溶液中也分步离解。例如 Na_2CO_3，分两步离解：

$$CO_3^{2-}+H_2O \rightleftharpoons HCO_3^-+OH^- \qquad K_{b_1}=1.8\times10^{-4}$$

$$HCO_3^-+H_2O \rightleftharpoons H_2CO_3+OH^- \qquad K_{b_2}=2.4\times10^{-8}$$

当用 HCl 溶液滴定 Na_2CO_3 溶液时，滴定反应也分两步进行：

$$CO_3^{2-}+H^+ \rightleftharpoons HCO_3^-$$

$$HCO_3^-+H^+ \rightleftharpoons H_2CO_3$$

理论上存在两个计量点。判断多元酸在化学计量点附近有无明显 pH 突跃和两个 pH 突跃彼此能否分开的条件，对多元碱同样适用。对 Na_2CO_3 的滴定，$K_{b_1}\cdot c>10^{-8}$，$K_{b_2}\cdot c\approx10^{-8}$，说明在第一、二计量点附近的 pH 突跃较明显。又$\frac{K_{b_1}}{K_{b_2}}\approx10^4$，说明第一、二计量点附近的两个 pH 突跃能彼此分开，可以分别滴定 CO_3^{2-} 和 HCO_3^-。

第一计量点时，溶液的 pH 由生成的两性物质 HCO_3^- 决定：

$$[H^+]=\sqrt{K_{a_1}\cdot K_{a_2}}$$

$$pH=\frac{1}{2}(pK_{a_1}+pK_{a_2})=8.31$$

故可选用酚酞作指示剂。但由于$\frac{K_{b_1}}{K_{b_2}}\approx10^4$，这个化学计量点附近的滴定突跃较为短小，为了准确判断第一个终点，通常采用 $NaHCO_3$ 溶液作参比溶液或使用混合指示剂，这样可以得到较为准确的滴定结果。

第二化学计量点时，溶液的 pH 由生成的 H_2CO_3 的解离程度来决定。由于溶液中存在大量的 CO_2，使指示剂变色不够敏锐。滴定产物 H_2CO_3 易分解，其最大浓度为 0.04mol/L，故溶液的 pH 为：

$$[H^+]=1.3\times10^{-4}mol/L$$

$$pH=3.89$$

此时可选用甲基橙做指示剂，但由于这时容易形成 CO_2 的过饱和溶液，滴定过程中生成的 H_2CO_3 只能缓慢地转变成 CO_2，使溶液酸度稍稍增大，终点较早出现，因此在滴定终点附近时，应加热煮沸，以促进 H_2CO_3 分解成 CO_2 逸出，冷却后再滴定。

第三节　酸碱滴定液的配制

在酸碱滴定法中，常用的滴定液是强酸和强碱，其中使用最多的是氢氧化钠（NaOH）和盐酸（HCl），其浓度通常在 1mol/L 到 0.01mol/L 之间，最常用的浓度为 0.1mol/L，下面分别介绍氢氧化钠和盐酸滴定液的配制方法。

一、 氢氧化钠滴定液的配制

由于 NaOH 易吸潮，且易吸收空气中的 CO_2 形成 Na_2CO_3，另外，NaOH 中还含有硫酸盐、硅酸盐、氯化物等杂质，因此只能用间接法配制氢氧化钠滴定液。

（一）配制近似浓度的氢氧化钠溶液

取氢氧化钠适量，加水振摇使溶解成饱和溶液，冷却后，置聚乙烯塑料瓶中，静置数日，澄清后备用。NaOH 饱和溶液的质量分数为 0.52，密度为 1.56g/mL，物质的量浓度为 20mol/L。若要配制 0.1mol/L 氢氧化钠滴定液，取澄清的氢氧化钠饱和溶液 5.6mL，加新沸过的冷蒸馏水使之成为 1000mL，混合均匀，待标定。

（二）标定氢氧化钠溶液的准确浓度

标定氢氧化钠滴定液的基准物质有邻苯二甲酸氢钾、草酸等。最常使用的是邻苯二甲酸氢钾。它可用重结晶的方法制得纯品，具有不含结晶水、不易吸潮、容易保存、化学式量大等优点，使用前应在 105～110℃下干燥（约 1 小时）至恒重，稍冷后置于干燥器冷却备用。

取在 105℃干燥至恒重的基准邻苯二甲酸氢钾（用 KHP 表示）约 0.6g，精密称定，加新沸过的冷蒸馏水 50mL，振摇，使其完全溶解；加酚酞指示剂 2 滴，用待标定的氢氧化钠溶液滴定；在接近终点时，小心滴定至溶液显粉红色即为滴定终点。根据氢氧化钠溶液的消耗量 V_{NaOH}（mL）与邻苯二甲酸氢钾的取用量 m_{KHP}（g），计算氢氧化钠溶液的准确浓度。

滴定反应为：

$$NaOH+KHP \xlongequal{} KNaP+H_2O$$

氢氧化钠溶液浓度的计算公式为：

$$c_{NaOH}=\frac{m_{KHP}}{V_{NaOH}M_{KHP}}\times 1000$$

邻苯二甲酸氢钾的摩尔质量 $M_{KHP}=204.22g/mol$。

二、 盐酸滴定液的配制

由于浓 HCl 易挥发，因此只能用间接法配制 HCl 滴定液。先用浓 HCl 配制成近似所需浓度的溶液，然后用基准物或其他碱滴定液标定其准确浓度。

（一）配制近似浓度的盐酸溶液

市售浓盐酸的溶质质量分数为 0.37，密度为 1.19g/mL，物质的量浓度为 12mol/L。若配制 0.1mol/L 盐酸滴定液 1000mL，则需要量取浓盐酸 8.4mL。因为浓盐酸易挥发，所以实际操作应多取一些，一般取浓盐酸 9.0mL，加纯化水稀释至 1000mL，摇匀，然后再用基准物进行标定。

（二）标定盐酸溶液的准确浓度

标定盐酸滴定液的基准物质有无水碳酸钠（Na_2CO_3）、硼砂（$Na_2B_4O_7\cdot 10H_2O$）等。无水碳酸钠价格低廉，最为常用，但容易吸收空气中水分，因此，使用前应将其在 270～300℃加热（约 1 小时）至恒重，稍冷后置于干燥器冷却备用。

如前面多元碱的滴定所述，无水碳酸钠与盐酸反应达到第二计量点时，可采用甲基橙或甲基红作指示剂。具体操作如下：

取在 270～300℃干燥至恒重的基准无水碳酸钠 0.15g，精密称定，加 50mL 纯化水使之溶解，加甲基红指示液 2 滴，用待标定的盐酸溶液滴定至溶液由红色变为橙色时，加热煮沸 2 分钟，冷却至室温，继续滴定至溶液由橙色变红色即为滴定终点。根据盐酸溶液的消耗量 V_{HCl}（mL）与无水碳酸钠的取用量 $m_{Na_2CO_3}$（g），计算盐酸溶液的准确浓度。

滴定反应为：

$$2HCl+Na_2CO_3 = NaOH+H_2O+CO_2$$

盐酸溶液浓度的计算公式为：

$$c_{HCl}=\frac{2\times m_{Na_2CO_3}}{V_{HCl}M_{Na_2CO_3}}\times 1000$$

无水碳酸钠的摩尔质量 $M_{Na_2CO_3}=105.99g/mol$。

第四节 酸碱滴定法的应用

酸碱滴定法是最基本的滴定分析方法之一，其应用范围非常广泛，常用于测定酸、碱以及可以直接或间接与酸碱反应的物质，例如，许多药物的原料、中间产品及成品的测定，都采用了酸碱滴定法。

一、直接滴定法

（一）山楂中枸橼酸的含量测定

山楂是蔷薇科植物山里红或山楂的干燥成熟果实，具有很高的营养价值和药疗价值，其主要成分为黄酮类及有机酸类化合物，通常以其中的枸橼酸（也称柠檬酸）含量作为山楂的质量指标之一。枸橼酸是三元有机酸（见附录六），各级电离常数 K_a 相差不大，均大于 10^{-7}，可以用氢氧化钠滴定液直接测定之。

操作步骤：取山楂细粉约 1g，精密称定，精密加入蒸馏水 100mL，室温下浸泡 4 小时，时时振摇，滤过。精密量取续滤液 25mL，加蒸馏水 50mL，加酚酞指示剂 2 滴，用氢氧化钠滴定液滴定至溶液呈浅红色为终点。用下列公式计算山楂细粉中枸橼酸的含量：

$$\text{枸橼酸}\% = \frac{T_{T/A}V}{m_S \times \frac{25.00}{100.0}} \times 100\%$$

式中：$T_{T/A}$——氢氧化钠滴定液对枸橼酸的滴定度；

V——氢氧化钠滴定液消耗的体积；

m_S——山楂试样的取样量。

（二）药用氢氧化钠的含量测定

如前面所述，NaOH 易吸收空气中的 CO_2 形成 Na_2CO_3，导致药用氢氧化钠的纯度降低。用盐酸滴定液可以同时测定 NaOH 和 Na_2CO_3 的含量，由于滴定 Na_2CO_3 时有两个计量点，可采用双指示剂滴定法分别测定 NaOH 和 Na_2CO_3 的含量。

在滴定过程中，滴定至酚酞指示剂的红色退去为第一计量点，设消耗盐酸滴定液为 V_1mL。此时，Na_2CO_3 全部转变成为 $NaHCO_3$，NaOH 全部被滴定完全，滴定反应：

$$Na_2CO_3 + HCl \rightleftharpoons NaHCO_3 + H_2O$$

$$NaOH + HCl \rightleftharpoons NaCl + H_2O$$

用盐酸滴定液继续滴定至甲基橙指示剂由黄色转变为橙红色时为第二计量点，设消耗盐酸滴定液为 V_2mL。此时，$NaHCO_3$ 全部转变成为 H_2CO_3，滴定反应为：

$$NaHCO_3 + HCl \rightleftharpoons NaCl + CO_3 + H_2CO_3$$

不难看出，在整个滴定过程中，Na_2CO_3 被充分滴定，消耗的盐酸滴定液的体积为 $2V_2$，NaOH 被充分滴定，消耗的盐酸滴定液的体积为 $V_1 - V_2$。根据盐酸滴定液的浓度和消耗的体积，分别计算 NaOH 和 Na_2CO_3 的含量，公式如下：

$$NaOH\% = \frac{c_{HCl} \times (V_1 - V_2) \times M_{NaOH} \times 10^{-3}}{m_S} \times 100\%$$

$$Na_2CO_3\% = \frac{\frac{1}{2} \times c_{HCl} \times (2V_2) \times M_{Na_2CO_3} \times 10^{-3}}{m_S} \times 100\%$$

二、 间接滴定法

有些物质具有酸性或碱性，但难溶于水，这时可加入准确且过量的酸（或碱）滴定液，待其作用完全后，再用另外一种滴定液回滴，如附子中乌头碱的测定等。另外一些物质的酸、碱性比较弱，不能用酸或碱滴定液直接滴定，但它们可以与酸或碱作用或通过一些反应产生一定量的酸或碱，或增强其酸性或碱性后即可测定其含量，例如硼酸的含量测定等。

（一）附子中总生物碱的含量测定

附子是毛茛科植物乌头的子根的加工品。附子中含有苯甲酰新乌头原碱、苯甲酰乌头原碱、苯甲酰次乌头原碱等生物碱，其总生物碱的含量可以用回滴法进行测定。

操作步骤：取药材附子的中粉约 10g，精密称定，置于具塞锥形瓶中，加乙醚：三氯甲烷（3：1）混合溶液 50mL，加氨试液 4mL，密塞，摇匀，放置过夜，滤过，药渣加乙醚：三氯甲烷（3：1）混合溶液 50mL，振摇 1 小时，滤过，药渣再用乙醚：三氯甲烷（3：1）混合溶液洗涤 3～4 次，每次 15mL，滤过，洗液与滤液合并，低温蒸干。残渣加乙醇 5mL 使溶解，精密加入硫酸滴定液 15.00mL，加蒸馏水 15mL，振摇使之充分反应，再加甲基红指示剂 3 滴，用氢氧化钠滴定液滴定至溶液显黄色为终点。

可以看出，附子试样中的总生物碱（计算时常以乌头碱 $C_{34}H_{47}NO_{11}$ 计），经过混合有机溶剂提取出来之后，与硫酸滴定液发生了酸碱中和反应；氢氧化钠滴定液与剩余的硫酸滴定液发生了酸碱中和反应，可以根据附子试样的取用量、硫酸和氢氧化钠的浓度及计量关系，计算出附子中总生物碱的含量。

（二）硼酸的含量测定

硼酸是一种很弱的酸（$pK_a = 9.24$），不能用碱滴定液直接滴定。但是，硼酸可以与多元醇（如甘露醇、丙三醇）作用生成一种酸性较强的配合酸（$pK_a = 5.15$），从而可以用氢氧化钠滴定液滴定。

操作步骤：取硼酸试样适量，精密称定，加甘露醇与新沸过的冷蒸馏水，微温使之溶解，迅即放冷至室温，加酚酞指示剂 2 滴，用氢氧化钠滴定液滴定至溶液显粉红色。根据氢氧化钠滴定液的浓度和消耗的体积，计算硼砂试样中硼砂的含量。

复习思考

一、选择题

（一）单选题

1. 酸碱完全中和时（　　）

A. 溶液呈中性

B. 酸与碱的质量相等

C. 酸与碱的物质的量相等

D. 酸所提供的 H^+ 与碱所提供的 OH^- 的物质的量相等

E. 生成物为中性的盐

2. 用 NaOH 滴定液滴定 HAc 溶液时，以酚酞为指示剂，滴定至溶液呈明显红色时，会引起（　　）

A. 偶然误差　　B. 正误差　　C. 负误差

D. 试剂误差　　E. 仪器误差

3. 判断某一元弱酸能否被强碱直接准确滴定的条件是（　　）

A. $c_a = 0.1mol/L$　　B. $K_a = 10^{-8}$　　C. $c_a \cdot K_a \geqslant 10^{-8}$

D. $c_a \cdot K_a < 10^{-8}$　　E. $K_a < 10^{-7}$

4. 在多元酸的滴定中，要有两个明显的滴定突跃，相邻两个 K_a 值之比应（　　）

A. $=10^4$　　B. $<10^4$　　C. $\geqslant 10^4$

D. $=10^3$　　E. 以上均不符合条件

5. 用 HCl 滴定液滴定 Na_2CO_3 溶液时，临近终点煮沸溶液的目的是（　　）

A. 驱逐 O_2　　B. 驱逐 CO_2　　C. 溶液在热的时候容易看出终点

D. 驱逐 H　　E. 沸腾时弱酸解离快，可加快滴定速度

6. 浓度为 0.2000mol/L 的 NaOH 溶液，由于久置于空气中吸收了少量 CO_2，现以甲基橙为指示剂，用 HCl 滴定液标定，则标定结果的浓度较原浓度（　　）

A. 高　　B. 低　　C. 相等

D. 不确定　　E. 都不是

7. 用邻苯二甲酸氢钾作基准物质标定 NaOH 滴定液时，合适的指示剂是（　　）

A. 甲基橙　　B. 中性红　　C. 溴酚蓝

D. 石蕊　　E. 酚酞

8. 欲配置 0.20mol/L 的 NaOH 溶液 1.0L，需要 4.0mol/L 的 NaOH 溶液（　　）

A. 100mL　　B. 500mL　　C. 50mL

D. 200mL　　E. 20mL

9. 用 HCl 滴定液滴定 NaOH 溶液时，正确记录消耗 HCl 溶液体积的是（　　）

A. 24mL　　B. 24. 225mL　　C. 24. 2mL

D. 24. 23mL　　E. 24. 3mL

10. 在酸碱滴定中，指示剂（HIn）的理论变色范围为（　　）

A. $pH = K_{HIn} \pm 1$　　B. $pH = K_{HIn}$　　C. $pH = K_{HIn} \pm 2$

D. $pH = pK_{HIn}$　　E. $pH = pK_{HIn} \pm 1$

11. 下列物质中，能用 NaOH 直接滴定的是（　　）

A. 0. 1000mol/L 的 H_3BO_3（$pK_a = 9.22$）

B. 0. 1000mol/L 的 HClO（$pK_a = 7.53$）

C. 0. 1000mol/L 的 NH_4NO_3（$pK_b = 4.74$）

D. 0. 1000mol/L 的 H_2O_2（$pK_a = 12$）

E. 0. 1000mol/L 的 HCOOH（$pK_a = 3.45$）

12. 滴定分析中要控制滴定误差在 0. 1% 以内，则消耗滴定剂的体积至少应为（　　）

A. 10mL　　B. 20mL　　C. 25mL

D. 30mL　　E. 50mL

13. 用 Na_2CO_3 基准物质标定盐酸时，将准确称量的基准物质转移至锥形瓶中时，损失了一部分，则标定出的盐酸浓度会（　　）

A. 偏高　　B. 偏低　　C. 不变

D. 不确定　　E. 都不是

14. 在做滴定分析实验时，某同学记录的数据错误的是（　　）

A. 用移液管移取某溶液 25. 00mL

B. 在分析天平上称量基准物质重 0. 3245g

C. 消耗某标准溶液的体积是 22. 53mL

D. 求得未知溶液浓度为 0. 1mol/L

E. 在台秤上称量空烧杯重 18. 35g

15. 在滴定分析中，化学计量点与滴定终点的关系是（　　）

A. 两者含义相同　　B. 化学计量点在滴定终点前

C. 化学计量点在滴定终点后　　D. 两者越接近，滴定误差越小

E. 两者越接近，滴定误差越大

16. 用 0. 2000mol/L 的 HCl 溶液完全中和 0. 2000g 基准 Na_2CO_3（式量为 105. 99）需消耗 HCl 溶液（　　）

A. 18. 87mL　　B. 1. 89mL　　C. 9. 43mL

D. 37.74mL　　E. 以上都不对

17. 下列酸碱溶液不能被分步滴定的是（　　）

A. 0.1000mol/L 的 H_3AsO_4　$K_{a_1}=5.62\times10^{-3}$，$K_{a_2}=1.70\times10^{-7}$，$K_{a_3}=2.95\times10^{-12}$

B. 0.1000mol/L 的 H_3PO_4　$K_{a_1}=7.52\times10^{-3}$，$K_{a_2}=6.23\times10^{-8}$，$K_{a_3}=2.2\times10^{-13}$

C. 0.1000mol/L 的柠檬酸　$K_{a_1}=7.10\times10^{-4}$，$K_{a_2}=1.68\times10^{-5}$，$K_{a_3}=6.4\times10^{-6}$

D. 0.1000mol/L 的 Na_2CO_3　$K_{b_1}=4.30\times10^{-7}$，$K_{b_2}=5.61\times10^{-11}$

E. 0.1000mol/L 的顺丁烯二酸　$K_{a_1}=1.0\times10^{-2}$，$K_{a_2}=5.5\times10^{-7}$

18. 下列说法中正确的是（　　）

A. 加入酚酞后不变色的物质呈酸性

B. 加入酚酞后变色的物质呈碱性

C. 要使滴定终点明显应多加指示剂

D. 指示剂颜色改变时溶液酸度不变

E. 指示剂颜色改变时的 pH 与其 K_{HIn} 无关

19. 用电子天平称取某基准物质 0.1000g，若该电子天平的称量误差为±0.1mg，则称量的相对误差最大为（　　）

A. 0.20%　　B. 0.10%　　C. 0.2%

D. 0.1%　　E. 1.0%

20. 以酚酞为指示剂，用 0.1000mol/L NaOH 滴定 pH 相同的盐酸和醋酸溶液，终点时消耗的 NaOH 体积分别记作 V_1 和 V_2，则 V_1 和 V_2 的关系是（　　）

A. $V_1=V_2$　　B. $V_1<V_2$　　C. $V_1>V_2$

D. $V_1=2V_2$　　E. $2V_1=V_2$

21. 已知溴百里酚蓝的 $pK_{HIn}=7.3$，其酸式色为黄色，碱式色为蓝色，当溶液 pH=8.5 时，显示（　　）

A. 蓝色　　B. 红色　　C. 黄色

D. 过渡色　　E. 无色

22. 已知溴甲酚绿的 $pK_{HIn}=5.0$，其酸式色为黄色，碱式色为蓝色，当溶液 pH=5.5 时，显示（　　）

A. 蓝色　　B. 红色　　C. 黄色

D. 过渡色　　E. 无色

23. 用 NaOH 滴定液标定未知浓度的盐酸，若滴定前已排除滴定管尖嘴部分的气泡，但在滴定过程中又产生气泡，则标定结果（　　）

A. 偏高　　B. 偏低　　C. 不变

D. 不确定　　　　E. 都不是

24. 相同条件下，用 NaOH 标准溶液滴定浓度均为 0.1000mol/L 的盐酸和醋酸溶液时，滴定曲线起点高的是（　　）

A. 盐酸　　　　B. 醋酸　　　　C. 二者一样

D. 不确定　　　　E. 都不是

25. 相同条件下，用 NaOH 标准溶液滴定浓度均为 0.1000mol/L 的盐酸和醋酸溶液时，滴定突跃范围较大的是（　　）

A. 盐酸　　　　B. 醋酸　　　　C. 二者一样

D. 不确定　　　　E. 都不是

（二）多选题

1. 影响滴定突跃大小的因素有（　　）

A. 酸碱的强度　　　　B. 酸碱的浓度　　　　C. 溶液的温度

D. 溶液的黏稠度　　　　E. 溶液的颜色

2. 影响酸碱指示剂变色范围的因素有（　　）

A. 温度　　　　B. 溶液的浓度　　　　C. 指示剂用量

D. 滴定程序　　　　E. 溶液的酸度

3. 下列物质不能用 NaOH 标准溶液直接滴定的是（　　）

A. 0.1000mol/L 的 HAc，$pK_a=4.74$

B. 0.1000mol/L 的 $(NH_4)_2SO_4$，$pK_b=4.74$

C. 0.1000mol/L 的苯酚溶液，$pK_a=9.95$

D. 0.1000mol/L 的 HCOOH 溶液，$pK_a=3.75$

E. 0.1000mol/L 的邻苯二甲酸氢钾溶液，$pK_{a2}=5.41$

4. 下列混合溶液在滴定中能出现两个滴定突跃的是（　　）

A. HCl-HAc　$pK_a=4.74$

B. $HCl-H_2S$　$pK_{a_1}=6.96$，$pK_{a_2}=14.0$

C. $HCl-H_2C_2O_4$　$pK_{a_1}=1.22$，$pK_{a_2}=4.19$

D. $HCl-H_2SO_4$　$pK_{a_1}=1.81$，$pK_{a_2}=6.91$

E. $HCl-H_3PO_4$　$pK_{a_1}=2.12$，$pK_{a_2}=7.20$，$pK_{a_3}=12.36$

5. 下列能产生两个滴定突跃的酸是（　　）

A. 琥珀酸　$K_{a_1}=6.89\times10^{-5}$，$K_{a_2}=2.74\times10^{-6}$

B. 顺丁烯二酸　$K_{a_1}=1.42\times10^{-2}$，$K_{a_2}=8.57\times10^{-7}$

C. 丙二酸　$K_{a_1}=1.49\times10^{-2}$，$K_{a_2}=2.03\times10^{-6}$

D. 甘油磷酸　$K_{a_1}=3.4\times10^{-2}$，$K_{a_2}=6.4\times10^{-7}$

E. 枸橼酸　$K_{a_1}=7.1\times10^{-4}$，$K_{a_2}=1.68\times10^{-5}$

6. 判断多元酸能直接被滴定且有两个滴定突跃的原则是（　　）

A. 每级 H^+电离的 $K_a\geqslant10^{-7}$　　B. $c\cdot K_a\geqslant10^{-8}$

C. $K_{a(n)}/K_{a(n+1)}\geqslant10^4$　　D. $c\cdot K_a\leqslant10^{-8}$

E. $K_{a(n)}/K_{a(n+1)}\leqslant10^4$

7. 可用来标定 NaOH 滴定液的基准物质是（　　）

A. 无水 Na_2CO_3　　B. 邻苯二甲酸氢钾　　C. 草酸

D. 硼砂　　E. 草酸钠

8. 下列关于指示剂的论述正确的是（　　）

A. 指示剂的变色范围越窄越好

B. 指示剂的用量应适当

C. 只能用混合指示剂

D. 指示剂的变色范围可落在滴定突跃范围之外

E. 指示剂的变色范围应部分或全部落在滴定突跃范围之内

二、辨是非题

1. 指示剂在不同溶剂中的变色范围不同。（　　）
2. 指示剂的变色范围越窄，变色越敏锐。（　　）
3. 溶液浓度越小，滴定突跃范围越大。（　　）
4. 加入酸碱指示剂后，溶液颜色发生变化的实质是指示剂的颜色改变。（　　）
5. 酸碱滴定过程中，应将移液管和锥形瓶用标准溶液润洗后才能使用。（　　）
6. 只有变色范围部分或全部落在滴定突跃范围之内的指示剂才能用来指示滴定终点。（　　）
7. 强酸滴定弱碱时，只能选择酸性区域变色的指示剂。（　　）
8. 强碱滴定弱酸时，只能选择碱性区域变色的指示剂。（　　）
9. 酸碱指示剂在酸性溶液中显碱式色。（　　）
10. 酸碱指示剂在碱性溶液中显酸式色。（　　）
11. 酸碱指示剂的滴定突跃范围越宽，越利于选择指示剂。（　　）
12. 温度改变，指示剂的变色范围改变。（　　）
13. 指示剂的浓度改变，指示剂的变色范围不变。（　　）
14. 具有酸碱性的物质都可以用酸碱滴定法测定。（　　）
15. H_3PO_4中的三个 H 均可用 NaOH 滴定液滴定，且可得到三个滴定突跃。已知$K_{a_1}=$

7.52×10^{-3}，$K_{a_2}=6.23\times10^{-8}$，$K_{a_3}=2.2\times10^{-13}$。(　　)

16. 多元酸中有几个氢能被强碱滴定，就能产生相同数目的突跃。(　　)

17. 强酸滴定弱碱的反应中，计量点时溶液 pH 的高低是由反应中生成的盐的水解能力大小所决定。(　　)

18. 强酸滴定弱碱的反应中，计量点前溶液的 pH 值由酸的强度决定。(　　)

19. 强碱滴定弱酸的反应中，计量点时溶液 pH 的高低是由反应中生成的盐的水解能力大小所决定。(　　)

20. 强碱滴定弱酸的反应中，计量点后溶液的 pH 值由过量碱的浓度决定。(　　)

三、填空题

1. 酸碱指示剂一般是________、________或酸碱两性物质，其酸式和碱式具有________，当 pH 值降低时，溶液呈________色，当 pH 值升高时，溶液呈________色。

2. 酸碱指示剂的选择原则是______________________________。

3. 强酸滴定弱碱时，要使弱碱能被准确滴定的条件是________________。

4. $pH<3.1$ 时甲基橙显________色，$pH>4.4$ 时甲基橙显________色，$pH>8.0$ 时酚酞显________色。

5. 常用的酸滴定液是________，常用________配置，原因是________，标定该溶液常用的基准物质是________或________。

6. 常用的碱滴定液是________，常用________配置，原因是________________，标定该溶液常用的基准物质是________或________。

7. 用 HCl 滴定液滴定 Na_2CO_3 时，临近终点需要加热煮沸溶液的目的是________。

8. 在滴定分析中，指示剂颜色突变而停止滴定时的那一点称为________________。在化学计量点附近，由于一滴滴定液的加入所引起的溶液 pH 的急剧变化称为________，

9. 用 HCl 滴定液滴定 Na_2CO_3 溶液，当滴定至第一化学计量点时，溶液 $pH=8.3$，可选________作指示剂；当滴定至第二化学计量点时，溶液 $pH=3.9$，可选________作指示剂。

10. 用强酸滴定弱碱时，当碱的浓度一定时，碱越强，其滴定突跃范围________；碱越弱，其滴定突跃范围________。当 K_a 一定时，碱的浓度越大，则其滴定突跃范围________；碱的浓度越小，则其滴定突跃范围________。

11. 滴定突跃所在的 pH 范围称为________。

12. 在酸碱滴定过程中，滴定曲线表示了________溶液的加入量与溶液________变化之间的关系。

13. 滴定多元酸时，若________，该级解离的 H^+ 可被准确滴定，相邻两级解离常数之比________以上，才能实现分步滴定。

四、简答题

1. 试述酸碱指示剂的变色原理、变色范围及选择指示剂的原则。

2. 影响指示剂的变色范围有哪些？

3. 影响滴定突跃范围的因素有哪些？

五、计算题

1. 精密称取基准物质邻苯二甲酸氢钾（$KHC_8H_4O_4$ 化学式量 204.2）0.5225g，标定 NaOH 溶液，终点时用 NaOH 22.50mL，求 NaOH 溶液的浓度。

2. 有一含 Na_2CO_3 的 NaOH 药品 1.179g，用 0.3000mol/L 的 HCl 滴定至酚酞终点，耗去 48.16mL，继续滴定至甲基橙终点，又耗去酸 24.08mL，试计算 Na_2CO_3 及 NaOH 的百分含量。

3. 已知 $T_{HCl}=0.003650$g/mL，试计算 HCl 滴定液的物质的量浓度。

扫一扫，知答案

第六章

沉淀滴定法

【学习目标】

掌握铬酸钾指示剂法的基本原理、滴定条件。

熟悉铁铵矾指示剂法、吸附指示剂法的基本原理、滴定条件；硝酸银滴定液和硫氰酸按滴定液的配制。

了解沉淀滴定法的应用。

沉淀滴定法是以沉淀反应为基础的滴定分析方法。能形成沉淀的反应很多，但能够用于滴定分析的沉淀反应并不多。用于滴定分析的沉淀反应必须具备下列条件。

1. 沉淀反应要按照一定的化学反应式迅速定量反应完全；
2. 沉淀的溶解度必须很小（一般 $S<10^{-6}g/mL$）；
3. 要有合适的指示剂确定滴定终点；
4. 沉淀的吸附作用不能影响滴定结果和终点的确定。

由于上述条件的限制，故能用于沉淀滴定法的反应并不多，目前有实用价值的是生成难溶性银盐的反应，例如：

$$Ag^+ + Cl^- \longrightarrow AgCl\downarrow$$

$$Ag^+ + SCN^- \longrightarrow AgSCN\downarrow$$

这种利用生成难溶性银盐反应的沉淀滴定法称为银量法。该方法常用于测定含 Cl^-、Br^-、I^-和 SCN^-、Ag^+等离子的无机化合物含量，在药物分析中也常用来测定能生成难溶性银盐的有机化合物的含量。按照指示终点的方法不同，银量法可分为铬酸钾指示剂法、铁铵矾指示剂法和吸附指示剂法。

第一节　铬酸钾指示剂法

一、基本原理

铬酸钾指示剂法是用铬酸钾（K_2CrO_4）作指示剂，以硝酸银（$AgNO_3$）作滴定液，在中性或弱碱性溶液中直接测定可溶性氯化物或溴化物含量的银量法。

以测定 NaCl 为例。由于 AgCl 的溶解度（1.8×10^{-3} g/L）比 Ag_2CrO_4的溶解度（2.3×10^{-3} g/L）小，根据分步沉淀原理，首先析出的是 AgCl 白色沉淀。随着 $AgNO_3$溶液加入量的不断增多，AgCl 沉淀不断生成，溶液中的 Cl^-浓度越来越小，当溶液中 Cl^-反应完全时，稍过量的 Ag^+立即与 CrO_4^{2-} 反应生成铬酸银（Ag_2CrO_4）砖红色沉淀，以指示滴定终点的到达，其反应式为：

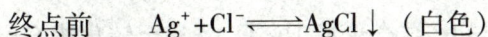

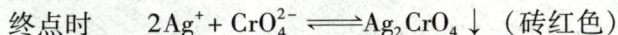

终点前　$Ag^++Cl^- \rightleftharpoons AgCl\downarrow$（白色）

终点时　$2Ag^++CrO_4^{2-} \rightleftharpoons Ag_2CrO_4\downarrow$（砖红色）

分步沉淀

当溶液中同时存在几种离子（如 Cl^-、Br^-、I^-）均可与所加的试剂（$AgNO_3$）发生沉淀反应时，若它们的起始浓度接近，则生成沉淀的溶解度小的离子先沉淀（AgI），生成沉淀的溶解度大的离子后沉淀（AgCl），这种先后沉淀的现象称为分步沉淀。

二、滴定条件

（一）指示剂的用量

指示剂的加入量应当控制在化学计量点附近恰好生成 Ag_2CrO_4沉淀为宜。如果指示剂 K_2CrO_4溶液的用量过多，会使待测溶液中 Cl^-尚未沉淀完全时 Ag^+就与 CrO_4^{2-} 发生反应，生成砖红色的 Ag_2CrO_4沉淀，导致终点提前，产生负误差。若指示剂 K_2CrO_4用量太少，滴定至化学计量点时，稍加入过量的 $AgNO_3$仍不能形成铬酸银沉淀，导致终点延迟，产生正误差。

以 Cl^-含量的测定为例，讨论铬酸钾指示剂的加入量。为使终点尽可能接近化学计量点，指示剂 K_2CrO_4 的浓度计算如下。

根据溶度积原理，在化学计量点时，$[Ag^+]=[Cl^-]$，且满足：

$$[Ag^+][Cl^-] = K_{sp} = 1.56 \times 10^{-10}$$

$$[Ag^+] = \sqrt{K_{sp}} = \sqrt{1.56 \times 10^{-10}} = 1.25 \times 10^{-5}(mol/L)$$

如果此时恰好生成砖红色的 Ag_2CrO_4 沉淀，则必须满足：

$$[Ag^+]^2[CrO_4^{2-}] = K_{sp,\ Ag_2CrO_4} = 1.1 \times 10^{-12}$$

$$[CrO_4^{2-}] = \frac{K_{sp,\ Ag_2CrO_4}}{[Ag^+]^2} = 7.05 \times 10^{-3}(mol/L)$$

实际滴定中，由于 K_2CrO_4 溶液本身呈黄色，会妨碍对砖红色 Ag_2CrO_4 沉淀的观察，因此 K_2CrO_4 的浓度要低一些，一般以 5×10^{-3} mol/L 为宜。通常在反应液总体积为 50～100mL 的溶液中加入 5% 的 K_2CrO_4 指示剂 1～2mL 即可。

（二）溶液的酸度

用 K_2CrO_4 指示剂指示终点，要求滴定反应在中性和弱碱性溶液中，即 pH 范围在 6.5～10.5 之间进行。

若溶液为酸性（pH≤6.5）时，则 CrO_4^{2-} 与 H^+ 结合形成 $HCrO_4^-$，甚至转化成 $Cr_2O_7^{2-}$，使 CrO_4^{2-} 浓度降低，导致 Ag_2CrO_4 沉淀出现过迟甚至不产生。

$$2CrO_4^{2-} + 2H^+ \rightleftharpoons 2HCrO_4^- \rightleftharpoons Cr_2O_7^{2-} + H_2O$$

若溶液的碱性太强（pH≥10.5），则会发生副反应，有 AgOH 沉淀，进而转化成褐色 Ag_2O 沉淀析出：

$$2Ag^+ + 2OH^- = 2AgOH\downarrow$$

$$2AgOH = Ag_2O\downarrow + H_2O$$

因此若溶液酸性太强，可用 $NaHCO_3$ 或硼砂调整。若溶液碱性太强，可用稀 HNO_3 溶液调整。

（三）滴定不能在氨碱性溶液中进行

因为 AgCl 和 Ag_2CrO_4 均能与 NH_3 反应生成 $[Ag(NH_3)_2]^+$ 而使沉淀溶解。如果溶液中有氨存在时，须用酸中和，且控制溶液的 pH 值在 6.5～7.2 之间，以防生成的铵盐分解产生 NH_3。

（四）排除干扰离子

溶液中不能含有能与 CrO_4^{2-} 生成沉淀的阳离子（如 Ba^{2+}、Pb^{2+}、Bi^{3+} 等）或与 Ag^+ 生成沉淀的阴离子（如 PO_4^{3-}、AsO_4^{3-}、CO_3^{2-}、S^{2-}、$C_2O_4^{2-}$ 等），有色离子（如 Cu^{2+}、Co^{2+}、Ni^{2+} 等）和在中性或弱碱性溶液中易发生水解的离子（如 Fe^{3+}、Al^{3+} 等）对滴定测定均有干扰。若有这类离子，滴定前应先将其遮蔽与分离。

为防止 AgCl 和 AgBr 沉淀对 Cl^- 或 Br^- 产生吸附作用，使终点提前，应注意在滴定中充分振摇。

三、 硝酸银滴定液的配制

（一）直接法配制

直接法配制硝酸银滴定液，就是直接用基准硝酸银（经过 110℃干燥至恒重）进行配制。首先精密称取基准试剂硝酸银（经过 110℃干燥至恒重）m_{AgNO_3}（g），置于烧杯中，用少量纯化水溶解完全后，定量转移至 V_{AgNO_3}（mL）的棕色容量瓶中，加纯化水稀释至刻度线，摇匀，然后按照式 6-1 计算硝酸银滴定溶液的浓度。

$$c_{AgNO_3} = \frac{m_{AgNO_3}}{V_{AgNO_3} \times M_{AgNO_3}} \times 10^3 \qquad (6-1)$$

（二）间接法配制

对于不符合基准物质要求的硝酸银，如没有基准硝酸银，或储存时间过久，就应该采用间接法配制。先用分析纯硝酸银配成近似浓度的溶液，再用基准 NaCl 进行标定（多次称量法标定滴定液）。

标定时，精密称取基准氯化钠（经过 270℃干燥至恒重）m_{NaCl}（g），置于 250mL 锥形瓶中，加纯化水约 30mL 使溶解，加 50g/L 铬酸钾指示剂 1mL，在不断振摇下用待标定的硝酸银溶液滴定至出现砖红色为终点。滴定时，消耗的硝酸银溶液体积为 V_{AgNO_3}（mL），平行测定三次，按照式 6-2 计算硝酸银滴定液的准确浓度。

$$c_{AgNO_3} = \frac{m_{NaCl}}{V_{AgNO_3} M_{NaCl}} \times 10^3 \qquad (6-2)$$

硝酸银溶液见光易分解，故应在棕色试剂瓶中避光保存，并且存放一段时间后，应重新标定。

四、 应用实例

铬酸钾法适用于直接测定 Cl^- 和 Br^-；在弱碱性溶液中也可测定 CN^-；不宜测定 I^- 和 SCN^-。因为滴定生成的 AgI 和 AgSCN 沉淀有较强的吸附作用，强烈地吸附 I^- 和 SCN^-，致使滴定终点变色不明显，造成较大误差。

例如，测定溴化钾（KBr）试样的含量。精密称取氯化钾试样 m_{KBr}(g)，置于锥形瓶中，加纯化水 25mL，5%（g/mL）K_2CrO_4 指示剂 1mL，摇匀，用 $AgNO_3$ 滴定液（c_{AgNO_3}）滴定，边滴边充分振摇，至溶液由黄绿色→粉红色为滴定终点，消耗 $AgNO_3$ 滴定液为 V_{AgNO_3} mL。平行测定三次，按照式 6-3 计算试样中溴化钾的含量。

$$KBr\% = \frac{c_{AgNO_3} \times V_{AgNO_3} \times M_{KCl} \times 10^{-3}}{m_{KBr}} \times 100\% \qquad (6-3)$$

第二节 铁铵矾指示剂法

铁铵矾指示剂法是以铁铵矾[$H_4Fe(SO_4)_2 \cdot 12H_2O$]为指示剂的银量法。本法可分为直接滴定法和返滴定法（间接滴定法之一）。

一、直接滴定法

（一）基本原理

在酸性条件下，以铁铵矾[$H_4Fe(SO_4)_2 \cdot 12H_2O$]为指示剂，以硫氰酸铵（$NH_4SCN$）或硫氰酸钾（KSCN）为滴定液，直接测定$Ag^+$的含量。反应如下：

终点前：$Ag^+ + SCN^- = AgSCN \downarrow$（白色）

终点时：$Fe^{3+} + SCN^- =$［$FeSCN$］$^{2-}$（淡红色）

（二）滴定条件

1. 溶液的酸度 滴定时，应控制［H^+］在0.1～1mol/L之间，以防止Fe^{3+}水解而影响滴定终点的观察，同时防止Ag^+发生副反应。

2. 指示剂的用量 若加入铁铵矾指示剂太少，则［Fe^{3+}］太小，化学计量点时不易观察到［$FeSCN$］$^{2-}$的颜色，导致终点滞后；若加入铁铵矾指示剂太多，则［Fe^{3+}］太大，其自身的棕红色会影响滴定终点的观察。滴定30mL的溶液，通常加入1mL 8%的铁铵矾指示剂为宜。

3. 滴定过程中要充分振摇 由于AgSCN具有强烈的吸附作用，部分Ag^+被吸附于AgSCN，使溶液中［Ag^+］降低，导致终点提前，滴定结果偏低。

课堂互动

调节酸度时，为什么只能用硝酸，而不能用盐酸或硫酸？

二、返滴定法

（一）基本原理

先向含有卤离子的溶液中加入已知过量的硝酸银（$AgNO_3$）滴定液，以沉淀被测定的卤素离子（X^-）。在酸性条件下，以铁铵矾作指示剂，用NH_4SCN或KSCN作滴定液，回滴过量的$AgNO_3$，从而确定卤离子的含量。反应如下：

滴定前：Ag^+（过量）$+X^- = AgX \downarrow$

滴定时：Ag^{+}（剩余）$+SCN^{-}=AgSCN\downarrow$（白色）

终点时：$Fe^{3+}+SCN^{-}=[FeSCN]^{2+}$（淡棕红色）

（二）滴定条件

1. 在酸性（0.1～1mol/L HNO_3）条件下进行 酸性条件既可有效防止 Fe^{3+} 发生水解，确保 Fe^{3+} 及时指示滴定终点，也可避免 PO_4^{3-}、AsO_4^{3-} 离子的干扰。

2. 预先除去干扰 如果溶液中存在强氧化剂、Hg^{2+}、Cu^{2+} 等，会与 SCN^{-} 作用而干扰滴定。

3. 防止沉淀转化 测定 Cl^{-} 时，向待测液中加入 1～3mL 的硝基苯，充分振摇，使氯化银沉淀表面形成一层保护膜，将它与溶液隔开，以防止 AgCl 沉淀（溶解度为 1.25×10^{-5}mol/L）转化为 AgSCN 沉淀（溶解度为 1.1×10^{-6}mol/L），导致终点推迟，从而产生较大的误差。在滴定过程中应避免充分振摇，防止沉淀转化。

4. 防止发生副反应 测定 Br^{-} 和 I^{-} 时，由于 AgBr 和 AgI 的溶解度都比 AgSCN 的溶解度小，所以不会发生沉淀转化反应。但在测定 I^{-} 时，必须在 I^{-} 完全沉淀后才能加入指示剂，否则 I^{-} 被 Fe^{3+} 氧化为 I_2，影响分析结果的准确度。

三、 硫氰酸铵或硫氰酸钾滴定液的配制

硫氰酸铵（NH_4SCN）和硫氰酸钾（KSCN）的纯度一般不易达到基准物质的要求，所以，其滴定液的配制常用间接法。先用分析纯硫氰酸铵或硫氰酸钾配成硫氰酸根离子（SCN^{-}）近似浓度的溶液，再用硝酸银滴定液进行标定（对比法标定滴定液）。

标定时，精密量取浓度为 c_{AgNO_3} 的硝酸银滴定液 V_{AgNO_3}mL，置于锥形瓶中，加纯化水 25mL、稀硝酸 2mL 与硫酸铁铵指示剂 2mL，用待标定的 SCN^{-} 溶液滴定至溶液显淡红色，经剧烈振摇后仍不褪色，即为终点。平行测定三次，根据式 6-4 计算待标定 SCN^{-} 溶液的准确浓度。

$$c_{SCN^-}=\frac{c_{AgNO_3}\times V_{AgNO_3}}{V_{SCN^-}} \tag{6-4}$$

四、 应用实例

铁铵矾指示剂法常用直接滴定法测定 Ag^{+}；采用返滴定法测定 Br^{-}、I^{-}、SCN^{-} 等。

例如，测定硫氰酸钾（KSCN）试样的含量。精密称取硫氰酸钾试样 m_{KSCN}（g），置于锥形瓶中，加 30mL 纯化水溶解，加 2mL 稀 HNO_3，再加 $AgNO_3$ 滴定液 V_{AgNO_3}（mL），振摇使之充分反应。然后加铁铵矾指示剂 2mL，用 KSCN 滴定液（c_{KSCN}）滴定，边滴边充分振摇，至溶液呈浅红色为终点。平行测定三次，按照式 6-5 计算试样中溴化钾的含量。

$$KSCN\%=\frac{[c_{AgNO_3}\times V_{AgNO_3}-c_{KSCN}\times V_{KSCN}]\times M_{KBr}\times10^{-3}}{m_{KSCN}}\times100\% \tag{6-5}$$

第三节　吸附指示剂法

吸附指示剂法是用 $AgNO_3$ 溶液作为滴定液，用吸附指示剂确定滴定终点测定卤化物的银量法。

一、基本原理

吸附指示剂是一种有机染料，在溶液中电离出有色离子，当其被带电的沉淀胶体吸附后，结构发生改变从而引起颜色的变化，以指示滴定终点的到达。

例如，测定溶液中 Cl^- 时，用 $AgNO_3$ 作滴定液，用荧光黄（用 HFIn 表示）作指示剂，测定的基本原理如下。

荧光黄是一种有机弱酸，在水溶液中可离解为荧光黄阴离子 FIn^-，呈黄绿色。

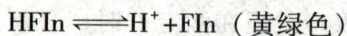

$$HFIn \rightleftharpoons H^+ + FIn^- \text{（黄绿色）}$$

在化学计量点前，溶液中 Cl^- 较多，AgCl 胶粒优先吸附 Cl^- 而带负电荷（$AgCl \cdot Cl^-$），因而不吸附 FIn^-，溶液仍呈黄绿色。

当滴定至稍过计量点，溶液中的 Ag^+ 过量，AgCl 胶粒优先吸附 Ag^+ 而带正电荷（$AgCl \cdot Ag^+$），并强烈吸附荧光黄阴离子 FIn^- 导致指示剂结构改变，而使沉淀表面呈现粉红色，以指示滴定到达滴定终点。其反应为：

终点前：$(AgCl) \cdot Cl^- + FIn^-$（黄绿色）

终点时：$AgCl \cdot Ag^+ + FIn^- \rightleftharpoons AgCl \cdot Ag^+ \cdot FIn^-$（粉红色）

表面吸附

表面吸附是由于沉淀表面的离子电荷未达到平衡，它们的残余电荷吸引了溶液中带相反电荷的离子。这种吸附是有选择性的，沉淀物首先吸附与自身性质相同或相近、电荷相等的离子；其次，才是吸附生成溶解度较小的物质的离子；离子的价数越高、浓度越大，则越容易被吸附。

二、滴定条件

（一）保持沉淀呈胶体状态

由于吸附指示剂颜色的变化是在沉淀胶粒的表面吸附指示剂后才发生的，因此，在滴定前应将溶液稀释并加入糊精、淀粉等亲水性高分子化合物，防止胶粒的凝聚，使 AgX 沉淀保持溶胶状态，以增大吸附表面积。终点颜色变化敏锐，应避免溶液中存在大量电解质，因带电离子会使胶体凝聚而破坏胶体。

（二）选择吸附能力适当的指示剂

卤化银胶粒对待测离子的吸附力应略大于对指示剂的吸附力，确保计量点前胶粒只吸附待测离子，而不吸附指示剂离子。当滴定稍过计量点时，胶粒就能立刻吸附指示剂离子而变色。若沉淀对指示剂阴离子的吸附力大于对待测离子的吸附力，则在计量点前即吸附指示剂而发生颜色的改变，使终点提前，造成负误差。但胶体微粒对指示剂的吸附力也不能太小，否则计量点后不能立即变色，使终点推后，产生正误差。

卤化银胶体对卤素离子和几种常用吸附指示剂的吸附能力大小次序为：

I^->二甲基二碘荧光黄>Br^->曙红>Cl^->荧光黄

课堂互动

测定 Cl^-和 Br^-时，分别选用何种吸附指示剂为宜？

（三）控制溶液在适当的 pH 范围

吸附指示剂大多是有机弱酸，而起指示作用的主要是阴离子，为了使指示剂主要以阴离子形式存在，必须控制溶液的酸度在一定范围内，使之有利于指示剂的电离。对于 K_a值较小的吸附指示剂，溶液的酸度要低些；反之亦然。虽然在强碱性溶液中有利于指示剂的离解，但 Ag^+在强碱性溶液中能生成 AgO 沉淀，故吸附指示剂不能在强碱性溶液中使用。常用吸附指示剂的适宜 pH 范围和终点颜色变化见表 6-1。

表 6-1 常用的吸附指示剂

指示剂名称	待测离子	滴定液	适用的 pH 范围	终点颜色变化
二甲基二碘荧光黄	I^-	Ag^+	7～10	橙红色→蓝红色
曙红	Br^-、I^-、SCN	Ag^+	2～10	橙色→紫红色
荧光黄	Cl^-	Ag^+	7～10	黄绿色→粉红色
二氯荧光黄	Cl^-	Ag^+	4～10	黄绿色→红色

（四）避免在强光照射下滴定

卤化银遇光照射会分解析出金属银，使沉淀变成灰黑色，影响滴定终点的观察。

三、应用实例

例如，测定氯化钾（KCl）试样的含量。精密称取氯化钾 m_s（g），置于锥形瓶中，加纯化水30mL使其溶解后，加糊精溶液5mL，加荧光黄指示剂8滴，摇匀，用$AgNO_3$滴定液（c_{AgNO_3}）滴定，边滴边充分振摇，至溶液由黄绿色→粉红色为滴定终点，消耗$AgNO_3$滴定液为V_{AgNO_3}（mL）。平行测定3次，按照式6-6计算试样中氯化钾的含量。

$$KCl\% = \frac{c_{AgNO_3} \times V_{AgNO_3} \times M_{KCl} \times 10^{-3}}{m_s} \times 100\% \tag{6-6}$$

复习思考

一、选择题

（一）单选题

1. 铬酸钾指示剂法适宜的酸碱环境是（　　）

A. 酸性　B. 中性或弱碱性　C. 氨碱性
D. 强碱性　E. 强酸性

2. 铬酸钾指示剂法的滴定液为（　　）

A. K_2CrO_4　B. AgCl　C. $AgNO_3$
D. NaCl　E. $K_2Cr_2O_7$

3. 铬酸钾指示剂法的终点为（　　）

A. K_2CrO_4黄色沉淀　B. Ag_2CrO_4白色沉淀　C. AgCl白色沉淀
D. Ag_2CrO_4砖红色沉淀　E. AgSCN白色沉淀

4. 铬酸钾指示剂浓度的实际用量应比理论计算量（　　）

A. 大些　B. 一样　C. 大很多
D. 少很多　E. 略少些

5. 铬酸钾指示剂法，如果溶液碱性过强，中和所用试剂是（　　）

A. $NaHCO_3$　B. Na_2CO_3　C. 食醋
D. HNO_3　E. 硫酸

6. 铬酸钾指示剂法适宜的pH为（　　）

A. 4.5~6.5　B. 6.5~7.5　C. 5.5~10.5
D. 6.5~10.5　E. 6.5~12.5

7. 吸附指示剂本身是（　　）

A. 无机弱酸　B. 有机弱酸　C. 有机弱碱
D. 无机弱碱　E. 中性物质

8. 吸附前后产生明显颜色变化的是吸附指示剂的（　　）

A. 阴离子　B. 阳离子　C. H^+

D. OH^-　　E. HFIn

9. 吸附指示剂法在开始滴定前，应加入（　　）

A. 硝基苯　　B. $NaHCO_3$　　C. 糊精

D. HNO_3　　E. NaCl

10. 适合测定 Br^- 的吸附指示剂是（　　）

A. 曙红　　B. 荧光黄　　C. 二甲基二碘荧光黄

D. 二甲酚橙　　E. 甲基橙

（二）多选题

1. 根据确定滴定终点时所用的指示剂不同，银量法可分为（　　）

A. 铬酸钾指示剂法　B. 铁铵矾指示剂法　　C. 吸附指示剂法

D. 直接银量法　　E. 返滴定银量法

2. 银量法主要测定的对象是（　　）

A. 无机卤化物　　B. 有机卤化物　　C. 硫氰酸盐

D. 有机碱氢卤酸盐　E. 生物碱的有机酸盐

3. 测定 Ag^+ 含量时，选用的滴定剂是（　　）

A. KSCN　　B. $AgNO_3$　　C. NH_4SCN

D. Na_2SO_4　　E. NaCl

4. 下列物质可用银量法测定的有（　　）

A. 无机卤化物　　B. 有机卤化物　　C. 有机碱的氢卤酸盐

D. 硫氰酸盐　　E. 生物碱的氢卤酸盐

5. 用铁铵矾指示剂法返滴定法测定 Br^- 时，滴定过程中充分振摇锥形瓶（　　）

A. 会使终点推迟　　B. 会使终点提前

C. 会发生沉淀的转化　　D. 避免 AgBr 吸附 Ag^+

E. 会使终点变色敏锐

二、辨是非题

1. 铁铵矾指示剂法是以 NH_4SCN 为标准滴定溶液，铁铵矾为指示剂，在稀硝酸溶液中进行滴定。（　　）

2. 可以将 $AgNO_3$ 滴定液应用碱式滴定管进行滴定操作。（　　）

3. 在用吸附指示剂法时，为了使沉淀具有较强的吸附能力，通常加入适量的糊精或淀粉使沉淀处于胶体状态。（　　）

4. 硝酸银滴定液可以用基准硝酸银直接配制。（　　）

5. 铬酸钾指示剂法测定 Cl^- 含量，应在酸性或碱性溶液中进行。（　　）

6. 铁铵矾指示剂法测定 Ag^+，滴定时必须剧烈摇动。用返滴定法测定 Cl^- 时也应该剧

烈摇动。(　　)

三、填空题

1. 银量法按照指示终点的方法不同可分为________、________、________。

2. 铬酸钾指示剂法中指示剂的浓度必须合适，若太大，终点将________，若太小，终点将________。

3. 铬酸钾指示剂法宜在 pH = ________进行滴定，若溶液为酸性，CrO_4^{2-} 将与 H^+形成________，甚至转化成________；在碱性溶液中会产生________。

4. 铁铵钒指示剂法既可用直接法测定________离子，又可用返滴定法测定________离子。

5. 铁铵钒指示剂法用到两种滴定液，分别是________和________。

6. 吸附指示剂对被测离子的吸附力应________对指示剂离子的吸附力。

四、简答题

1. 沉淀滴定反应必须具备哪些条件?

2. 试述铬酸钾指示剂法、铁铵矾指示剂法和吸附指示剂法测定时选用的指示剂和酸度条件。

五、计算题

1. 精密量取 NaCl 试液 20.00mL，加入 K_2CrO_4 指示剂，用 0.1023mol/L $AgNO_3$ 滴定液进行滴定，用去 27.00mL。试计算每升溶液中含 NaCl 多少克?

2. 精密称取可溶性氯化物试样 0.2266g，用 30mL 纯化水溶解后，加入硝基苯 2mL，充分振摇。精密加入 0.1121mol/L $AgNO_3$ 滴定液 30.00mL，过量的 Ag^+用 0.1185mol/L 的 NH_4SCN 滴定液进行滴定，用去 6.50mL，试计算试样中氯的质量分数。

扫一扫，知答案

第七章

配位滴定法

【学习目标】

掌握 EDTA 与金属离子配位反应的特点；金属指示剂的变色原理；EDTA 滴定液和锌滴定液的配制。

熟悉常用金属指示剂及其使用条件。

了解 EDTA 配位反应的副反应；配位滴定法的应用。

配位滴定法是以配位反应为基础的滴定分析方法，也称络合滴定法。配位滴定法主要用于测定各种金属离子的含量以及含有金属离子的盐类的含量。

配位反应非常多，但能用于配位滴定的配位反应必须具备以下条件：

1. 配位反应必须完全，即生成的配合物具有足够的稳定性；
2. 反应必须按一定的化学反应式定量地进行；
3. 反应必须迅速，并有适当指示剂指示终点；
4. 反应生成的配合物要溶于水。

配位反应的配位剂有无机配位剂和有机配位剂两类。许多无机配位剂与金属离子形成的配合物不稳定，并且配位反应是逐级进行的，难以确定反应的计量关系，因此大多数无机配位剂不能用于滴定分析。

大多数有机配位剂与金属离子发生配位反应时能够生成稳定的配合物。因为有机配位剂常含有两个以上的配位原子，与金属离子配位时形成具有环状结构且稳定性高的螯合物，其稳定常数大，且大多数溶于水，配位比固定，反应完成度高，因此在配位滴定中得到广泛应用。目前应用最多的有机配位剂是氨羧配位剂，其中又以乙二胺四乙酸（简称 EDTA）应用最为广泛。以 EDTA 滴定液进行配位滴定的方法，称为 EDTA 滴定法。

第一节 EDTA及其配合物

一、 EDTA的结构和性质

乙二胺四乙酸常缩写为EDTA，其结构式如下：

$$\begin{array}{l} HOOCCH_2 \qquad\qquad\qquad\qquad\quad CH_2COOH \\ \qquad\quad \diagdown \qquad\qquad\qquad\qquad \diagup \\ \qquad\qquad N—CH_2—CH_2—N \\ \qquad\quad \diagup \qquad\qquad\qquad\qquad \diagdown \\ HOOCCH_2 \qquad\qquad\qquad\qquad\quad CH_2COOH \end{array}$$

从结构式可知，EDTA为四元有机弱酸。为书写方便，常用H_4Y表示其化学式。EDTA为白色粉末状晶体，无臭、无毒，微溶于水，22℃时溶解度为0.02g/100mL，水溶液呈酸性，pH约为2.3，难溶于酸和有机溶剂，易溶于碱。由于EDTA溶解度小，不便于配制滴定液，通常用其二钠盐（乙二胺四乙酸二钠）配制。

EDTA二钠盐（$Na_2H_2Y \cdot 2H_2O$）也简称为EDTA，为白色粉末状晶体，无臭、无毒，较易溶于水，22℃时溶解度为11.1g/100mL，饱和溶液的浓度约为0.3mol/L，pH约为4.4。

二、 EDTA在水中的解离

EDTA在水溶液中，具有双偶极离子结构：

$$\begin{array}{l} HOOCH_2C \qquad\qquad\qquad\qquad\quad CH_2COO^- \\ \qquad\quad \diagdown H \qquad\qquad\qquad\quad H \diagup \\ \qquad\qquad N—CH_2—CH_2—N \\ \qquad\quad \diagup + \qquad\qquad\qquad\quad + \diagdown \\ ^-OOCH_2C \qquad\qquad\qquad\qquad\quad CH_2COOH \end{array}$$

因此，在酸度较高的溶液中时，EDTA的两个羧酸根可再接受两个H^+形成H_6Y^{2+}，这样，它就相当于一个六元酸，有六级离解关系，可用下列简式表示：

$$H_6Y^{2+} \underset{+H^+}{\overset{-H^+}{\rightleftharpoons}} H_5Y^+ \underset{+H^+}{\overset{-H^+}{\rightleftharpoons}} H_4Y \underset{+H^+}{\overset{-H^+}{\rightleftharpoons}} H_3Y^- \underset{+H^+}{\overset{-H^+}{\rightleftharpoons}} H_2Y^{2-} \underset{+H^+}{\overset{-H^+}{\rightleftharpoons}} HY^{3-} \underset{+H^+}{\overset{-H^+}{\rightleftharpoons}} Y^{4-}$$

在水溶液中，EDTA同时以H_6Y^{2+}、H_5Y^+、H_4Y、H_3Y^-、H_2Y^{2-}、HY^{3-}、Y^{4-}七种形式存在。但EDTA的主要存在形式随着溶液pH的不同而不同，见表7-1。

表7-1 不同pH范围下EDTA的主要存在形式

pH范围	<1	1~1.6	1.6~2.0	2.0~2.67	2.67~6.16	6.16~10.26	>10.26
主要存在形式	H_6Y^{2+}	H_5Y^+	H_4Y	H_3Y^-	H_2Y^{2-}	HY^{3-}	Y^{4-}

在EDTA的七种存在形式中，只有Y^{4-}才能与金属离子直接生成稳定的配合物，即称

为 EDTA 的有效离子。从表 7-1 中可知，当溶液 pH>10.26 时，EDTA 主要是以有效离子 Y^{4-}存在，因此 EDTA 在碱性溶液中与金属离子的配位能力较强。

依地酸二钠

乙二胺四乙酸（H_4Y）和乙二胺四醋酸二钠（$Na_2HY \cdot 2H_2O$）是两种不同的化合物，它们在水溶液中发生解离，在一定条件下都能解离出负四价离子（Y^{4-}）的形式，只有 Y^{4-} 才能与金属离子发生配位反应生成稳定的配合物，故统称为 EDTA。

乙二胺四乙酸俗称依地酸，乙二胺四醋酸二钠盐俗称依地酸二钠。《中国药典》(2015 年版) 收载依地酸二钠作为药用辅料；收载依地酸钙钠作为重金属解毒药，解毒的机理就是该药能与重金属离子形成稳定的螯合物，随尿液排出体外。

三、 EDTA 与金属离子配位反应的特点

1. 配合物稳定 在 EDTA 的结构中，有 6 个可与金属离子形成配位的原子，因此，EDTA 能与许多金属离子形成环状结构的螯合物，且这种螯合物的稳定性很高。

2. 计量关系简单 一般情况下，EDTA 与大多数金属离子反应的配位比都为 1∶1，而与金属离子的价态无关。

3. 配位反应速度快 除了少数金属离子外，EDTA 与大多数金属离子的反应都能迅速完成。

4. 配合物多溶于水 EDTA 与大多数金属离子形成的配合物都带有电荷，水溶性好，这为 EDTA 在配位滴定中的广泛应用提供了可能。

5. 配合物的颜色易判断 EDTA 与无色金属离子形成的配合物仍为无色，如 ZnY^{2-}、CaY^{2-}、MgY^{2-}等；而与有色金属离子形成的配合物则颜色加深，例如：

CuY^{2-}	NiY^{2-}	CoY^{2-}	MnY^{2-}	CrY^{-}	FeY^{-}
深蓝	蓝色	紫红	紫红	深紫	黄

第二节 配位滴定法的基本原理

一、 配位平衡

(一) EDTA 配合物的稳定常数

EDTA 与多数金属离子形成配位比为 1∶1 的配合物，为方便讨论，略去电荷，以 M

表示金属离子，以 Y 表示 EDTA 的 Y^{4-}离子，其反应式为：

$$M+Y \rightleftharpoons MY$$

当反应达到平衡后，平衡常数 K 常以稳定常数 $K_{稳}$ 来表示：

$$K_{稳}=\frac{[MY]}{[M][Y]} \tag{7-1}$$

金属离子和 EDTA 生成配合物的稳定性大小，可以用它们的 $K_{稳}$ 来衡量，$K_{稳}$ 又称绝对稳定常数，$K_{稳}$ 越大，表示生成配合物的倾向越大，解离倾向越小，配合物就越稳定。EDTA 与部分金属离子的配合物的稳定性见表 7-2。

表 7-2　EDTA 与部分金属离子配合物的 $\lg K$（20℃）

金属离子	$\lg K_{稳}$	金属离子	$\lg K_{稳}$	金属离子	$\lg K_{稳}$
Na^{+}	1.66	Fe^{2+}	14.33	Ni^{2+}	18.56
Li^{+}	2.79	Ce^{3+}	15.98	Cu^{2+}	18.70
Ag^{+}	7.32	Al^{3+}	16.11	Hg^{2+}	21.80
Ba^{2+}	7.86	Co^{2+}	16.31	Sn^{2+}	22.11
Mg^{2+}	8.69	Pt^{3+}	16.40	Cr^{3+}	23.40
Be^{2+}	9.20	Cd^{2+}	16.49	Fe^{3+}	25.10
Ca^{2+}	10.69	Zn^{2+}	16.50	Bi^{3+}	27.94
Mn^{2+}	13.87	Pb^{2+}	18.30	Co^{3+}	36.00

由表 7-2 可见，大多数金属离子与 EDTA 形成稳定的配合物。在无外界因素影响时，可用 $K_{稳}$ 大小来判断配位反应完成的程度。但是，在配位滴定中，M 和 Y 的反应常受到其他因素的影响。

（二）EDTA 配位反应的副反应和副反应系数

配位滴定中，被测金属离子 M 与滴定液 Y 生成 MY 的配位反应是主反应，但是，溶液中调节酸度加入的缓冲溶液，消除干扰离子加入的掩蔽剂及溶液中的 H^{+}、OH^{-}和其他金属离子等，常会和 M、Y 及 MY 发生反应，称为副反应，从而影响主反应进行的程度。

副反应能够影响主反应进行的程度和配合物 MY 的稳定性。为了定量表示副反应对主反应的影响程度，引入副反应系数 α 的概念，下面着重讨论两种副反应。

1. 酸效应与酸效应系数　M 与 Y 进行配位反应时，溶液中的 H^{+}也会与 Y 结合，形成 Y 的各级型体。由于这一副反应的发生，使溶液中 Y 的平衡浓度下降，与 M 配位的程度减小。这种因 H^{+}引起的副反应称为酸效应。酸效应影响程度的大小用酸效应系数 $\alpha_{Y(H)}$ 衡量。

$$\alpha_{Y(H)}=\frac{[Y']}{[Y]} \tag{7-2}$$

式中：[Y]——溶液中 EDTA 的有效离子 Y^{4-}的平衡浓度；

$[Y']$——未与 M 配位的 EDTA 各种型体的总浓度。

$$[Y'] = [Y] + [HY] + [H_2Y] + [H_3Y] + [H_4Y] + [H_5Y] + [H_6Y]$$

若 $\alpha_{Y(H)} > 1$，即 $[Y'] > [Y]$，说明有酸效应。$\alpha_{Y(H)}$ 越大，酸效应对主反应进行的影响程度也越大。若 $\alpha_{Y(H)} = 1$，即 $[Y'] = [Y]$，说明 EDTA 只以 Y 型体存在，没有酸效应。通常酸效应系数 $\alpha_{Y(H)}$ 随着溶液 pH 减小而增大。换句话说，溶液中 $[H^+]$ 越大，生成 H_4Y 的倾向越大，滴定剂 Y 与被测金属离子 M 的反应越不完全。但是，溶液的酸度不能过低，否则，许多金属离子将水解生成氢氧化物沉淀，使 M 浓度降低，促使 MY 解离。

2. 金属离子的配位效应和配位效应系数 如果溶液中有能与 M 配位的另一种配位剂 L（包括 OH^-）存在，M 与 Y 配位的同时也能与 L 配位，使溶液中 M 离子的平衡浓度下降，与 Y 配位的程度减弱。这种由于其他配位剂 L 引起的副反应称为金属离子的配位效应。配位效应影响程度的大小用配位效应系数 $\alpha_{M(L)}$ 衡量。

$$\alpha_{M(L)} = \frac{[M']}{[M]} \tag{7-3}$$

式中：$[M]$——金属离子的平衡浓度；

$[M']$——没有与 Y 配位的金属离子总浓度。

$\alpha_{M(L)}$ 越大，表明其他配位剂 L 对主反应的影响越大。当 $\alpha_{M(L)} = 1$ 时，$[M] = [M']$，即表示该金属离子不存在配位效应。

（三）EDTA 配合物的条件稳定常数

金属离子与 EDTA 的反应，在没有副反应发生时，可以用稳定常数 $K_{稳}$ 来判断配位反应完成的程度。但在实际滴定条件下，必须将副反应的影响考虑在内，即用副反应系数对 $K_{稳}$ 进行校正，得到实际上的稳定常数，称之为条件稳定常数，用符号 $K'_{稳}$ 表示。

$$K'_{稳} = \frac{[MY']}{[M'][Y']} \tag{7-4}$$

配合物 MY 的副反应将有利于主反应的进行，若只考虑 M 与 Y 的副反应，不考虑 MY 的副反应，将式 7-2、式 7-3 代入式 7-4，整理之后得：

$$K'_{稳} = \frac{[MY]}{[M'][Y']} = \frac{[MY]}{\alpha_{M(L)}[M]\alpha_{Y(H)}[Y]} = \frac{K_{稳}}{\alpha_{M(L)}\alpha_{Y(H)}} \tag{7-5}$$

在一定条件下，副反应系数 α 均为定值，$K'_{稳}$ 就为常数，故称条件稳定常数，其数值较稳定常数 $K_{稳}$ 小（因为 $\alpha \geqslant 1$）。$K'_{稳}$ 表示的是在一定条件下有副反应发生时主反应进行的程度，因而更具有实际意义。

二、 金属指示剂

在配位滴定中，常用一种能与金属离子生成有色配合物的显色剂，以它的颜色变化来确定滴定过程中金属离子浓度的变化，这种显色剂称为金属离子指示剂，简称金属指示剂。

（一）金属指示剂的变色原理

金属指示剂是一种有机染料，也是一种配位剂，能与某些金属离子反应，生成与其本身颜色显著不同的配合物以指示滴定终点。

在滴定前加入金属指示剂（用 In 表示金属指示剂的配位基团），则 In 与待测金属离子 M 有如下反应（省略电荷）：

$$M+In\ (\text{甲色}) \rightleftharpoons MIn\ (\text{乙色})$$

这时溶液呈 MIn（乙色）的颜色。当滴入 EDTA 溶液后，Y 先与游离的 M 结合。至化学计量点附近，Y 夺取 MIn 中的 M，使指示剂 In 游离出来，溶液由乙色变为甲色，指示滴定终点的到达。

滴定时 $$M+Y \rightleftharpoons MY$$

终点时 $$MIn\ (\text{乙色})+Y \rightleftharpoons MY+In\ (\text{甲色})$$

例如，铬黑 T 指示剂在 pH＝10 的水溶液中呈蓝色，与 Mg^{2+} 的配合物（$MgIn^-$）的颜色为酒红色。若在 pH＝10 时用 EDTA 滴定 Mg^{2+}，滴定开始前加入指示剂铬黑 T，则铬黑 T 与溶液中部分 Mg^{2+} 反应，此时溶液呈配合物 $MgIn^-$ 的红色。随着 EDTA 的加入，EDTA 逐渐与 Mg^{2+} 反应。在化学计量点附近，Mg^{2+} 的浓度降至很低，加入的 EDTA 进而夺取了 $MgIn^-$ 中的 Mg^{2+}，使铬黑 T 游离出来，此时溶液呈现出蓝色，指示滴定终点的到达。

（二）金属指示剂应具备的条件

金属离子的显色剂很多，但只有一部分能用作金属离子指示剂。通常，作为金属指示剂必须具备以下条件：

1. 金属指示剂与金属离子形成的配合物的颜色应与金属指示剂本身的颜色有明显的不同，这样才能借助颜色的明显变化来判断终点的到达。

2. 金属指示剂与金属离子之间的反应要迅速、灵敏，且有良好的可逆性。

3. 金属指示剂能与金属离子形成足够稳定的配合物，一般要求 $K'_{MIn} \geqslant 10^4$。这样才能在接近化学计量点，溶液中金属离子的浓度很小时，配合物 MIn 仍能稳定存在，只有当 EDTA 夺取 M 离子后，释放出 In，溶液颜色才改变指示终点。如果 MIn 稳定性差，终点前解离，就会过早出现指示剂 In 的颜色，使测定结果偏低。

4. 指示剂金属配合物 MIn 的稳定性应小于 EDTA 金属配合物 MY 的稳定性，通常要求 $K'_{MY}/K'_{MIn} \geqslant 10^2$。这样才能保证 EDTA 有足够的能力在终点时将 M 顺利地从 MIn 中夺取出来，释放出 In，指示滴定终点到达。

5. 金属指示剂应易溶于水，不易变质，便于保存和使用。

（三）常用的金属指示剂

1. 铬黑T 铬黑T是一种偶氮萘染料，简称EBT，铬黑T的钠盐为黑褐色粉末，具有金属光泽，结构中有两个酚羟基，具有弱酸性，可以用 NaH_2In 表示。在水溶液中存在下列平衡：

$$\underset{\text{紫红色}}{H_2In^-} \underset{}{\overset{pK_{a_2}=6.3}{\rightleftharpoons}} \underset{\text{蓝色}}{HIn^{2-}} \overset{pK_{a_3}=11.6}{\rightleftharpoons} \underset{\text{橙色}}{In^{3-}}$$

因此，pH<6.3时，铬黑T在水溶液中呈紫红色；pH>11.6时铬黑T呈橙色，而铬黑T与金属离子形成的配合物颜色为酒红色，所以只有在pH为8~11范围内使用，指示剂才有明显的颜色变化，实验表明铬黑T最适宜的pH范围是9~10.5。

铬黑T常用于EDTA直接滴定 Mg^{2+}、Zn^{2+}、Pb^{2+}、Hg^{2+} 等离子及水硬度测定的指示剂，终点时溶液由酒红色变为蓝色。

Al^{3+}、Fe^{3+}、Cu^{2+}、Co^{2+}、Ni^{2+} 等离子对铬黑T指示剂有封闭现象。如果这些离子是干扰离子，可以加入某种试剂（掩蔽剂），与这些金属离子反应生成更稳定的配合物，从而消除封闭现象，但这种试剂不得与被测金属离子作用。例如，用三乙醇胺消除 Al^{3+} 和 Fe^{3+} 的封闭现象，用KCN消除 Cu^{2+}、Co^{2+}、Ni^{2+} 的封闭现象。

铬黑T固体相当稳定，但其水溶液不稳定，仅能保存几天，这是由于在水溶液中铬黑T易发生聚合，聚合后的铬黑T不能再与金属离子显色。在pH<6.5的溶液中聚合更为严重，加入三乙醇胺可以防止聚合。铬黑T指示剂常用的配制方法有两种：

（1）固体合剂　铬黑T与干燥的NaCl以1∶100的比例混合磨细后，保存在干燥器中备用。这种方法配制的指示剂常年不会变质，用时取火柴头大小即可。

（2）液体合剂　称取铬黑T 0.1g溶于15mL三乙醇胺中，再加入5mL无水乙醇混匀。此液体可保存数月不变质，用时滴加8~10滴即可。

2. 钙指示剂 钙指示剂又名铬蓝黑R、钙紫红素，简称NN，也是一种偶氮萘染料，为深棕色或黑棕色粉末。钙指示剂与 Ca^{2+} 形成酒红色的配合物，常在pH=12~13的条件下用作EDTA滴定 Ca^{2+} 的指示剂，当溶液由酒红色变为蓝色时即为终点。某些金属离子的封闭现象与铬黑T相同。

钙指示剂在水溶液和乙醇溶液中都不稳定，一般配成固体试剂使用。配制方法为：取钙紫红素0.1g，加无水硫酸钠10g，研磨均匀，即得。

金属指示剂的封闭和僵化现象

若指示剂与金属离子生成的配合物很稳定，甚至超过了EDTA与金属离子形成配合物的稳定性，即 $K'_{MIn}>K'_{MY}$，在化学计量点时，即使过量的EDTA也不能把指示剂从金属配合物中置换出来，使指示剂在化学计量点附近不发生颜色变化，这种现象称为指示剂的封闭现象。消除封闭现象的方法：由被测离子引起的封闭现象，采用返滴定法给予消除；由干扰离子引起的封闭现象，采用加掩蔽剂，掩蔽具有封闭作用的干扰离子。

在用EDTA滴定到达计量点时，EDTA置换指示剂的作用缓慢，引起终点拖长，这就是指示剂的僵化现象。出现僵化现象的原因：金属指示剂与金属离子的配合物形成胶体、沉淀，或者两种金属配合物的稳定性相差不大。消除僵化现象的方法：通常加入某种有机溶剂增大溶解度，或将溶液适当加热以便加快EDTA置换指示剂的速度，并在滴定接近终点时放慢滴定速度，剧烈振摇。

3. 二甲酚橙 二甲酚橙简称XO，属于三苯甲烷类显色剂，为紫红色结晶，易溶于水，常配成0.3%～0.5%的水溶液，可保存2～3周。它在pH<6.3时呈黄色，pH>6.3时呈红色，与金属离子的配合物呈红紫色。为了能明显观察终点，二甲酚橙只能在pH<6.3的酸性溶液中使用，可作为EDTA直接滴定 Bi^{3+}、Pb^{2+}、Zn^{2+}、Cd^{2+}、Hg^{2+} 等离子时的指示剂，终点时溶液由红紫色变为亮黄色。二甲酚橙是酸性溶液中许多金属离子配位滴定所使用的极好的指示剂。

第三节 配位滴定的滴定液

一、EDTA滴定液的配制

EDTA滴定液常用其二钠盐来配制。市售EDTA（二水乙二胺四乙酸二钠，分子式为 $C_{10}H_{14}N_2Na_2O_4 \cdot 2H_2O$，式量为372.24），因其纯度不高，故常用间接法配制EDTA滴定液，即先配制成近似浓度的溶液贮存于硬质玻璃瓶或聚乙烯瓶中，再用基准物质标定。

标定EDTA滴定液的基准物质有Zn、ZnO、$MgSO_4 \cdot 7H_2O$、$CaCO_3$ 等，常用的是Zn或ZnO，可用铬黑T作指示剂，在 NH_3-NH_4Cl 缓冲溶液（pH约等于10）条件下，用待标定的EDTA滴定液滴定至溶液由紫红色变到纯蓝色为终点。也可用二甲酚橙作指示剂，在HAC-NaAc缓冲溶液（pH=5～6）条件下，用待标定的EDTA滴定液滴定至溶液由紫红色变到亮黄色为终点。

用基准氧化锌标定EDTA滴定液的具体步骤为：

精密称取于约800℃灼烧至恒重的基准氧化锌（ZnO）m_{ZnO}（g），加稀盐酸3mL使溶解，加蒸馏水25mL，加0.025%甲基红的乙醇溶液1滴，滴加氨试液至溶液显微黄色，加蒸馏水 25mL 与 $NH_3 \cdot H_2O-NH_4Cl$ 缓冲液（pH 10.0）10mL，再加铬黑 T 指示剂少量，用待标定的 EDTA 滴定液滴定至溶液由紫色变为纯蓝色为终点。根据 EDTA 滴定液的消耗量 V_{EDTA}（mL）及式 7-6 即可算出 EDTA 滴定液的准确浓度 c_{EDTA}（mol/L）。

$$c_{EDTA} = \frac{m_{ZnO}}{V_{EDTA}M_{ZnO}} \times 1000 \tag{7-6}$$

二、锌滴定液的配制

在返滴定法中常用到锌滴定液。锌滴定液的配制有两种方法，一种是直接法，即用新制备的纯锌粒直接配制；另一种是间接法，即用 $ZnSO_4$ 配制成近似浓度溶液后再用 EDTA 滴定液进行标定。

（一）直接法配制 0.05mol/L 锌滴定液

精密称取新制备的纯锌粒约 3.3g，加纯化水 5mL 及盐酸 10mL，置水浴上温热使溶解，放冷后在容量瓶内稀释至 1000mL，摇匀，计算出滴定液的准确浓度即可。

（二）间接法配制 0.05mol/L 锌滴定液

取分析纯 $ZnSO_4$ 约 15g（相当于锌约 3.3g），加入稀盐酸 10mL 和适量纯化水使溶解，稀释至 1000mL，摇匀待标定。

具体标定步骤为：精密量取待标定的锌滴定液 V_{Zn}（mL），加 0.025% 甲基红的乙醇溶液 1 滴，滴加氨试液至溶液显微黄色，加水 25mL、$NH_3 \cdot H_2O-NH_4Cl$ 缓冲液（pH10.0）10mL 与铬黑 T 指示剂少量，用浓度为 c_{EDTA}（mol/L）的 EDTA 滴定液滴定至溶液由紫色变为纯蓝色即为终点。根据 EDTA 滴定液的消耗量 V_{EDTA}（mL），即可计算得到锌滴定液的准确浓度 c_{Zn}（mol/L）。

$$c_{Zn} = \frac{c_{EDTA}V_{EDTA}}{V_{Zn}} \tag{7-7}$$

第四节　EDTA 滴定法的应用

配位滴定法应用非常广泛，可在水质分析中测定水的硬度，在食品分析中测定钙的含量，在药物分析中测定含金属离子各类药物的含量。如含钙离子的药物，氯化钙、乳酸钙、葡萄糖酸钙等；含锌离子的药物，硫酸锌、枸橼酸锌、葡萄糖酸锌等；含镁离子的药物，硫酸镁；含铝离子的药物，明矾、硫酸铝、氢氧化铝等；含铋的药物，枸橼酸铋钾、铝酸铋等。

配位滴定方式有直接滴定法和返滴定法等类型。

一、直接滴定法

直接滴定法是配位滴定中的基本方式。在一定条件下，金属离子与EDTA的配位反应能够满足滴定分析的条件，可直接用EDTA进行滴定。直接滴定法方便、简单、快速，引入误差机会少，测定结果的准确度较高，大多数金属离子都可以采用直接滴定法测定。

（一）水硬度的测定

在水中溶解了一定量的金属盐类，如钙盐和镁盐，通常把溶解于水的钙、镁离子的总量称为水的硬度。水的硬度是水质的重要指标之一。水硬度的表示方法通常是用每升水中钙、镁离子总量折算成$CaCO_3$的毫克数表示。

测定时，精密量取一定体积的水样，加$NH_3 \cdot H_2O-NH_4Cl$缓冲溶液调节$pH \approx 10$，以铬黑T为指示剂，用浓度为c_{EDTA}（mol/L）的EDTA滴定液滴定至溶液由酒红色变为纯蓝色即为终点，按式7-8计算水的硬度：

$$\text{水的总硬度}(CaCO_3 mg/L) = \frac{c_{EDTA} V_{EDTA} M_{CaCO_3}}{V_{\text{水样}}} \times 1000 \quad (7-8)$$

（二）葡萄糖酸钙含量的测定

葡萄糖酸钙的分子式为$C_{12}H_{22}O_{14}Ca \cdot H_2O$，其测定方法为：精密称取本品约$m_S$（g）置于锥形瓶中，加水100mL，微温使溶解，加NaOH试液15mL与钙紫红素指示剂0.1g，用浓度为c_{EDTA}（mol/L）的EDTA滴定液滴定至溶液由紫红色变为纯蓝色即为终点，记录消耗EDTA滴定液的体积V_{EDTA}（mL），按式7-9计算葡萄糖酸钙的含量：

$$\omega_{C_{12}H_{22}O_{14}Ca \cdot H_2O} = \frac{c_{EDTA} V_{EDTA} M_{C_{12}H_{22}O_{14}Ca \cdot H_2O}}{m_s \times 1000} \quad (7-9)$$

二、返滴定法

当被测离子有下列情况时，不宜用直接滴定法测定，可采用返滴定法。如被测离子与EDTA配合反应速率慢；被测金属离子发生水解等副反应干扰滴定；或用直接滴定法无适当指示剂时可采用返滴定法。

铝盐因与EDTA的反应速率慢不能采用EDTA直接测定，只能采用返滴定法进行测定。测定时，通常在铝盐试液中先加入过量而又定量的EDTA，加热煮沸几分钟，待配位反应完全后，再加入二甲酚橙指示剂，用锌滴定液回滴剩余的EDTA。滴定过程中的反应为（省略电荷）：

滴定前　　$Al + Y(\text{过量}) \rightleftharpoons AlY$

滴定时　　$Y(\text{剩余}) + Zn \rightleftharpoons ZnY$

终点时　　$Zn + In(\text{黄色}) \rightleftharpoons ZnIn(\text{紫红色})$

例如，中药明矾含量的测定。明矾的分子式为 $KAl(SO_4)_2 \cdot 12H_2O$，测定明矾的含量一般都是测定其组成中铝的含量，然后再换算成明矾的含量。具体测定方法为：精密称取明矾 m_S（g）置于烧杯中，加少量纯化水溶解，定量转移至250mL容量瓶中，加纯化水至标线，摇匀。用移液管移取25.00mL上述溶液置于锥形瓶中，加浓度为 c_{EDTA}（mol/L）的EDTA滴定液 V_{EDTA}（mL），在沸水浴上加热10分钟，冷却至室温，加水100mL，加HAc-NaAc缓冲液6mL，二甲酚橙指示剂1mL，用浓度为 c_{Zn}（mol/L）的锌滴定液滴至溶液由黄色变紫红色为终点。记录消耗锌滴定液的体积 V_{Zn}（mL），按式7-10计算明矾样品的含量：

$$\omega_{KAl(SO_4)_2 \cdot 12H_2O} = \frac{[(cV)_{EDTA} - (cV)_{Zn^{2+}}]M_{KAl(SO_4)_2 \cdot 12H_2O}}{m_s \times \frac{25.00}{250.0} \times 1000} \qquad (7-10)$$

复习思考

一、选择题

（一）单选题

1. 直接与金属离子配位的EDTA存在形式为（　　）

A. H_6Y^{2+}　　B. H_4Y　　C. H_2Y^{2-}

D. Y^{4-}　　E. HY^{3-}

2. EDTA在pH>10.3的溶液中，主要以哪种形式存在（　　）

A. H_4Y　　B. H_2Y^{2-}　　C. Y^{4-}

D. HY^{3-}　　E. H_6Y^{2+}

3. 一般情况下，EDTA与金属离子形成的配合物的配合比是（　　）

A. 1∶1　　B. 2∶1　　C. 3∶1

D. 1∶2　　E. 1∶4

4. $\alpha_{M(L)}=1$ 表示（　　）

A. M与L没有副反应　　B. M与L的副反应相当严重

C. M的副反应较小　　D. [M]=[L]

E. 酸效应很小

5. EDTA与金属离子作用时，$\alpha_{Y(H)}$ 表示为（　　）

A. 稳定常数　　B. 条件稳定常数　　C. 配位效应系数

D. 酸效应系数　　E. EDTA解离常数

6. 金属指示剂必须具备的主要条件是 K'_{MY} 与 K'_{MIn} 之比大于（　　）

A. 2　　B. 100　　C. 5
D. 6　　E. 10

7. 配位滴定直接滴定法终点所呈现的颜色是（　　）

A. 游离金属指示剂的颜色
B. EDTA 与待测金属离子形成配合物的颜色
C. 金属指示剂与待测金属离子形成配合物的颜色
D. 上述 A 与 C 项的混合色
E. 金属离子的颜色

8. 在 pH＝10 时，铬黑 T 与 Mg^{2+}作用而形成的配合物的颜色为（　　）

A. 酒红色　　B. 蓝色　　C. 橙色
D. 无色　　E. 黄色

9. EDTA 法滴定水中 Ca^{2+}、Mg^{2+}时，需要往被测溶液中加入适量三乙醇胺，其目的（　　）

A. 调节溶液酸度　　B. 掩蔽 Fe^{3+}　　C. 加快反应速度
D. 增加配合物的溶解度　E. 缓冲作用

10. 铝盐药物的测定常用配位滴定法，加入过量 EDTA，加热煮沸片刻后，再用标准锌溶液滴定。该滴定方式是（　　）

A. 直接滴定法　　B. 置换滴定法　　C. 返滴定法
D. 间接滴定法　　E. 混合滴定法

（二）多选题

1. 配位滴定反应应具备的条件（　　）

A. 配位反应必须完全，即生成的配合物具有足够的稳定性
B. 配合物颜色容易判断
C. 反应生成的配合物要溶于水
D. 反应必须按一定的化学反应式定量地进行
E. 反应必须迅速，并有适当指示剂指示终点

2. EDTA 与金属离子配位反应的特点（　　）

A. 计量关系简单　　B. 配合物颜色容易判断　　C. 配位反应速度快
D. 配合物多溶于水　　E. 配合物稳定

3. EDTA 配位反应的副反应系数是（　　）

A. 稳定常数　　B. 配位效应系数　　C. 酸效应系数
D. 条件稳定常数　　E. EDTA 解离常数

4. 常见金属指示剂有（　　）

A. 甲基橙　　B. 铬黑 T　　C. 二甲酚橙
D. 酚酞　　E. 钙指示剂

5. 金属指示剂应具备的条件是（　　）
A. 金属指示剂与金属离子之间的反应要迅速，变色可逆
B. 金属指示剂应易溶于水
C. 金属指示剂与金属离子形成的配合物的颜色应与金属指示剂本身的颜色有明显的不同
D. 金属指示剂能与金属离子形成足够稳定的配合物
E. 指示剂金属配合物 MIn 的稳定性应大于 EDTA 金属配合物 MY 的稳定性

6. 配位滴定常用滴定液有（　　）
A. $KMnO_4$滴定液　　B. EDTA 滴定液　　C. $AgNO_3$滴定液
D. 锌滴定液　　E. 碘滴定液

7. 配位滴定法可以测定下列哪些物质含量（　　）
A. 水的硬度　　B. 乳酸钙中钙的含量　　C. 碳酸钠中碱的含量
D. 硫酸铝中铝的含量　　E. 氯化钠中氯的含量

8. 铝盐药物的测定，加入过量 EDTA，加热煮沸片刻后，再用锌标准溶液滴定。该滴定是（　　）
A. 酸碱滴定　　B. 配位滴定　　C. 沉淀滴定
D. 直接滴定　　E. 返滴定

二、辨是非题

1. 配位滴定法使用有机配位剂。（　　）
2. 配位滴定配制 EDTA 滴定液，用乙二胺四乙酸配制。（　　）
3. 稳定常数越大，配合物越稳定。（　　）
4. pH 越大，酸效应越强。（　　）
5. 金属离子与金属指示剂应该有明显的颜色差别。（　　）
6. 铬黑 T 指示剂适用于酸性或中性溶液。（　　）
7. EDTA 滴定液只能间接配制，用 ZnO 标定。（　　）
8. 金属离子都可以用配位滴定法直接测定其含量。（　　）

三、填空题

1. EDTA 是________的英文缩写，配制 EDTA 标准溶液时，常用________。
2. EDTA 在水溶液中有________种存在形体，只有________能与金属离子直接配位。
3. 溶液的酸度越大，Y^{4-}的分布分数越________，EDTA 的配位能力越________。
4. EDTA 与金属离子之间发生的主反应为________，配合物的稳定常数表达式

为________。

5. 指示剂与金属离子的反应：In（蓝）+M ══ MIn（红），滴定前，向含有金属离子的溶液中加入指示剂时，溶液呈________色；随着 EDTA 的加入，当到达滴定终点时，溶液呈________色。

6. 以 ZnO 基准试剂标定 EDTA 溶液时，一般是以________缓冲溶液调节溶液 pH≈10，并以________为指示剂，滴定至溶液由________色变成________色为终点。

7. 指示剂配合物 MIn 的稳定性应________ EDTA 配合物 MY 的稳定性，二者之间应满足________。

四、简答题

1. EDTA 与金属离子的配位反应有何特点？

2. EDTA 与金属离子配合物的稳定常数与条件稳定常数有什么不同？

3. 金属指示剂的作用原理是什么？

五、计算题

1. 取水样 100.00mL，用氨性缓冲溶液调节 pH≈10，以铬黑 T 为指示剂，用浓度为 0.008826mol/L 的 EDTA 滴定液滴定至终点，消耗 22.58mL，计算水的总硬度（即含 $CaCO_3$mg/L，已知 $M_{CaCO_3}=100.1$g/mol）。

2. 用配位滴定法测定氯化锌（$ZnCl_2$）的含量。称取 0.2500g 试样，溶于水后，稀释至 250mL，吸取 25.00mL，在 pH = 5 ~ 6 时，用二甲酚橙作指示剂，用 0.01024mol/L EDTA 滴定液滴定，用去 17.61mL。试计算试样中含 $ZnCl_2$ 的质量分数。（已知 M_{ZnCl} = 136.3g/mol）。

扫一扫，知答案

第八章

氧化还原滴定法

【学习目标】

掌握高锰酸钾法和碘量法的基本原理、滴定液的配制和应用。

熟悉影响氧化还原反应速率和程度的因素；氧化还原滴定对化学反应的要求；氧化还原滴定法常用的指示剂。

了解氧化还原滴定法的特点和分类；亚硝酸钠法、重铬酸钾法、铈量法的基本原理、优缺点。

氧化还原滴定法是以氧化还原反应为基础的滴定分析法，是滴定分析中广泛应用的方法之一。这种方法可以直接测定具有氧化性或还原性的物质，也可以间接测定一些本身无氧化性或还原性但能与氧化剂或还原剂发生定量反应的物质。

氧化还原反应的反应机理比较复杂，反应速度普遍较慢，且常伴有副反应。氧化还原滴定和其他滴定方法一样，其反应必须符合滴定分析所要求的基本条件，即：①按照化学反应方程式定量进行；②反应速度快；③无副反应发生；④要有简便的方法确定滴定终点。

因此，有一部分氧化还原反应不能直接用于滴定分析。要使氧化还原反应满足滴定分析的要求，必须创造适当的条件，加快反应速度。通常采用下列几种方法来加快反应速度：①增大反应物的浓度；②升高溶液的温度；③使用催化剂。

根据配制滴定液所用氧化剂名称的不同，氧化还原滴定法可分为高锰酸钾法、碘量法、亚硝酸钠法、重铬酸钾法、溴量法及铈量法等。

第一节　高锰酸钾法

一、 高锰酸钾法的基本原理

高锰酸钾法是以高锰酸钾为滴定液的氧化还原滴定方法。$KMnO_4$ 的氧化能力与溶液的酸度有关，在强酸性溶液中表现为强氧化剂，$KMnO_4$ 被还原为 Mn^{2+}；在弱酸性、中性及弱碱性溶液中则表现为弱氧化剂，$KMnO_4$ 被还原成棕色的 MnO_2 沉淀。为了充分发挥其氧化能力，通常高锰酸钾法在强酸性溶液中进行，一般用硫酸来调节酸度，而不能用盐酸和硝酸。

课堂互动

请分析高锰酸钾法中调节溶液酸度常选用硫酸而不选用盐酸或硝酸的原因。

有些物质在常温下和 $KMnO_4$ 反应较慢，为加快反应速度，可在滴定前加热或加入催化剂（如 Mn^{2+}），但在空气中易氧化分解或加热易分解的物质，如亚铁盐、过氧化物等则不能加热。

在实际滴定过程中，$KMnO_4$ 在强酸性溶液中被还原为 Mn^{2+}，Mn^{2+} 对滴定反应具有催化作用。这种催化作用是由反应过程中产生的物质而引起的，称为自动催化现象。

高锰酸钾滴定液本身为紫红色，还原产物为无色，用它滴定无色或浅色溶液时，一般不需另加指示剂，而是以自身的颜色变化来指示终点，称为自身指示剂。

高锰酸钾法的优点是 $KMnO_4$ 氧化能力强，可直接或间接地测定许多无机物和有机物，滴定剂自身可作指示剂。但也存在 $KMnO_4$ 滴定液不够稳定，滴定的选择性差等缺点。

二、 高锰酸钾法滴定液的配制

市售高锰酸钾试剂常含有少量的 MnO_2 及其他杂质，使用的纯化水中也含有少量还原性物质（如尘埃、有机物等），这些物质都能使 $KMnO_4$ 还原，因此 $KMnO_4$ 滴定液不能直接配制，通常先配成近似浓度的溶液，然后再用基准物质标定。

配制时，先称取稍多于理论量的 $KMnO_4$，溶解于一定量的纯化水中，加热煮沸 15 分钟，然后贮存于棕色瓶中密闭放置 7 ~ 10 天，以保证还原性杂质与其完全反应。用微孔玻璃漏斗或用玻璃棉过滤除去 MnO_2 等沉淀，待浓度稳定后方可进行标定。

标定 $KMnO_4$ 溶液的基准物有草酸钠、草酸、硫酸亚铁铵、纯铁丝等，其中常用的是草酸钠，因其不含结晶水、易提纯且性质稳定，在105～110℃下干燥2小时后即可使用。

MnO_4^- 与 $C_2O_4^{2-}$ 的标定反应在 H_2SO_4 介质中进行，其反应式如下：

$$2MnO_4^- + 5C_2O_4^{2-} + 16H^+ \xlongequal{} 2Mn^{2+} + 10CO_2\uparrow + 8H_2O$$

可按式8-1计算 $KMnO_4$ 滴定液的浓度：

$$c_{KMnO_4} = \frac{m_{Na_2C_2O_4}}{\frac{5}{2}V_{KMnO_4}M_{Na_2C_2O_4}} \times 1000 \quad (8-1)$$

标定时应注意控制下列条件：

1. 温度 标定反应开始时速度较慢，须先将溶液加热至65～80℃再进行滴定，并保持滴定过程中溶液温度不低于55℃。注意加热温度不能超过90℃，否则 $H_2C_2O_4$ 分解，导致标定结果偏高。

$$H_2C_2O_4 \xlongequal{\geqslant 90℃} H_2O + CO_2\uparrow + CO\uparrow$$

2. 酸度 溶液应保持适宜的酸度，如果酸度不足，易生成 MnO_2 沉淀，酸度过高则又会使 $H_2C_2O_4$ 分解。一般使用 H_2SO_4 控制酸度为0.5～1mol/L。

3. 滴定速度 MnO_4^- 与 $C_2O_4^{2-}$ 的反应开始时速度很慢，当有 Mn^{2+} 离子生成之后，反应速度逐渐加快。因此，开始滴定时，应该等第一滴 $KMnO_4$ 溶液退色后，再加第二滴。此后，因反应生成的 Mn^{2+} 有自动催化作用而加快了反应速度，随之可加快滴定速度，但也不宜过快。

4. 滴定终点 $KMnO_4$ 自身作指示剂，滴定至溶液呈微红色且30秒不退色即为终点。若放置时间过长，空气中还原性物质能使 $KMnO_4$ 还原而退色。

标定好的 $KMnO_4$ 溶液放置一段时间后，若发现有沉淀析出，应重新过滤并标定。

三、高锰酸钾法的应用

高锰酸钾法应用范围较广，可采用不同方式测定还原性物质、氧化性物质或非氧化还原性物质。

1. 直接滴定法 许多还原性较强的物质，如亚铁盐、草酸盐、双氧水、亚硝酸盐、亚锡酸盐、亚砷酸盐等，均可用 $KMnO_4$ 滴定液直接滴定。

2. 剩余滴定法 某些氧化性物质，如不能用 $KMnO_4$ 滴定液直接滴定，可在硫酸溶液存在下，加入定量过量的草酸钠基准物质或滴定液，加热使其完全反应之后，再用 $KMnO_4$ 滴定液滴定剩余的草酸钠，从而求出被测物质的含量。

3. 置换滴定法 有些不具有氧化性或还原性的物质，不能用直接滴定法或剩余滴定法测定，可采用置换滴定法进行测定。如测定 Ca^{2+} 含量时，首先加入 $H_2C_2O_4$ 将 Ca^{2+} 沉淀为 CaC_2O_4，过滤后，再用稀硫酸将 CaC_2O_4 溶解，然后用 $KMnO_4$ 滴定液滴定溶液中的

$C_2O_4^{2-}$，从而间接求得 Ca^{2+} 的含量。

例如，用高锰酸钾法直接测定双氧水（学名为过氧化氢 H_2O_2）的含量。

在酸性溶液中 H_2O_2 和 MnO_4^- 发生的氧化还原反应为：

$$2MnO_4^- + 5H_2O_2 + 6H^+ \xlongequal{\quad} 2Mn^{2+} + 5O_2\uparrow + 8H_2O$$

此反应在室温下即可顺利进行。滴定开始时反应较慢，随着 Mn^{2+} 生成而加速，也可先加入少量 Mn^{2+} 作为催化剂。

操作步骤：准确量取双氧水试样（3%）5.00mL，置于100mL容量瓶中并稀释至标线，混合均匀。精密吸取稀释试样液25.00mL于锥形瓶中，加3mol/L H_2SO_4 溶液10mL，用0.02mol/L $KMnO_4$ 滴定液滴定至溶液显微红色且30秒不退色即为终点。按式8-2计算双氧水试样中过氧化氢的含量。

$$\rho_{H_2O_2}(g/mL) = \frac{\frac{5}{2}c_{KMnO_4}V_{KMnO_4}M_{H_2O_2}}{V_{试样} \times \frac{25.00}{100.0}} \times 10^{-3} \qquad (8-2)$$

第二节　碘量法

一、碘量法的基本原理

利用 I_2 的氧化性和 I^- 的还原性来进行滴定的分析方法称为碘量法。碘量法通常分为直接碘量法和间接碘量法。

碘量法常用淀粉作指示剂。淀粉遇 I_2 能形成一种深蓝色的可溶性配合物，反应非常灵敏，当溶液中 I_2 的浓度为 10^{-5}mol/L 时，I_2 和淀粉即可显蓝色。直接碘量法所用滴定液中的碘可作自身指示剂，但灵敏性远不如淀粉，故不常用。

（一）直接碘量法

直接碘量法是利用 I_2 的氧化性直接测定还原性物质含量的方法，又称碘滴定法。

凡能被 I_2 直接快速氧化的强还原性物质，可以采用直接碘量法进行测定，如硫化物、亚硫酸盐、维生素C等。

直接碘量法只能在酸性、中性或弱碱性溶液中进行，如果溶液的 pH>9，则会发生下面副反应：

$$3I_2 + 6OH^- \xlongequal{\quad} IO_3^- + 5I^- + 3H_2O$$

使用淀粉指示剂时，直接碘量法应根据蓝色的出现确定滴定终点。

（二）间接碘量法

间接碘量法又称滴定碘法。可以分为置换滴定法和剩余滴定法。

某些氧化性物质，可在一定条件下与I^-定量反应析出I_2，然后用$Na_2S_2O_3$滴定液滴定析出的I_2，这种滴定方式称为置换滴定法。例如，用碘量法测定$KMnO_4$的反应如下：

$$2KMnO_4 + 10KI + 8H_2SO_4 = 5I_2 + 6K_2SO_4 + 2MnSO_4 + 8H_2O$$

$$2Na_2S_2O_3 + I_2 = Na_2S_4O_6 + 2NaI$$

根据硫代硫酸钠滴定液的浓度和消耗的体积，可以计算出氧化性物质的含量。

某些还原性物质，本身与碘反应较慢，为了使其与I_2反应更完全，可使之先与过量的I_2反应，待反应完全后再用$Na_2S_2O_3$滴定液滴定剩余的I_2，这种滴定方式称为剩余滴定法或返滴定法，例如焦亚硫酸钠含量的测定等。

间接碘量法使用淀粉指示剂时，蓝色消失即为滴定终点。应注意，在临近滴定终点时加入淀粉指示剂，以防大量的I_2被淀粉表面吸附过于牢固，导致蓝色消失变得迟钝而产生误差。

间接碘量法应在中性或弱酸性溶液中进行，若在碱性溶液中，除发生上述反应外，还发生如下副反应：

$$S_2O_3^{2-} + 4I_2 + 10OH^- = 2SO_4^{2-} + 8I^- + 5H_2O$$

若在强酸性溶液中，$S_2O_3^{2-}$易分解，同时I^-在酸性溶液中也易被空气中的O_2缓慢氧化。

$$S_2O_3^{2-} + 2H^+ = H_2S_2O_3 = SO_2\uparrow + S\downarrow + H_2O$$

$$4I^- + O_2 + 4H^+ = 2I_2 + 2H_2O$$

为了减小误差，应用间接碘量法时还必须掌握好如下条件：

1. 滴定时应防止I_2的挥发 可加入比理论量多2～3倍的KI，使I_2生成I_3^-配离子，增大I_2的溶解度，减小I_2的挥发；并且反应需在室温条件下进行，对于析出碘的反应最好在碘量瓶中进行并且不要过分振摇。

2. 滴定时应防止I^-被空气中O_2氧化 滴定时应控制溶液酸度不宜过高，酸度越高，O_2氧化I^-的速率越大；间接碘量法I_2析出完成后应立即进行滴定，快滴慢摇；滴定时还应避免阳光直射，并且除去Cu^{2+}、NO_2^-等催化剂，避免I^-加速氧化。

碘量瓶

碘量瓶是间接碘量法用于盛放被滴定试样的专用仪器，其形状与锥形瓶类似，但瓶口呈漏斗状并带有磨砂玻璃塞，以防止定量析出的I_2挥发，便于将磨砂玻璃塞上的I_2洗入碘量瓶。碘量瓶的外形如图8-1所示。

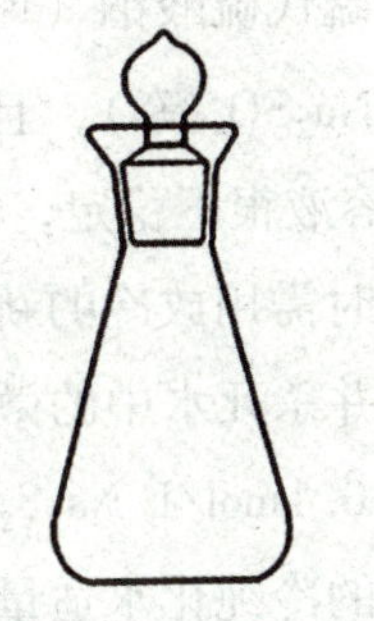

图8-1 碘量瓶示意图

二、 碘量法滴定液的配制

（一）碘滴定液的配制

用升华法可制得纯碘，但因碘具有挥发性和腐蚀性，不宜在电子天平上称量，通常采用间接法配制碘滴定液，即先配制成近似浓度的溶液后，再用基准物质或已知浓度的 $Na_2S_2O_3$ 滴定液进行标定。

配制 0.05mol/L I_2 滴定液。取碘 13.0g，加碘化钾 36g 与纯化水 50mL 溶解后，加盐酸 3 滴，稀释至 1000mL，摇匀，贮存于棕色瓶中凉暗处保存，待标定。为了防止少量未溶解的碘影响浓度，需用垂熔玻璃滤器将碘液滤过后再标定。

标定 I_2 滴定液的方法有两种：

1. 用基准物质标定 标定 I_2 滴定液常用的基准物质是 As_2O_3（砒霜，剧毒）。As_2O_3 难溶于水，但可溶解于 NaOH 溶液中，生成 AsO_3^{3-}：

$$As_2O_3+6OH^- \xlongequal{} 2AsO_3^{3-}+3H_2O$$

标定时，用盐酸中和过量的 NaOH，再加入 $NaHCO_3$ 调节溶液的 pH≈8，用 I_2 滴定液滴定 AsO_3^{3-}：

$$AsO_3^{3-}+I_2+H_2O \xlongequal{} AsO_4^{3-}+2I^-+2H^+$$

根据称取 As_2O_3 质量和滴定时消耗 I_2 滴定液的体积，可计算出 I_2 滴定液的浓度：

$$c_{I_2}=\frac{2m_{As_2O_3}}{V_{I_2}M_{As_2O_3}}\times 1000$$

2. 比较法 所谓比较法，即用已知准确浓度的 $Na_2S_2O_3$ 滴定液滴定待标定的 I_2 滴定液。反应式为：

$$I_2+2S_2O_3^{2-} \xlongequal{} S_4O_6^{2-}+2I^-$$

I_2 滴定液浓度的计算公式为： $c_{I_2}=\dfrac{c_{Na_2S_2O_3}V_{Na_2S_2O_3}}{2V_{I_2}}$

（二）硫代硫酸钠滴定液的配制

市售硫代硫酸钠（$Na_2S_2O_3\cdot 5H_2O$）为无色晶体，容易风化，大多含有杂质（如 S、Na_2SO_3、Na_2SO_4 等），且由于日光和水中嗜硫菌、CO_2、空气中 O_2 的分解作用，使 $Na_2S_2O_3$ 溶液很不稳定，因此 $Na_2S_2O_3$ 滴定液必须采用间接法配制。

配制时需用放冷的新煮沸过的纯化水，并加入少量 Na_2CO_3 使溶液呈微碱性，以除去 O_2、CO_2 并杀死水中的微生物。

配制 0.1mol/L $Na_2S_2O_3$ 滴定液。首先称取硫代硫酸钠晶体 26g 与无水碳酸钠 0.20g，加新沸过的冷纯化水适量使溶解并稀释至 1000mL，摇匀，放置 7～10 天后滤过，然后进行标定。

标定 $Na_2S_2O_3$ 滴定液的方法有两种：

1. 用基准物质标定 标定 $Na_2S_2O_3$ 溶液的基准物质有 $K_2Cr_2O_7$、KIO_3、$KBrO_3$ 等，以 $K_2Cr_2O_7$ 最为常用。标定 0.1mol/L $Na_2S_2O_3$ 滴定液，操作步骤是：精密称取在 120℃ 干燥至恒重的重铬酸钾（$K_2Cr_2O_7$）0.15g，置于碘量瓶中，加 25mL 纯化水使溶解，加过量的碘化钾（KI）2.0g，加 3mol/L H_2SO_4 溶液 10mL，摇匀，盖好瓶塞，在暗处放置 10 分钟后，加 100mL 纯化水稀释，并用少量纯化水冲洗瓶塞，用待标定的 $Na_2S_2O_3$ 溶液滴定至近终点时（浅黄绿色），加淀粉指示剂 3mL（5g/L），继续滴定至蓝色消失而呈亮绿色为滴定终点。根据消耗 $Na_2S_2O_3$ 滴定液的体积 $V_{Na_2S_2O_3}$（mL）与 $K_2Cr_2O_7$ 的质量 $m_{K_2Cr_2O_7}$（g），即可按式 8-3 计算出 $Na_2S_2O_3$ 滴定液的准确浓度。标定时发生的反应为：

$$Cr_2O_7^{2-} + 6I^- + 14H^+ \longrightarrow 2Cr^{3+} + 3I_2 + 7H_2O$$

$$I_2 + 2S_2O_3^{2-} \longrightarrow 2I^- + S_4O_6^{2-}$$

$Na_2S_2O_3$ 滴定液浓度的计算公式为：

$$c_{Na_2S_2O_3} = \frac{6m_{K_2Cr_2O_7}}{V_{Na_2S_2O_3}M_{K_2Cr_2O_7}} \times 1000 \qquad (8-3)$$

2. 比较法 $Na_2S_2O_3$ 滴定液除了用基准物质进行标定以外，还可以用碘滴定液采用比较法来标定，以确定其准确浓度。

课堂互动

用重铬酸钾作基准物质标定硫代硫酸钠（$Na_2S_2O_3$）滴定液时，为什么在滴定至近终点时加入淀粉指示剂？

三、碘量法的应用

碘量法应用广泛，在氧化还原滴定分析中占有重要地位。可用直接碘量法测定还原性较强的物质，如硫化物、亚硫酸盐、亚砷酸盐、亚锡盐、硫代硫酸盐、维生素 C 等。此外，有些还原性物质，如焦亚硫酸钠、无水亚硫酸钠、亚硫酸氢钠、甲醛、葡萄糖等，为了使其与 I_2 反应更完全，可用剩余滴定法测定。用置换滴定法还可以测定许多氧化性物质，如高锰酸钾、重铬酸钾、过氧化氢、铜盐、漂白粉、葡萄糖酸锑钠等。以下为相关的应用示例。

（一）维生素 C 含量的测定（直接碘量法）

维生素 C（$C_6H_8O_6$）又称抗坏血酸。其分子中的烯二醇基具有较强的还原性，在醋酸溶液中，能被碘氧化成二酮基。其反应为：

CH_2OH
H—C—OH
O
O
H
HO OH

$+ I_2 \longrightarrow$

CH_2OH
H—C—OH
O
O
H
O O

$+ 2HI$

I_2与维生素 C 的反应是等摩尔定量完成，因此，可用直接碘量法测定药片、注射液、水果、橙汁中维生素 C 含量。

操作步骤：取维生素 C 试样约 0.2g，精密称定，加新沸过的冷蒸馏水 100mL 与稀醋酸 10mL 使溶解，加淀粉指示剂 1mL，立即用 0.05mol/L I_2 滴定液滴定，至溶液显蓝色并在 30 秒内不退色即为终点。记录消耗碘滴定液的体积，即可按式 8-4 计算维生素 C 的含量：

$$\omega_{VitC} = \frac{c_{I_2} V_{I_2} M_{C_6H_8O_6} \times 10^{-3}}{m_s} \times 100\% \qquad (8-4)$$

（二）焦亚硫酸钠的含量测定（剩余碘量法）

焦亚硫酸钠（$Na_2S_2O_5$）具有较强的还原性，常用作药物制剂中的抗氧剂，可用剩余碘量法来测定其含量。先加入过量的碘液，然后用 $Na_2S_2O_3$ 滴定液回滴剩余的碘，最后进行空白校正实验。有关反应如下：

$$Na_2S_2O_5 + 2I_2(\text{过量}) + 3H_2O = Na_2SO_4 + H_2SO_4 + 4HI$$

$$I_2(\text{剩余}) + 2Na_2S_2O_3 = Na_2SO_4 + 2NaI$$

操作步骤：精密称定焦亚硫酸钠约 0.15g，置于碘瓶中，精密加入 0.1mol/L 碘滴定液 50mL，密塞，溶解后加盐酸 10mL，用 0.1mol/L $Na_2S_2O_3$ 滴定液滴定，至近终点时，加淀粉指示剂 2mL，继续滴定至蓝色消失，并将滴定的结果用空白试验校正。记录消耗 $Na_2S_2O_3$ 滴定液的体积，即可按式 8-5 计算焦亚硫酸钠的质量分数。

$$\omega_{Na_2S_2O_5} = \frac{\frac{1}{4} c_{Na_2S_2O_3} [V_{Na_2S_2O_3(\text{空白})} - V_{Na_2S_2O_3(\text{回滴})}] M_{Na_2S_2O_5} \times 10^{-3}}{m_s} \times 100\% \qquad (8-5)$$

第三节　其他氧化还原滴定法

一、亚硝酸钠法

亚硝酸钠法是以亚硝酸钠为滴定液的氧化还原滴定分析方法。亚硝酸钠法分为重氮化滴定法和亚硝基化滴定法。

（一）重氮化滴定法

重氮化滴定法是 $NaNO_2$ 滴定液在盐酸条件下，滴定芳香族伯胺类化合物的滴定分析法。反应如下：

$$Ar—NH_2+NaNO_2+2HCl \longrightarrow [Ar—N^+\equiv N]Cl^-+NaCl+2H_2O$$

该类反应称为重氮化反应，故此法称为重氮化滴定法，反应产物为芳伯胺的重氮盐。

进行重氮化滴定时，应注意以下几点：

1. 酸的种类及浓度 一般以 1～2mol/L HCl 介质为宜。

2. 滴定速度与温度 重氮化反应速度随温度升高而加快，但温度过高时重氮盐易分解，且亚硝酸也易分解和逸失。所以一般在 30℃以下进行滴定，最好在 15℃以下。

3. 滴定速度 重氮化反应一般速率较慢，故滴定速度不宜太快，要求慢滴快搅拌。

4. 苯环上取代基团的影响 苯环上，特别是在氨基的对位上有亲电子基团，如 $—NO_2$、$—SO_3H$、—CO、—X 等，可使反应速度加快；若有斥电子基团，如 $—CH_3$、—OH、—OR 等，则会减慢反应速度。

（二）亚硝基化滴定法

亚硝基化滴定法是用 $NaNO_2$ 滴定液在盐酸条件下，滴定芳香族仲胺类化合物的滴定分析法。反应如下：

$$Ar—NHR+NaNO_2+HCl \rightarrow Ar—N(R)—NO+NaCl+H_2O$$

此类反应称为亚硝基化反应，故称为亚硝基化滴定法，其应用不如重氮化滴定法广泛。

亚硝酸钠法终点的确定有外指示剂法和内指示剂法。外指示剂法即 KI-淀粉试纸法；内指示剂法应用较多的是橙黄Ⅳ、中性红、二苯胺、亮甲酚蓝等。由于内、外指示剂均有许多缺点，《中国药典》从 2005 年版开始改用双铂电极法确定滴定终点，即永停滴定法，此法将在第九章第三节中简单介绍。

亚硝酸钠滴定液的配制常采用间接法，标定时常用的基准物质是对氨基苯磺酸。

二、重铬酸钾法

重铬酸钾法是以重铬酸钾为滴定液的氧化还原滴定法。$K_2Cr_2O_7$ 是一种较强的氧化剂，在酸性溶液中可被还原剂还原为 Cr^{3+}。

重铬酸钾的氧化能力不如高锰酸钾强，因此应用范围较窄，但重铬酸钾法具有以下特点：

1. $K_2Cr_2O_7$ 易提纯，可以作为基准物质直接配制滴定液。

2. $K_2Cr_2O_7$ 滴定液非常稳定，保存在密闭容器中，浓度可长期保持不变。

3. $K_2Cr_2O_7$ 的氧化能力较 $KMnO_4$ 弱，室温下不与 Cl^- 反应，因此可在盐酸介质中用 $K_2Cr_2O_7$ 滴定 Fe^{2+}，选择性高。

虽然 $K_2Cr_2O_7$ 本身显橙色，但其还原产物 Cr^{3+} 显绿色，对橙色的观察有严重影响，故不能用自身指示终点，重铬酸钾法常用二苯胺磺酸钠作指示剂，

重铬酸钾法常用于测定 Fe^{2+} 及土壤中有机质和某些有机化合物的含量。

三、 铈量法

铈量法也称硫酸铈法，是以 Ce^{4+} 为滴定液的氧化还原滴定法。Ce^{4+} 在酸性介质中与还原剂作用被还原为 Ce^{3+}。

一般能用 $KMnO_4$ 溶液滴定的物质，都可用 $Ce(SO_4)_2$ 溶液滴定，铈量法具有以下特点：

1. $Ce(SO_4)_2$ 易提纯，可以作为基准物质直接配制滴定液。
2. $Ce(SO_4)_2$ 滴定液很稳定，虽经长时间曝光、加热、放置，均不会导致浓度改变。
3. Ce^{4+} 还原为 Ce^{3+} 只有一个电子转移，无中间价态的产物，反应简单且无副反应。
4. Ce^{4+} 为黄色，Ce^{3+} 为无色，因此 Ce^{4+} 可做自身指示剂，但溶液浓度太稀时淡黄色不易判断，通常选用邻二氮菲亚铁做指示剂。
5. Ce^{4+} 易水解，不适于在中性或碱性介质中进行。

铈量法可直接测定一些金属的低价化合物、过氧化氢以及某些有机还原性物质，如甘油、酒石酸、硫酸亚铁片、硫酸亚铁糖浆等。

复习思考

一、选择题

（一）单选题

1. 不影响氧化还原反应速率的因素有（　　）

A. 浓度　　B. 压力　　C. 温度
D. 催化剂　　E. 副反应

2. 下列滴定法中，不用另外加指示剂的是（　　）

A. 重铬酸钾法　　B. 亚硝酸钠法　　C. 碘量法
D. 高锰酸钾法　　E. 硫酸铈

3. 用草酸钠标定高锰酸钾溶液，可选用的指示剂是（　　）

A. 铬黑 T　　B. 淀粉　　C. 自身指示剂
D. 二苯胺　　E. 邻二氮菲亚铁

4. 高锰酸钾法测定过氧化氢含量时，调节酸度时应选用（　　）

A. HAc　　B. HCl　　C. HNO_3

D. H_2SO_4　　E. H_3PO4

5. 配置 $Na_2S_2O_3$滴定液时，应当用新煮沸并冷却的纯水，其原因是（　　）

A. 使水中杂质都被破坏掉　　B. 杀死细菌、除去 CO_2和 O_2

C. 使纯化水更加纯净　　D. 提高硫代硫酸钠的还原性

E. 使淀粉指示剂变色更敏锐

6. 碘量法应该在何种介质中滴定（　　）

A. 强酸性溶液中　　B. 中性、弱酸性溶液中

C. 强碱性溶液中　　D. 酸性、中性、弱碱性溶液中

E. 中性、碱性溶液中

7. 下列说法不正确的是（　　）

A. Mn^{2+}对滴定反应具有催化作用

B. $KMnO_4$滴定液可用作自身指示剂

C. $KMnO_4$溶液滴定 $H_2C_2O_4$时，不能加热，否则草酸会分解

D. $NaNO_2$滴定法常用永停滴定法确定终点

E. 间接碘量法又称为滴定碘法

8. 标定 $Na_2S_2O_3$溶液时，可选用的基准物质是（　　）

A. $KMnO_4$　　B. 纯 Fe　　C. $K_2Cr_2O_7$

D. 维生素 C　　E. 焦亚硫酸钠

9. 间接碘量法中加入淀粉指示剂的适宜时间是（　　）

A. 滴定至近终点时加入　B. 滴定一半时加入

C. 滴定开始之前加入　D. 滴定达到化学计量点之后加入

E. 可以随时加入

（二）多选题

1. 配制 I_2滴定液时，下列叙述正确的是（　　）

A. 由于 I_2易挥发、腐蚀性强，故不宜在分析天平上称量

B. I_2应先溶解在浓 KI 溶液中，再稀释至所需体积

C. 一般以 As_2O_3为基准物标定 I_2滴定液

D. 应在碘量瓶中进行滴定

E. 配制好的溶液应存放在棕色试剂瓶中

2. 关于高锰酸钾法，下列说法正确的是（　　）

A. 第一滴 $KMnO_4$溶液滴下，褪色很慢，以后逐步变快

B. $KMnO_4$溶液配制好必须马上标定

C. 测定双氧水时，必须加热到65℃

D. $KMnO_4$氧化性强，通常用间接法配制 $KMnO_4$滴定液

E. 测定无色试样时，一般不需要另加指示剂

3. 标定 $KMnO_4$滴定液时，下列叙述正确的是（　　）

A. 常以 $Na_2C_2O_4$为基准物

B. 一般控制［H^+］=1mol/L 左右

C. 不用另外加指示剂

D. 在常温下反应速度较快

E. 标定时将溶液加热至60～80℃

二、辨是非题

1. 高锰酸钾不稳定，只能用间接法配制高锰酸钾滴定液。（　　）
2. 配制碘滴定液时，常常加入碳酸氢钠调节酸碱性。（　　）
3. 间接碘量法的滴定液是硫代硫酸钠溶液。（　　）
4. 间接碘量法滴定终点的颜色变化是蓝色消失。（　　）
5. 亚硝酸钠法是测定亚硝酸钠的有效方法。（　　）
6. 很多氧化还原反应不能直接用于滴定分析。（　　）

三、填空题

1. 高锰酸钾法中使用的指示剂一般为________，碘量法中使用的指示剂为________。

2. 草酸钠标定高锰酸钾的实验条件是：用________调节溶液的酸度，用________作催化剂，溶液温度控制在________，指示剂是________，终点时溶液由________色变为________色。

3. 碘滴定法常用的滴定液是________溶液。滴定碘法常用的滴定液是________溶液。

4. 配制 I_2 滴定液时，必须加入 KI，其目的是________和________。

5. 碘量法分析中所用的滴定液为 I_2 和 $Na_2S_2O_3$。配制 I_2 液时，为了防止 I_2 的挥发，通常需加入________使其生成________。而配制 $Na_2S_2O_3$ 时需加入少量________。

6. 用 $K_2Cr_2O_7$ 为基准物标定 $Na_2S_2O_3$ 时，滴定反应式为________，这种滴定方式称为________（直接或间接）滴定法，滴定中用________做指示剂。

四、简答题

1. 应用于氧化还原滴定法的反应需具备什么条件？

2. $KMnO_4$ 滴定液如何配制？用 $Na_2C_2O_4$ 标定 $KMnO_4$ 需控制哪些实验条件？

3. 比较直接碘量法和间接碘量法在使用淀粉指示剂时的区别？

五、计算题

1. 称取纯铁丝 0.1658g，加稀 H_2SO_4 溶解后并处理成 Fe^{2+}，用 $KMnO_4$ 滴定液滴定至终点，消耗 27.05mL 滴定液。计算 $KMnO_4$ 滴定液的浓度。(已知 $M_{Fe}=55.85$)。

2. 称取 0.2495g 含草酸试样，用 $KMnO_4$ 滴定液（0.02083mol/L）滴定至终点时消耗 24.35mL，计算 $H_2C_2O_4 \cdot 2H_2O$ 的质量分数。(已知 $M_{H_2C_2O_4 \cdot H_2O}=126.0$)。

扫一扫，知答案

第九章
电化学分析法

【学习目标】

掌握电化学基本知识、直接电位法的基本原理。

熟悉常用的酸度计，参比电极、指示电极和复合电极。

了解电极电位基本知识。

电化学分析法是根据溶液中待测组分的电化学性质及其变化规律而建立起来的一类仪器分析方法。这类方法都是将试样溶液以适当的形式作为化学电池的一部分，根据被测组分与某种电学量（电位、电导、电流、电阻、电量等）之间的计量关系来求得被测组分的浓度。本章重点介绍电化学基础知识和直接电位法的基本原理，为进一步学习其他电化学分析方法奠定基础。

电化学分析法的分类

根据测定的电学量不同，电化学分析法可分为四大类，一是电位法，包括直接电位法和电位滴定法；二是电导法，包括电导分析法和电导滴定法；三是伏安法，包括极谱法、溶出法和永停滴定法。四是电量法，包括电重量法、库仑法和库仑滴定法。

第一节　电化学基础知识

一、原电池

原电池是将化学能转变成电能的装置。它通过化学反应，消耗某种化学物质，输出电能。

以 Cu-Zn 原电池为例，如图 9-1 所示，在两个烧杯中分别加入硫酸锌（$ZnSO_4$）溶液和硫酸铜（$CuSO_4$）溶液，在盛有 $ZnSO_4$ 溶液的烧杯中插入锌（Zn）片，组成了锌电极，在盛有 $CuSO_4$ 溶液的烧杯中插入铜（Cu）片，组成了铜电极，在两个烧杯的溶液之间用一个盐桥（装满饱和氯化钾溶液和琼脂的玻璃管）连接，这样就构成了 Cu-Zn 原电池。若用一个检流计将这个原电池的 Zn 片和 Cu 片串联起来，则检流计的指针会发生偏转，说明电路中产生了电流。

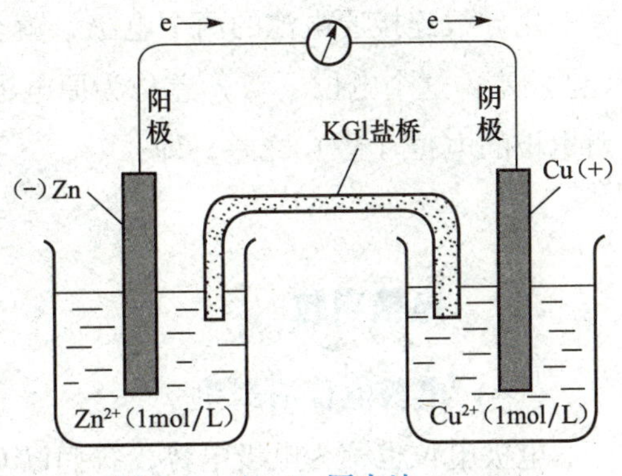

图 9-1　Cu-Zn 原电池

电化学上规定：电子流出的电极称为负极，电子进入的电极称为正极。电子流动的方向与电流（正电荷）流动的方向相反。同时还规定：发生氧化反应的电极为阳极，发生还原反应的电极称为阴极。

Cu-Zn 原电池的 Zn 电极有电子流出，是负极；该电极发生了氧化反应，是阳极。电极反应如下：

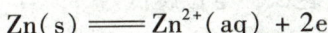

$$Zn(s) = Zn^{2+}(aq) + 2e$$

Cu-Zn 原电池的 Cu 电极有电子流入，是正极；该电极发生了还原反应，是阴极。电极反应如下：

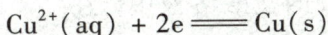

$$Cu^{2+}(aq) + 2e = Cu(s)$$

电流流动的方向与电子流动的方向恰恰相反。

电极由物质的两种（一对）型态组成，一种是氧化型，另一种是还原型。所以，电极也称为电对，或半电池。电极可用电极符号表示，如 Zn 电极可表示为 Zn^{2+}/Zn，Cu 电极可表示为 Cu^{2+}/Cu。

书写电极符号的规则是：物质的氧化型写在左边，还原型写在右边。氧化型和还原型之间用斜线隔开。

电极上发生的反应称为电极反应，或半电池反应。电池的两个电极反应相加，即是电池发生的总反应，称为电池反应。Cu-Zn 原电池的电池反应为：

$$Zn(s) + Cu^{2+}(aq) = Zn^{2+}(aq) + Cu(s)$$

原电池可用电池符号表示，如 Cu-Zn 原电池可表示为：

$$(-)Zn(s) \mid ZnSO_4(c_1) \parallel CuSO_4(c_2) \mid Cu(s)(+)$$

书写电池符号的规则是：从左到右依次写出负极、盐桥、正极。负极和正极分别用（-）和（+）标出；组成电极的两种物质型态之间通常有一个界面，如固-液界面、液-液界面、气-固界面或气-液界面等，这些界面用单竖线表示；两个电极之间的盐桥用双竖线表示。同时，还要标出参加电池反应的固体状态、溶液浓度和气体分压等。

用导线连接原电池的两个电极，就会产生电流，说明在两极之间存在着一定的电位（势）差，这个电位（势）差称为原电池的电动势。换句话说，原电池的电动势等于正、负电极的电位（势）之差，即：

$$E = \varphi_{(+)} - \varphi_{(-)} \qquad (9-1)$$

二、电极电位

（一）电极电位的产生

电极电位也称为电极电势，我们以 Cu-Zn 原电池为例说明之。对于 Zn 电极来说，金属 Zn 表面保留相应数量的自由电子，金属 Zn 表面附近的溶液中存在一定数量的 Zn^{2+}，使金属与溶液之间出现了电位差，也就是电极电位，用 $\varphi_{Zn^{2+}/Zn}$ 表示。同理，Cu 电极也能够产生相应的电极电位，用 $\varphi_{Cu^{2+}/Cu}$ 表示。

电极不同，其电极电位一般不同。电极电位有差别，表明不同电极得失电子的能力有差别。电极电位的高低（大小）取决于物质的本性，并受到电极反应条件（温度、浓度、压力等）影响。在同一种金属电极中，金属离子浓度越大，电位越高，浓度越小，电位越低；温度越高，电位越高，温度越低，电位越低。

（二）标准氢电极

标准氢电极是将镀有铂黑的铂片插入氢离子浓度（严格说是活度）为 1mol/L 的盐酸溶液中，在 298.15K（25℃）温度条件下，用压力为 101.33kPa 的高纯氢气不断冲击铂片，使铂黑电极吸附氢气达到饱和，这种状态下的氢电极称为标准氢电极（standard hydrogen electrode，缩写 SHE），如图 9-2 所示，其电极反应为：

$$H^+ + 2e \longrightarrow H_2$$

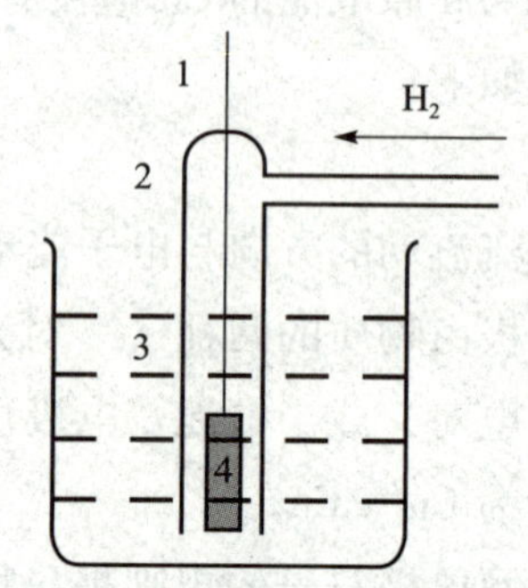

图 9-2 标准氢电极示意图

1. 导线 2. 玻璃管 3. $[H^+]=1.00$mol/L 的盐酸 4. 镀铂黑的铂片

国际上规定，标准氢电极的电极电位为零，即 $\varphi^{\ominus}_{H^+/H_2} = 0.000V$。

知识链接

标准电极

通常把气体压力为 101.33kPa（1 个大气压）、温度为 298.15K（25℃）、组成电极的离子浓度（严格说是活度）为 1mol/L 的状态称为标准状态。处于标准状态的电极称为标准电极。

（三）标准电极电位

在标准状态下，电极的电极电位称为标准电极电位，常用符号 $\varphi^{\ominus}$ 表示。单个电极的标准电极电位无法确定，但可以比较两个电极的电极电位的相对高低。通常用标准氢电极与待测的标准电极组成原电池，测量该原电池的电动势，根据式 9-1 可以求得待测的标准电极的标准电极电位。

例如，将标准氢电极与标准锌电极组成原电池，测其电动势 $E=0.760V$。根据金属活动顺序表可知，前者为正极，后者为负极，由式 9-1 可知，标准锌电极的电极电位为 $\varphi^{\ominus}_{Zn^{2+}/Zn}=0.000V-0.760V=-0.760V$。同理，可测得铜电极的标准电极电位为 $\varphi^{\ominus}_{Cu^{2+}/Cu}=0.337V$。依此可以测得其他电极的标准电极电位，详见附录七。

三、能斯特方程

标准电极电位（$\varphi^{\ominus}$）是在标准状态下测定的，如果在非标准状态下，电极电位就会发生改变。德国化学家能斯特（Nernst）将影响电极电位的因素，如温度、压力和参加电极反应的物质浓度（严格讲应为活度）等，概括为定量公式，称为能斯特方程。

例如，Ox/Red 电极的电极反应为：

$$Ox+ne \rightleftharpoons Red$$

在 298.15K（25℃）条件下，其能斯特方程式为：

$$\varphi_{Ox/Red}=\varphi^{\ominus}_{Ox/Red}+\frac{0.0592}{n}\lg\frac{[Ox]}{[Red]} \tag{9-2}$$

式中：$\varphi_{Ox/Red}$——Ox/Red 电极的电极电位；

$\varphi^{\ominus}_{Ox/Red}$——Ox/Red 电极的标准电极电位，可以从文献中查到；

n——电极反应中转移的电子数；

[Ox]——电极反应中氧化型一边有关物质浓度的幂次方之积；

[Red]——电极反应中还原型一边有关物质浓度的幂次方之积，幂的指数就是电极反应中各有关物质的计量系数。若参加电极反应的物质是气体，则用气体的分压代替浓度；若参加电极反应的物质是纯固体、纯液体或溶剂时，则其浓度为 1。

在 298.15K 条件下，对于任何电极来说，都可以根据电极反应列出能斯特方程，并计算其电极电位。

标准电极电位的查阅

一般情况下，从手册或专著中查到的标准电极电位都是 298.15K（25℃）条件下的数据，因此，标准状态的温度条件可以注明，也可以不注明。

例 9-1 在 298.15K（25℃）条件下，试列出电极 AgCl-Ag 的能斯特方程。

解： AgCl-Ag 的电极反应为：

$$AgCl(s) + e \xlongequal{} Ag + Cl^-$$

根据式 9-2 可知，AgCl-Ag 的能斯特方程为：

$$\varphi_{AgCl/Ag} = \varphi^{\ominus}_{AgCl/Ag} + 0.0592\lg\frac{1}{[Cl^-]}$$

例 9-2 298.15K（25℃）条件下，试列出电极 MnO_4^-/Mn^{2+} 的能斯特方程。

解： MnO_4^-/Mn^{2+} 的电极反应为：

$$MnO_4^- + 8H^+ + 5e \xlongequal{} Mn^{2+} + 4H_2O$$

根据式 9-2 可知，MnO_4^-/Mn^{2+} 的能斯特方程为：

$$\varphi_{MnO_4^-/Mn^{2+}} = \varphi^{\ominus}_{MnO_4^-/Mn^{2+}} + \frac{0.0592}{5}\lg\frac{[MnO_4^-][H^+]^8}{[Mn^{2+}]}$$

第二节　直接电位法

直接电位法是通过测量电池电动势来确定待测物质浓度的仪器分析方法，是电位分析方法之一。常用一个电极电位相对稳定的电极（参比电极）和一个电极电位随待测物质浓度变化而变化的电极（指示电极）组成原电池，测量其电动势，根据式 9-1 和式 9-2 即可求算出待测物质浓度。

一、参比电极和指示电极

（一）参比电极

在一定条件下，电极电位已知且基本恒定的电极称为参比电极。最常用的参比电极是饱和甘汞电极（SCE）。

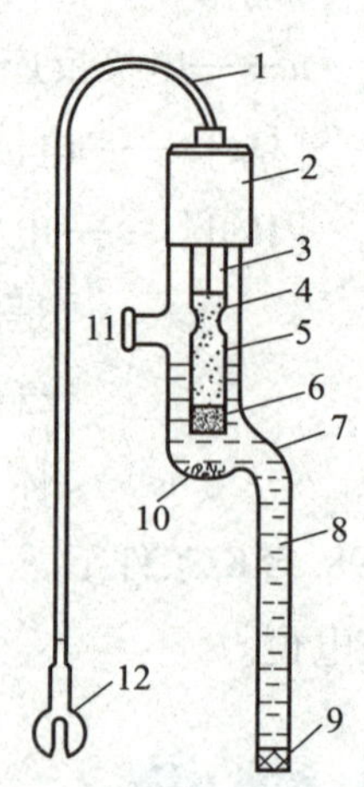

图 9-3　饱和甘汞电极示意图

1. 电极引线　2. 电极帽　3. 铂丝　4. 汞　5. 汞-甘汞糊　6. 石棉塞　7. 玻璃外管　8. 饱和 KCl 溶液　9. 素烧瓷　10. KCl 晶体　11. 加液口　12. 接头

饱和甘汞电极是由金属汞（Hg）、甘汞（Hg_2Cl_2）和饱和 KCl 溶液构成。如图 9-3 所示，电极有内、外两个玻璃管，内管上端封接一根铂丝，铂丝上部与电极导线相连，铂丝下部插入金属汞中，汞层下部是汞和甘汞的糊状物，内玻璃管下端用石棉或纸浆类多孔物堵塞。外玻璃管内充满饱和 KCl 溶液，最下端用素烧瓷芯封紧，素烧瓷芯起到盐桥作用。饱和甘汞电极的实质是 Hg_2Cl_2-Hg 电极。

Hg_2Cl_2-Hg 电极的电极反应及其能斯特方程如下：

$$Hg_2Cl_2(s) + 2e \xlongequal{} 2Hg(s) + 2Cl^-$$

$$\varphi_{Hg_2Cl_2/Hg} = \varphi^{\ominus}_{Hg_2Cl_2/Hg} + \frac{0.0592}{2}\lg\frac{1}{[Cl^-]^2}$$

298.15K（25℃）条件下，饱和 KCl 溶液中［Cl^-］为定值，饱和甘汞电极的电极电位也为定值，即 0.2412V。

（二）指示电极

电极电位随待测离子浓度的变化而变化的电极称为指示电极。测定溶液的 pH 一般用玻璃电极（GE）作为指示电极。

玻璃电极是在一支厚玻璃管下端接一个特殊玻璃球膜，膜的厚度约为 0.2mm，玻璃球中装有一定 pH 的缓冲溶液，再插入一根涂有氯化银（AgCl）的银丝（Ag）作为内参比电极，如图 9-4 所示。

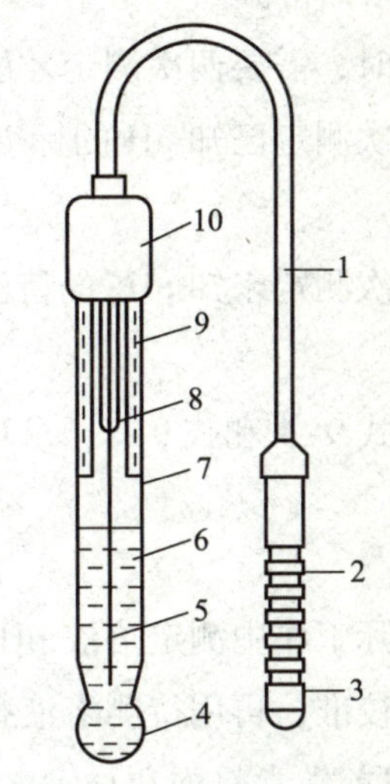

图 9-4　玻璃电极示意图

1. 绝缘屏蔽电缆　2. 电极插头　3. 金属接头　4. 玻璃球膜　5. 内参比电极　6. 缓冲溶液　7. 厚玻璃管　8. 支管圈　9. 屏蔽层　10. 塑料电极帽

在 298.15K（25℃）条件下，玻璃电极中的 Ag-AgCl 电极具有恒定的电极电位，玻璃球膜的电位仅决定于膜内、外的［H^+］，可以推算出玻璃电极的电极电位为：

$$\varphi_{玻} = K_{玻} - 0.0592\text{pH} \qquad (9-3)$$

对于确定的玻璃电极来说，$K_{玻}$ 为常数。可见，玻璃电极的电极电位 $\varphi_{玻}$ 仅仅与玻璃膜外溶液的［H^+］有关，即与待测溶液的 pH 呈线性关系。

由于玻璃不易导电，电路中的电流极其微弱，所以，电极的导线必须采用绝缘屏蔽电缆，以防外界干扰。另外，玻璃电极在使用前必须在水或标准缓冲液中浸泡 24 小时以上。

课堂互动

试谈谈参比电极、饱和甘汞电极、指示电极、玻璃电极等概念之间的区别与联系。

二、直接电位法测定溶液 pH 的基本原理

直接电位法测定溶液 pH 时，以饱和甘汞电极为参比电极，玻璃电极为指示电极，将这两个电极同时插入待测溶液构成原电池，测定其电动势，从而求得待测溶液的 pH。该

原电池的电池符号和电池电动势如下：

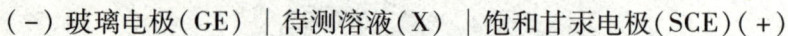

(-) 玻璃电极(GE) | 待测溶液(X) | 饱和甘汞电极(SCE)(+)

$$E=\varphi_{(+)}-\varphi_{(-)}=0.2412-(K_{玻}-0.0592\text{pH})$$

即：

$$E=K+0.0592\text{pH}$$

K 为未知常数。

测定时，需要两次测定才能求算出待测溶液的 pH。

第一次测定已知 pH 的标准缓冲溶液的电池电动势 E_s，则有：

$$E_s=K+0.0592\text{pH}_s \tag{9-4}$$

第二次测定未知 pH_x 的待测液的电池电动势 E_x，则有：

$$E_x=K+0.0592\text{pH}_x \tag{9-5}$$

联立式 9-4 和式 9-5，求算得：

$$\text{pH}_x=\text{pH}_s+\frac{E_x-E_s}{0.0592} \tag{9-6}$$

在实际工作中测定溶液 pH 的仪器自身具备上述运算功能，测定时，先用标准 pH 溶液对仪器校准，再用待测溶液替换标准 pH 溶液进行测定，仪器显示的读数即为待测溶液的 pH。目前常常将饱和甘汞电极和玻璃电极复合在一起，制成一支复合电极，同时具备参比电极和指示电极的功能，使用更加方便。

三、 酸度计

酸度计也称 pH 计，是直接电位法测定溶液 pH 的专用仪器，测定时不受氧化剂、还原剂或其他活性物质的影响，也不受有色物质、胶体溶液或混浊溶液的影响。酸度计操作简便，测定快速准确，应用非常广泛。

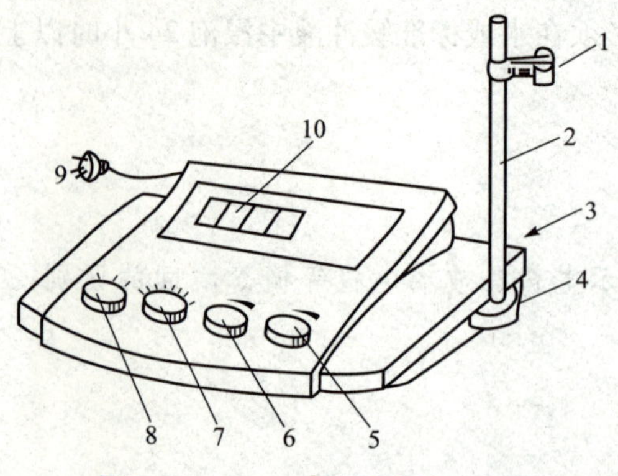

图 9-5 pHS-3C 型酸度计示意图

1. 电极夹 2. 电极杆 3. 电极插口 4. 电极杆插座 5. 定位调节钮 6. 斜率补偿钮 7. 温度补偿钮 8. 功能选择钮（pH/mV） 9. 电源插头 10. 显示屏

（一）酸度计的使用

常用的酸度计分为笔式（迷你型）、便携式、台式和在线连续监控测量的在线式等多种类型，它们的使用方法大同小异。现以实验室常用的台式酸度计为例加以介绍。例如，pHS-3C 型酸度计如图 9-5 所示。

使用酸度计之前，先将复合电极浸入纯化水或缓冲溶液中浸泡 24 小时以上。用时与仪器连接，接通电源，将酸度计预热 30 分钟。

测定时，首先校准仪器，即第一次测定。用滤纸吸干复合电极上的水分，插入标准缓冲溶液（其 pH 尽量与待测溶液的 pH 接近。如果采用两次校准法，则第二次校准用的标准缓冲溶液，其 pH 应与第一次校准用的标准缓冲溶液 pH 相差 3 个 pH 单位，且待测液的 pH 处于两种标准缓冲溶液 pH 之间），调节仪器的“定位”旋钮，使仪器显示的读数与标准缓冲溶液的 pH 相同。

然后测定待测溶液的 pH，即第二次测定。把复合电极洗净，用滤纸吸干电极上的水分，插入待测溶液，仪器显示的读数即为待测溶液的 pH。

（二）使用酸度计测量溶液 pH 的注意事项

实验室使用的电极都是复合电极，其优点是使用方便，不受氧化性或还原性物质的影响，且平衡速度较快。为了正常发挥电极的优势，必须正确使用并注意养护电极，应注意以下几点。

1. 使用电极前，将电极加液口上所套的橡胶套和下端的橡皮帽取下，以保持电极内氯化钾溶液的液压差，将电极下端置于纯化水或缓冲溶液中浸泡 24 小时以上。

2. 测量过程中，如果更换待测溶液，应用纯化水将电极冲洗干净，并用滤纸吸干，或用待测溶液反复冲洗电极之后，再将电极插入待测溶液，以免交叉污染。

3. 用滤纸吸干水分时，严禁用滤纸擦拭玻璃球膜，以免损坏玻璃薄膜，影响测量精度。

4. 测量较高浓度的溶液时，尽量缩短测量时间，用后仔细清洗电极，防止被测液黏附在电极上而污染电极。

5. 电极不能用于测定含氟离子的溶液，也不能用于强酸、强碱或其他腐蚀性溶液，严禁在脱水性介质如无水乙醇、重铬酸钾等溶液中使用。切忌用洗涤液或其他吸水性试剂浸洗。

6. 用标准缓冲溶液校准仪器、测定待测溶液 pH 时，应在相同温度下操作。

7. 用标准缓冲溶液校准仪器之后，“定位”“斜率”旋钮不能再转动位置，否则应重新操作。

8. 使用电极后，若短时间不用，可将电极充分浸泡在纯化水或缓冲溶液中，若长时间不用，应封住加液口上的橡胶套和电极下端的橡胶帽，妥善储藏。

第三节　电位滴定法和永停滴定法简介

在医药卫生领域，还经常用到其他电化学分析方法，如电位滴定法和永停滴定法等。

一、电位滴定法

（一）基本原理

电位滴定法是根据滴定过程中电池电动势的变化以确定滴定终点的方法。测定时，将适当的参比电极和指示电极插入待滴定的溶液组成原电池，随着滴定剂的不断加入，待测组分浓度不断减小，指示电极的电位不断发生变化，在化学计量点附近，待测组分浓度发生突变，指示电极的电位和电池电动势也发生突变，以此来确定滴定终点。

（二）应用实例

电位滴定法进行酸碱滴定时，通常用饱和甘汞电极作参比电极，用玻璃电极作指示电极，仪器装置如图 9-6 所示。

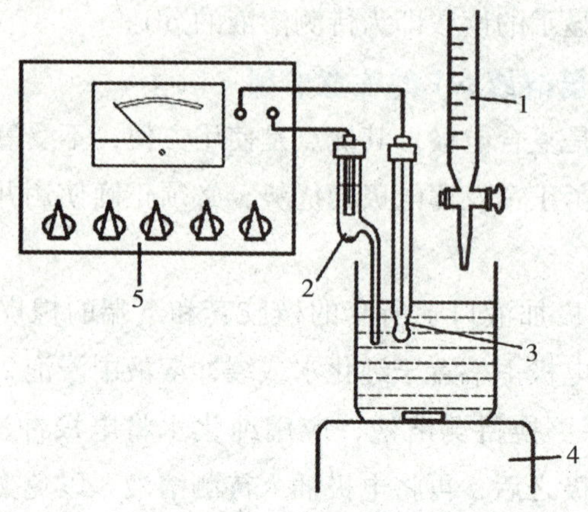

图 9-6　电位滴定仪示意图

1. 滴定管　2. 饱和甘汞电极　3. 玻璃电极　4. 电磁搅拌器　5. pH 计或电位计

在滴定过程中，及时测定原电池的电动势，然后绘制电动势-体积曲线（E-V 曲线），或微商曲线，从而确定滴定终点。

若用饱和甘汞电极作参比电极，用不同的指示电极，还可以进行其他类型的滴定。以铂电极作指示电极，可以进行氧化还原滴定；以汞电极作指示电极，可以进行配位滴定（EDTA 为滴定剂）；以银电极作指示电极，可以进行沉淀滴定（硝酸银滴定卤素离子）。

二、 永停滴定法

（一）基本原理

永停滴定法是根据滴定过程中电解池电流的变化以确定滴定终点的方法。测定时，将两个相同的铂电极插入待滴定的溶液组成电解池，在两电极间外加一小电压（10 ~ 200mV），在电路中串联一个电流计，指示滴定过程中电流的变化。随着滴定剂的不断加入，待测组分和滴定剂的相对浓度不断发生变化，在化学计量点附近，待测组分浓度发生突变，电流计指针突然变动，以此来确定滴定终点。

（二）应用实例

永停滴定法主要用于氧化还原滴定法。《中国药典》（2015 年版）规定，用永停滴定法测定磺胺类药物的含量，仪器装置如图 9-7 所示。

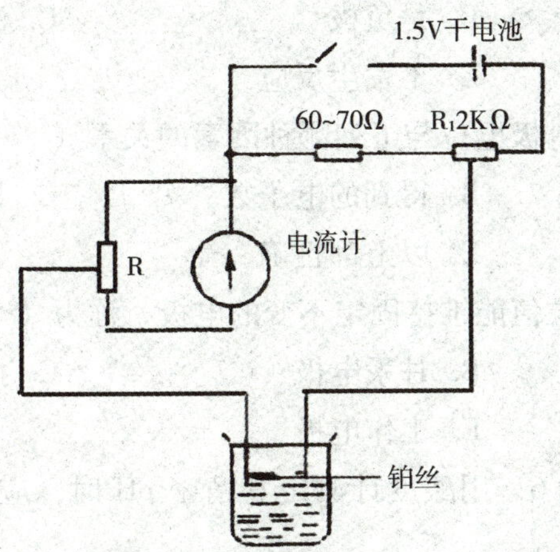

图 9-7　永停滴定仪示意图

目前，自动电位滴定仪和自动永停滴定仪已经普及，在滴定过程中可以自动绘出滴定曲线，自动找出滴定终点，自动给出体积，滴定快捷方便，方法准确可靠。

滴定分析法与电位滴定法、永停滴定法的异同

相同之处：

滴定分析法与电位滴定法、永停滴定法都是通过滴定反应来测定待测物质的浓度或者含量。

不同之处：

滴定分析法是通过指示剂来确定终点，由于计量点和指示剂指示的终点不一致，导致其存在一定误差。

电位滴定法是通过滴定过程中原电池电动势的变化来确定滴定终点；永停滴定法通过滴定过程中电解池电流的变化来确定滴定终点。

相比之下，滴定分析法的滴定误差比较大，电位滴定法和永停滴定法的滴定误差比较小。

复习思考

一、选择题

（一）单选题

1. Cu-Zn 原电池的 Cu 极（　　）

A. 是正极　　B. 是负极　　C. 流出电子
D. 流入质子　　E. 不发生反应

2. 能斯特方程反映了电极电位与下列哪种因素的关系（　　）
A. 标准电极电位　　B. 得到的电子数　　C. 物质浓度
D. 失去的电子数　　E. 以上都正确

3. 在实验条件下，电位值能维持固定不变的电极，称为（　　）
A. 玻璃电极　　B. 甘汞电极　　C. 指示电极
D. 参比电极　　E. 工作电极

4. 待测溶液的 pH 约为 6，用酸度计测定其精密 pH 时，应选择的两个标准缓冲液的 pH 是（　　）
A. 1.68，4.00　　B. 5.00，6.86　　C. 4.00，6.86
D. 6.86，9.18　　E. 3.00，6.86

5. 使用玻璃电极前，需要（　　）
A. 在酸性溶液中浸泡 1 小时
B. 在碱性溶液中浸泡 1 小时
C. 在纯化水中浸泡 24 小时
D. 测量的 pH 不同，浸泡溶液不同
E. 在自来水中浸泡 24 小时

6. 玻璃电极电位在 298.15K（25℃）时与溶液的酸度的关系式为（　　）
A. $\varphi_{玻}=K_{玻}+0.0592\text{pH}$　　B. $\varphi_{玻}=K_{玻}-0.0592\text{pH}$
C. $\varphi_{玻}=K_{玻}-0.0592[H^+]$　　D. $\varphi_{玻}=K_{玻}+0.0592\lg[H^+]$
E. $\varphi_{玻}=K_{玻}-0.0592$

7. Cu-Zn 原电池在放电过程中，下列叙述正确的是（　　）
A. Zn 电极发生氧化反应　　B. Zn 电极发生氧化还原反应
C. Cu 电极发生氧化反应　　D. Cu 电极发生氧化还原反应
E. Zn 电极发生还原反应

（二）多选题

1. 饱和甘汞电极的组成为（　　）
A. 金属汞　　B. 甘汞（Hg_2Cl_2）　　C. KCl
D. H_3PO_4　　E. 少量 KCl 晶体

2. 电位法测定溶液的 pH 常选择的电极是（　　）
A. 玻璃电极　　B. 银-氯化银电极　　C. 饱和甘汞电极
D. 1mol/L KCl 甘汞电极　E. 复合 pH 电极

3. 下列属于参比电极的是（　　）

A. 玻璃电极　　B. 指示电极　　C. 复合电极
D. 饱和甘汞电极　　E. 电极电位恒定的电极

二、辨是非题

1. 原电池正极所发生的反应是氧化反应。(　　)

2. Cu-Zn 原电池的 Zn 电极有电子流入，该电极发生了氧化反应。(　　)

3. 电极电位的高低取决于物质的本性，不受电极反应条件影响。(　　)

4. 最常用的参比电极是饱和甘汞电极。(　　)

5. 直接电位法测溶液 pH 时，以饱和甘汞电极为参比电极，玻璃电极为指示电极。(　　)

6. 酸度计在使用之前，先将复合电极浸入纯化水中浸泡 12 小时以上。(　　)

三、填空题

1. 电化学分析法是根据溶液中待测组分的________及其________而建立起来的一类仪器分析方法。

2. 电极电位随待测溶液中某种组分浓度变化而变化的电极，称为________。

3. 测定溶液 pH 选用的指示电极是________，参比电极是________。

4. 玻璃电极的电极电位表达式为________。

5. 原电池的电动势与两个电极的电极电位之差的关系是________。

6. 在 298.15K（25℃）条件下，标准氢电极的电极电位为________ V，饱和甘汞电极的电极电位为________ V。

7. 玻璃电极在使用前应在________中浸泡________以上。

四、简答题

1. 原电池的正、负极是如何规定的？

2. 什么是参比电极和指示电极？直接电位法测定溶液 pH 时选用什么电极？

3. 测定溶液 pH 时，应用什么溶液浸泡和洗涤玻璃电极？

五、计算题

在 298.15K 条件下，用玻璃电极、饱和甘汞电极、pH 为 4.00 的缓冲溶液组成原电池，用酸度计测得电动势为 0.209V。电池符号如下：

(-) 玻璃电极(GE) | 待测溶液(X) | 饱和甘汞电极(SCE)(+)

在相同条件下，用待测溶液替代缓冲溶液，测得电动势为 0.312V，试计算待测溶液的 pH。

扫一扫，知答案

第十章

紫外-可见分光光度法

【学习目标】

掌握透光率、吸光度的概念；朗伯-比尔定律；紫外-可见分光光度计的基本部件，单组分定量方法。

熟悉摩尔吸光系数意义；吸收曲线，工作曲线；紫外-可见分光光度计的使用作方法。

了解偏离朗伯-比尔定律的主要因素和分析条件的选择。

在仪器分析中，根据待测物质发射或吸收的电磁辐射以及待测物质与电磁辐射的相互作用而建立起来的定性、定量和结构分析方法，统称为光学分析法。紫外-可见分光光度法是最基本的光学分析方法之一，它是根据物质分子对波长为200～760nm范围的电磁波的吸收特性所建立起来的一种定性、定量和结构分析方法。

知识链接

紫外-可见分光光度法的特点

1. 灵敏度高，被测物最低浓度一般为10^{-5}～10^{-6}mol/L，适用于微量或者痕量组分分析。

2. 准确度高，相对误差在1%～5%，能满足对微量组分的分析要求。

3. 仪器设备简单、操作简便、测定快速。

4. 应用范围广，广泛用于药学研究、药品分析、卫生检验、环境分析、科学研究和工农业生产等领域。

第一节 光与物质的相互作用

如果把不同颜色的物质放在暗处，则看不出任何颜色。这说明物质呈现的颜色和光有着密切的关系。一种物质呈现何种颜色，与光的组成和物质本身的结构有关。

一、 光的本质与电磁波谱

（一） 光的本质

从本质上讲，光是一种电磁波，它具有波动性（表现为光的反射、折射、衍射、干涉和偏振等）和粒子性（表现为光具有一定的能量，能够被物质吸收或发射，以及产生光电效应等），即光具有波粒二象性。通常用频率、波长、波数和光速来描述光的波动性，用光的能量来描述光的粒子性。

1. 频率（ν） 单位时间内通过传播方向某一点的波峰或波谷的数目，即单位时间内电磁辐射振动的次数，其单位为赫兹（Hz）。

2. 波长（λ） 相邻两个波峰或波谷之间的直线距离，其单位为米（m）、厘米（cm）、微米（μm）、纳米（nm）等。

3. 波数（σ） 每厘米长度内所含光波的数目，它是波长的倒数，其单位为 cm^{-1}。

4. 光速（c） 光在每秒内传播的距离，其单位为 m/s。实验证明，各种不同的光（不同波长的电磁波）在真空中的传播速度是相同的，都等于 2.99795×10^{8}m/s。在其他透明介质中，不同的光的光速（均小于真空光速）随着波长、介质的不同而不同。

波数、波长、光速和频率之间的关系为：

$$\sigma = \frac{1}{\lambda} = \frac{\nu}{c} \quad (10-1)$$

5. 光能（E） 是指光所具有的能量，其单位为焦耳（J）。光波是高速传播的粒子流，不同波长的光具有不同的能量，光能（E）的大小与光的波长（λ）成反比，与光的频率（ν）成正比，即：

$$E = \mathrm{h}\nu = \mathrm{h}\frac{c}{\lambda} \quad (10-2)$$

式 10-2 中，h 为普朗克常数，其值等于 6.6262×10^{-34}J·s。

当一定波长的光与物质发生相互作用时，物质就会表现为吸光或发光，其实质是光与物质发生了能量交换。

（二） 电磁波谱

把电磁波按照波长大小顺序排列起来，就称为电磁波谱。紫外光、可见光和红外光仅是电磁波谱中的一部分。

人的视觉所能感觉到的光称为可见光，波长范围为400～760nm，人的眼睛感觉不到的还有红外光（波长大于760nm）、紫外光（波长小于400nm）等。图10-1为几种光的波长范围。

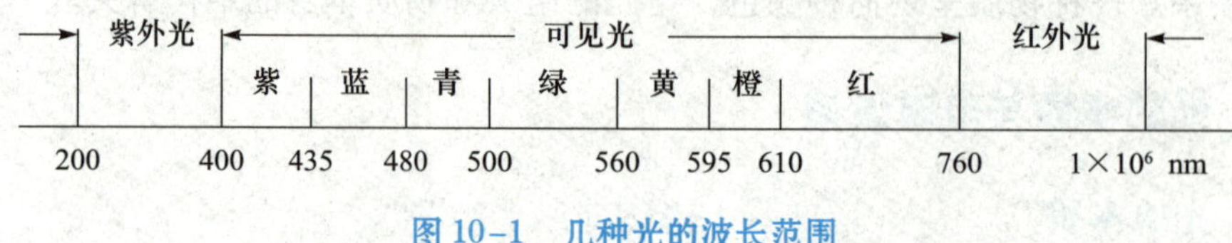

图10-1　几种光的波长范围

在可见光区，不同波长的光呈不同的颜色，但各种有色光之间并没有严格的界线，而是由一种颜色逐渐过渡到另一种颜色。

二、单色光与复合光

具有单一波长的光称为单色光。由不同波长的光组成的光称为复合光。实验证明，白光（如日光、白炽电灯光、日光灯光等）属于复合光，它是由各种不同波长的光按一定强度比例混合而成的。如果让一束太阳光通过棱镜，便可分解为红、橙、黄、绿、青、蓝、紫七种颜色的光，这种现象称为光的色散。

两种适当颜色的单色光按一定强度比例混合可成为白光，这两种单色光称为互补色光。如图10-2所示，同一直线上对应的两种色光为互补色光，如绿光和紫光是互补色光。

图10-2　光的互补色示意图

三、溶液的颜色

溶液所呈现颜色是因为溶液吸收了白光中的一种或数种色光，而呈现出其对应的互补色光。例如高锰酸钾溶液因吸收了白光中的绿色光而呈紫色。

同理，当一束白光通过某溶液时，如果该溶液对可见光区各波长的光都不吸收，即入射光全部通过溶液，这时看到的溶液是无色透明的。当该溶液对各种波长的光完全吸收，则看到的溶液呈黑色。若该溶液对各种波长的光吸收程度相同，则溶液灰暗透明。

物质吸收什么波长的光，取决于物质自身的结构。换句话说，物质的结构不同，能够与其发生相互作用的光的波长不同。

课堂互动

一束白光透过蓝色硫酸铜溶液后，何种颜色的光被吸收了？何种颜色的光几乎不被吸收？

第二节 紫外-可见分光光度法的基本原理

一、透光率和吸光度

（一）透光率

当一束单色光照射到均匀而无散射的溶液时，一部分光被溶液吸收，另一部分光透过溶液。假设 I_o 为入射光的强度，I_a 为溶液吸收光的强度，I_t 为透过光的强度，如图 10-3 所示。

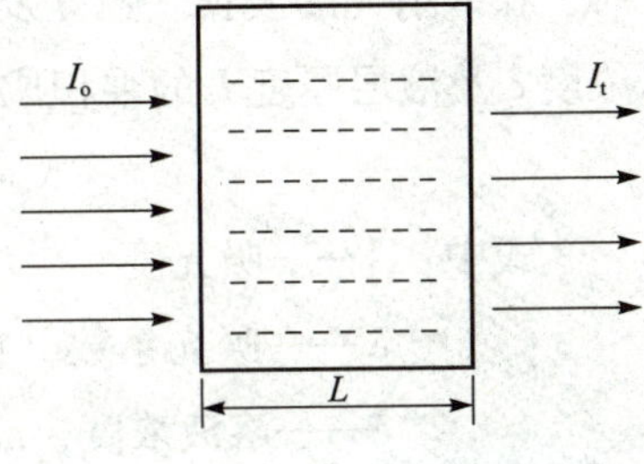

图 10-3 光束照射溶液示意图

则：

$$I_o = I_a + I_t \tag{10-3}$$

当入射光的强度 I_o 一定时，溶液吸收光的强度 I_a 越大，溶液透过光的强度 I_t 越小，表明溶液对光的吸收程度越大。

透射光强度（I_t）与入射光强度（I_o）的比值称为透光率或透光度，用 T 表示，即：

$$T = \frac{I_t}{I_o} \times 100\% \tag{10-4}$$

透光率常以百分率表示，称为百分透光率；溶液的百分透光率越大，表明它对光的吸收越弱；反之，T 越小，表明它对光的吸收越强。

（二）吸光度

将百分透光率（T）的倒数取对数（或将百分透光率 T 取负对数），称为吸光度（A）。即：

$$A = \lg \frac{1}{T} = -\lg T = \lg \frac{I_o}{I_t} \tag{10-5}$$

吸光度（A）值越大，表明溶液对光吸收越强，透光率（T）越小；反之，吸光度（A）值越小，表明溶液对光的吸收越弱，透光率（T）越大。吸光度（A）和透光率（T）都没有单位，可以通过式 10-5 互相换算。

课堂互动

透光率 T 为 10%，其吸光度 A 为多少？吸光度 A 为 0.60，其透光率 T 为多少？

二、 朗伯-比尔定律

朗伯（Lambert）和比尔（Beer）分别于 1760 年和 1852 年研究了有色溶液的吸光度与溶液液层厚度 L 和浓度 c 的定量关系，结合二者的研究成果得到朗伯-比尔定律，又称光的吸收定律，表述为：当一束平行的单色光通过均匀、无散射的含有吸光性物质的溶液时，在入射光的波长、强度及溶液的温度等条件不变的情况下，溶液的吸光度 A 与溶液的浓度 c 及液层厚度 L 的乘积成正比，即：

$$A = KcL \tag{10-6}$$

式中：A——吸光度；

K——吸光系数，在一定条件下为常数；

c——溶液浓度，mol/L 或 g/100mL；

L——液层的厚度，cm。

朗伯-比尔定律不仅适用于可见光，也适用于紫外光和红外光；不仅适用于均匀、无散射的溶液，也适用于均匀、无散射的固体和气体，它是各类分光光度法进行定量分析的理论依据。但它只适用于稀溶液和单色光，若为浓溶液或复合光时，误差较大。

吸光度的加和性

吸光度具有加和性，如果溶液中同时存在多种吸光物质，则测得的吸光度等于各吸光度物质吸光度的总和，即：

$$A_{(a+b+c)} = A_a + A_b + A_c$$

根据吸光度的加和性，有时可以在同一试样中不经分离同时测定两个以上的组分。

三、 吸光系数

朗伯-比尔定律数学表达式中的 K 称为吸光系数，是物质的特征常数之一。其物理意义是吸光物质在单位浓度、单位液层厚度时的吸光度。当溶液的浓度选用不同的表示方法时，吸光系数的表示方法也不同。常用的表示方法有如下两种。

（一）摩尔吸光系数

摩尔吸光系数是指在波长一定时，吸光物质的溶液浓度为1mol/L，液层厚度为1cm时的吸光度，单位为L/(mol·cm)。常用 ε 表示。

$$\varepsilon = \frac{A}{cL} \quad (10-7)$$

式中：ε——摩尔吸光系数；

A——吸光度；

c——溶液的物质的量浓度；

L——液层的厚度。

（二）百分吸光系数或比吸光系数

百分吸光系数是指在波长一定时，吸光物质的溶液浓度为1g/100mL，液层厚度为1cm时的吸光度，单位为100mL/(g·cm)。常用 $E_{1cm}^{1\%}$ 表示。

在药物分析工作中，应用较多的是百分吸光系数。

$$E_{1cm}^{1\%} = \frac{A}{\rho_B L} \quad (10-8)$$

式中：$E_{1cm}^{1\%}$——百分吸光系数；

A——吸光度；

ρ_B——溶液的质量浓度；

L——液层的厚度。

摩尔吸光系数（ε）和百分吸光系数（$E_{1cm}^{1\%}$）之间的换算关系是：

$$E_{1cm}^{1\%} = 10\frac{\varepsilon}{M} \quad 或 \quad \varepsilon = \frac{E_{1cm}^{1\%} \cdot M}{10} \quad (10-9)$$

例 10-1 某化合物的摩尔质量为125g/mol，摩尔吸光系数 2.5×10^5 L/(mol·cm)，配制该化合物溶液1L，将其稀释200倍，于1.00cm吸收池中测得其吸光度0.587，问需要该化合物的质量是多少？

解： 已知 $M=125$g/mol，$\varepsilon=2.5\times10^5$ L/(mol·cm)，$L=1.00$cm，$A=0.587$，$V=1$L。

设需要该化合物的质量为 x。

根据公式 $A=\varepsilon cL$ 得：

$$0.587 = 2.5\times10^5 \times \frac{\frac{x}{125}}{1\times200} \times 1.00$$

解得 $x=0.0587$（g）

答：需要该化合物质量为0.0587g。

例 10-2 用氯霉素（摩尔质量为 323.15g/mol）纯品配制 100mL 含 2.00mg 的溶液，在 1.00 cm 厚的吸收池中，于 278 nm 波长处测得其吸光度为 0.614，试计算氯霉素在 278 nm 波长处的百分吸光系数和摩尔吸光系数。

解：已知 $M=323.15\text{g/mol}$，$\rho_B=2.00\text{mg}/100\text{mL}=2.00\times10^{-3}\text{g}/100\text{mL}$，$A=0.614$，$L=1.00\text{cm}$。

根据公式 $$E_{1\text{cm}}^{1\%}=\frac{A}{\rho_B L}$$

得 $$E_{1\text{cm}}^{1\%}=\frac{0.614}{2.00\times10^{-3}\times1.00}=307[100\text{mL}/(\text{g}\cdot\text{cm})]$$

根据公式 $$\varepsilon=\frac{E_{1\text{cm}}^{1\%}\cdot M}{10}$$

得 $$\varepsilon=\frac{307\times323.15}{10}=9921[\text{L}/(\text{mol}\cdot\text{cm})]$$

答：氯霉素在 278 nm 波长处的百分吸光系数和摩尔吸光系数分别为 307 [100mL/(g · cm)] 和 9921L/(mol · cm)。

吸光系数在一定条件下是一个常数，它与入射光的波长、溶质的本性以及溶液的温度有关，也与仪器的质量优劣有关，它的数值越大，说明有色溶液对光越容易吸收，测定的灵敏度越高。一般 ε 值在 10^3 以上即可用于定量测定。

不同物质对同一波长单色光可以有不同的吸光系数。同一物质对不同波长单色光也会有不同的吸光系数。

四、吸收光谱

吸收光谱又称吸收光谱曲线或吸收曲线，它是在浓度一定的条件下，以波长（λ）为横坐标，以吸光度（A）为纵坐标，所绘制的曲线。例如将不同波长的单色光依次通过一定浓度的高锰酸钾溶液，便可测出该溶液对各种单色光的吸光度。然后以波长（λ）为横坐标，以吸光度（A）为纵坐标，绘制曲线，曲线上吸光度最大的地方称为最大吸收峰，它所对应的波长称为最大吸收波长，用 λ_{max} 表示。一般用物质最大吸收波长（λ_{max}）处的吸光系数作为一定条件下衡量灵敏度的特征常数，图 10-4 为不同浓度高锰酸钾溶液的吸收光谱曲线。

从图 10-4 中四种不同浓度高锰酸钾溶液的吸收光谱曲线可以看出：

1. 高锰酸钾溶液的 λ_{max} 为 525nm，说明高锰酸钾溶液对波长 525nm 附近的绿色光有最大吸收，而对紫色光和红色光则吸收很少，故高锰酸钾溶液显现绿色光的互补色即紫红色。

2. 四种不同浓度的高锰酸钾溶液在相同的波长范围内所形成的吸收峰高度不同，浓度越大，吸收峰越高，即吸光度越大。因此在相同条件下，吸光度的大小与浓度有关。这是分光光度法定量分析的依据。

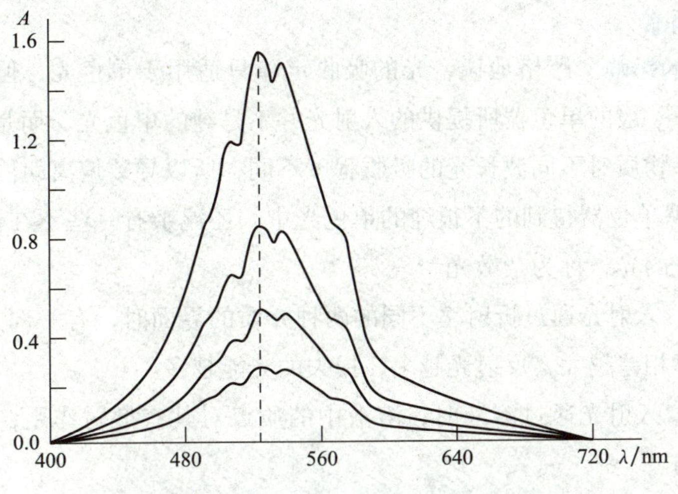

图 10-4　高锰酸钾溶液的吸收光谱曲线

3. 在相同条件下四种不同浓度的高锰酸钾溶液，其吸收光谱曲线的形状非常相似，最大吸收波长相同，说明吸收光谱的形状与溶液中溶质的结构有关。这是分光光度法定性分析的依据。

4. 当溶液的浓度、温度、液层的厚度一定时，溶液对 λ_{max} 的光吸收程度最大。因此，常用 λ_{max} 的光作为测定溶液吸光度的入射光，以获得较高的测定灵敏度。

五、 影响朗伯-比尔定律的主要因素

在定量分析时，如果吸收池的厚度保持不变，按照朗伯-比尔定律，以吸光度对浓度作图，应得到一条通过原点的直线。在实际工作中，很多因素可能导致标准曲线发生弯曲，偏离朗伯-比尔定律，给测定带来误差，如图 10-5 所示。

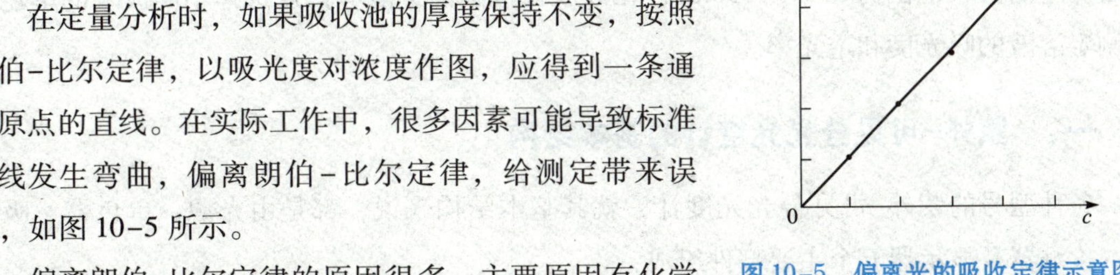

图 10-5　偏离光的吸收定律示意图

偏离朗伯-比尔定律的原因很多，主要原因有化学方面和光学方面的因素。

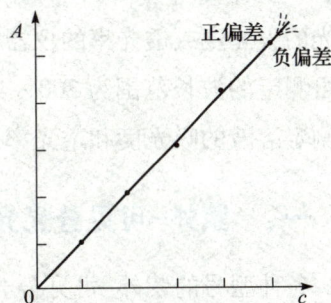

（一）化学因素

严格地说，朗伯-比尔定律只适用于浓度小于 0.01mol/L 的稀溶液。一是因为浓度高时，吸光粒子间的平均距离减小，受粒子间电荷分布相互作用的影响，其摩尔吸收系数发生改变，导致偏离朗伯-比尔定律。二是由于浓度较大时，因溶液对光折射率的显著改变而使观测到的吸光度发生较显著的变化，导致偏离朗伯-比尔定律。

另外，溶液中的吸光物质可因浓度或其他因素改变而发生解离、缔合、形成新化合物或互变异构等化学变化，导致明显偏离朗伯-比尔定律。

（二）光学因素

1. 非单色光的影响 严格地说，光的吸收定律只适用于单色光，但实际上，难以得到纯粹的单色光。一般的单色器所提供的入射光并不是纯的单色光，而是波长范围较窄的复合光。由于同一物质对不同波长光的吸收程度不同，所以导致偏离朗伯-比尔定律。

2. 杂散光 从单色器得到的不很纯的单色光中，还混杂有一些不在谱带宽度范围内、与所需的波长不符的光，称为杂散光。

3. 反射现象 入射光通过折射率不同的两种介质的界面时，有一部分被反射而损失。两种介质的折射率相差越大，反射光越多，损失的光能越多。

4. 散射现象 入射光通过溶液时，溶液中的质点对其有散射作用，造成光的部分损失而使透过光减弱。

5. 非平行光 在实际测定中，通过吸收池的光，并非真正的平行光，而是稍有倾斜的光束，倾斜光通过吸收池的实际光程比垂直照射的平行光的光程长，从而影响 A 的测量值。

第三节 紫外-可见分光光度计

在紫外光区（200～400nm）和可见光区（400～760nm），用于测定待测物质对一定波长光的吸光度或透光率的仪器称为紫外-可见分光光度计。目前常用的紫外-可见分光光度计可测定的波长范围为200～1000nm，在该波长范围内，能够任意选择不同波长的单色光来测定溶液的吸光度和透光率。

一、 紫外-可见分光光度计的基本结构

各种型号的紫外-可见分光光度计，就其基本结构来说，都是由光源、单色器、吸收池、检测器及显示器五个主要部件组成：

（一）光源

光源是提供入射光的部件。要求能够发射出强度足够而且稳定的连续光谱，常用的光源有如下两类：

1. 钨灯或卤钨灯 钨灯又称白炽灯，可以发射波长范围为350～1000nm的连续光谱，用于可见光区的测定。卤钨灯是钨灯灯泡内充入碘或溴的低压蒸气制成的灯，其发光效率

和使用寿命都明显优于钨灯。

2. 氢灯或氘灯 氢灯或氘灯都是气体放电发光体，可以发射波长范围为 150～400nm 的连续光谱，用于紫外光区的测定。

（二）单色器

单色器是将光源发射的复合光色散、分离出单色光的光学装置。其由入射狭缝、准直镜（透镜或凹面反射镜，它可使入射光变成平行光）、色散元件、聚焦元件和出射狭缝等几个部分组成。其核心部分是色散元件，起分光作用。狭缝在决定单色器性能上起着重要作用，狭缝宽度过大时，谱带宽度太大，入射光单色性差；狭缝宽度过小时，又会减弱光强。

色散元件主要有棱镜和光栅。

1. 棱镜 有玻璃和石英两种材料。不同波长的光通过棱镜时有不同的折光率，因而棱镜可将不同波长的光分开。由于玻璃会吸收紫外光，所以玻璃棱镜适用于可见光区，石英棱镜适用于紫外光区。

2. 光栅 光栅是依据光的衍射和干涉原理而制成的，是在高度抛光的玻璃表面上每毫米刻有大约 1200 个等宽、等距的平行条纹的色散元件。它可用于紫外、可见和近红外光谱区域，在整个波长区域中具有良好的、几乎均匀一致的色散率，并且具有适用波长范围宽、分辨本领高、成本低、便于保存和易于制作等优点，所以光栅是目前用得最多的色散元件。光栅也有不足之处，其缺点是形成的各级光谱会重叠而产生干扰。

（三）吸收池

吸收池是用于盛放分析液的器皿，又称比色皿或比色杯。吸收池一般有玻璃和石英两种材质的。玻璃吸收池只能用于可见光区。石英吸收池可用于可见光区及紫外光区。吸收池的大小规格从几毫米到几厘米不等。最常用的是 1cm 的吸收池。为减少光的反射损失，吸收池的光学面必须严格垂直于光束方向。在分析测定过程中，吸收池要挑选配对，使它们的性能基本一致。因为吸收池材料本身及光学面的光学特性以及吸收池光程长度的精确性等，对吸光度的测量结果都有直接影响。吸收池上的指纹、油污或池壁上的沉积物都会影响其透光性，因此，不能用手接触透光面，使用前后必须彻底清洗，并用擦镜纸吸干外壁上黏附的水分。

（四）检测器

检测器是一种光电转换元件，是检测单色光通过溶液后透过光的强度、把光信号转变为电信号的装置。检测器有光电池、光电管和光电倍增管等。

1. 光电池 是一种光敏半导体元件。主要是硒光电池和硅光电池，其特点是不必经过放大就能产生直接推动微安表或检流计的光电流。但由于它容易出现“疲劳效应”、寿命较短而只能用于低档的仪器中。

2. 光电管 光电管在紫外–可见分光光度计上应用很广泛。它以一弯成半圆柱且内表面涂上一层光敏材料的镍片作为阴极，以置于圆柱形中心的一金属丝作为阳极，密封于高真空的玻璃或石英管中构成的。与光电池比较，光电管具有灵敏度高、光敏范围宽、不易疲劳等优点。

3. 光电倍增管 光电倍增管实际上是一种加上多级倍增电极的光电管。与光电管比较，光电倍增管灵敏度更高，对光谱的精细结构有较好的分辨能力。

（五）显示器

显示器就是信号显示系统，其作用是放大信号并以适当的方式显示或记录。常用的信号显示系统有指针式、数字式等。现在许多分光光计配有微电脑处理工作站，一方面可以对仪器进行控制，另一方面可以对数据自动进行处理。

课堂互动

简述分光光度计的主要部件及各部件的作用。

二、常见的紫外-可见分光光度计

（一）722 型可见分光光度计

722 型可见分光光度计的外形如图 10-6 所示。

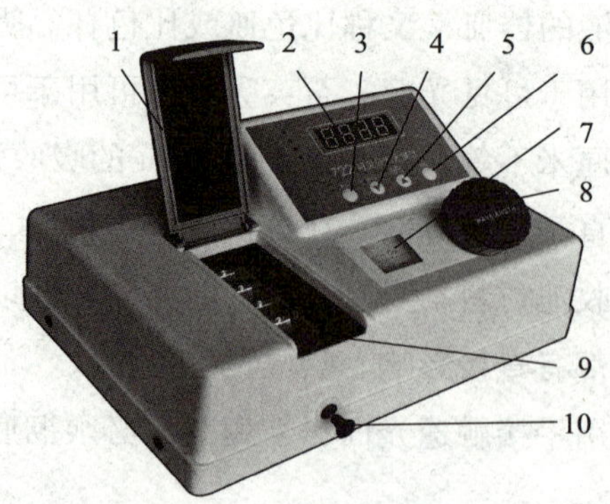

图 10-6 722 型可见分光光度计

1. 试样室盖 2. 数字显示屏 3. 确认键 4. 0% T 键 5. 100% T 键 6. 功能键 7. 波长读数窗 8. 波长旋钮 9. 试样室 10. 试样架推拉杆

722 型可见分光光度计的光源为 12V、25W 的钨灯，可测定的波长范围为 330 ~ 800nm。色散元件为光栅；吸收池由光学玻璃制成，每台配有一套厚度分别为 0.5cm、1.0cm、2.0cm、3.0cm、5.0cm 等规格的吸收池供选用；检测器为真空光电管；显示器为数字式。这种仪器构造简单，单色性差，故常用于可见光区的一般定量分析。

（二）UV755 型紫外-可见分光光度计

UV755 型紫外-可见分光光度计的外形如图 10-7 所示。

UV755 型紫外-可见分光光度计可测定的波长范围为 190～1100nm。自动切换光源，自动控制氘灯和钨灯的开关，自动校准波长等；单色器的色散元件是一个平面光栅；吸收池有玻璃和石英材质的各一套；样品室宽大，可容纳 5～100mm 各种规格的吸收池；采用液晶显示器，可直接显示浓度、吸光度或透光率，也可显示标准曲线，并可选配打印机打印，主机可存储测试数据；USB 数据输出接口，可选配专业软件进行联机操作；薄膜按键，操作简单方便。可测定各种物质在紫外光区、可见光区和近红外光区的吸收光谱，进行各种物质的定性及定量分析。

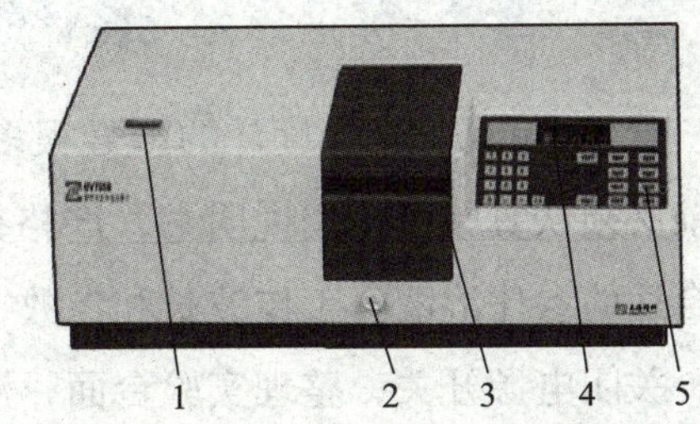

图 10-7　UV755 型紫外-可见分光光度计

1. 波长读数窗　2. 试样架推拉杆　3. 试样室盖　4. 数字显示屏　5. 功能键

（三）T6 紫外-可见分光光度计

T6 紫外-可见分光光度计的外形如图 10-8 所示。

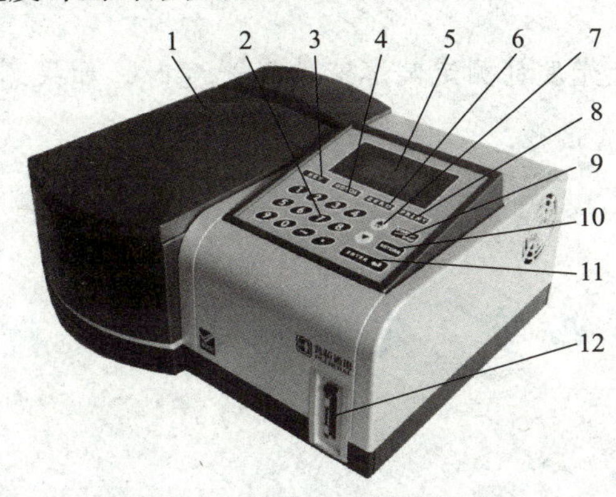

图 10-8　T6 紫外-可见分光光度计

1. 样品室盖　2. 数字键　3. 设置按钮　4. 波长按钮　5. LCD 显示屏　6. 清零键　7. 上下键　8. 打印按钮　9. 读数键　10. 返回按钮　11. 确认键　12. 功能扩展卡

T6 紫外-可见分光光度计可测定的波长范围为 190～1100nm。具有自动切换钨灯、氘灯光源，自动校准波长，自动记录点灯时间等功能；单色器的色散元件是光栅；样品室可容纳 5～100mm 各种规格的吸收池，可支持 8 联池的操作；采用炫彩蓝色 LCD 显示屏，可直接显示浓度、吸光度或透光率，也可显示标准曲线，并可选配打印机打印结果；主机可存储测试数据，也可连接计算机，利用专业软件进行光谱扫描和时间扫描，可对三维谱图进行显示、光照、着色、分层等效果处理，使用该机的功能扩展卡，可进行 DNA/蛋白质、蔬菜农药残留物的定量测定。可在紫外区、可见区和近红外区进行各种物质的定性及定量分析。这种经济型的紫外-可见分光光度计具有超低的杂散光指标。

三、 紫外-可见分光光度计的操作规程

紫外-可见分光光度计的型号很多，操作方法各异。针对具体的仪器，初学者在使用之前必须认真阅读使用说明书，严格按照制造商推荐的方法，开机预热 30 分钟；然后选定合适的参比溶液、工作波长和参数，测定试样溶液的相关数据，并及时记录之；测试完毕，关闭电源开关，整理实验台面，清扫卫生，填写仪器使用登记簿。

在使用紫外-可见分光光度计的过程中，要避免在仪器上方倾倒溶液，以免溅洒损坏仪器。要注意保护吸收池的透光面，避免用手直接触及而留下指纹；如果吸收池外面有残液，则应用镜头纸吸干，切忌摩擦；使用完毕应立即清洗干净，晾干后装入吸收池盒。要保证获得适当的测量数据，通常将吸光度的读数范围控制在 0.2 ~ 0.8 之间，透光率的读数范围控制在 15% ~65% 之间，减小测量的相对误差。

课堂互动

用紫外-可见分光光度计测定某溶液的吸光度时，如果测定值不在 0.2 ~ 0.8 之间，则应该采取什么措施？

第四节 定性和定量分析

一、 定性分析方法

（一）比较吸收光谱的一致性

在相同条件下，分别测定未知物和标准品的吸收光谱曲线，对比二者是否一致。当没有标准品时，可以将未知药物的吸收光谱与权威工具书中收录的该药物的标准图谱进行严格的对照比较。如果这两个吸收光谱曲线的形状和光谱特征（如吸收曲线的形状、肩峰、吸收峰的数目、峰位和强度等）完全一致，则可以初步认为二者是同一化合物。需要注意的是，只有在用其他光谱方法进一步证实后，才能得出较为肯定的结论。因为主要官能团相同的物质，可能会产生非常相似、甚至相同的紫外-可见吸收光谱曲线，所以，吸收光谱曲线相同，可能不一定是同一种化合物。但如果这两个吸收光谱曲线的形状和光谱特征有差异，则可以肯定二者不是同一种化合物。

（二）比较吸收光谱的特征数据

最大吸收波长（λ_{max}）和吸光系数是用于定性鉴别的主要光谱特征数据。在不同化合物的吸收光谱中，最大吸收波长（λ_{max}）可以相同，但因相对分子质量不同，百分吸光系数值会有差别。有些化合物的吸收峰较多，而各吸收峰对应的吸光度或百分吸光系数的比值是一定的，因此，也可以通过比较吸光度或百分吸光系数的比值的一致性，进行定性鉴别。

二、定量分析方法

朗伯-比尔定律是分光光度法定量分析的依据。被测溶液的吸光度与其浓度、液层的厚度之间符合 $A=KcL$ 关系式。在符合光的吸收定律的条件下，选用 λ_{max} 光作为入射光，对标准溶液和试样溶液在相同条件下测出它们的吸光度，即可计算出被测组分的含量。常用的方法主要有三种：

（一）标准曲线法

标准曲线法是分光光度法中最常用的定量分析方法，特别适合于大批量试样的定量测定。具体方法如下：

1. 配制标准系列 若干个相同规格的容量瓶，按照由少到多的顺序依次加入标准溶液，并分别加入等体积的试剂及显色剂，再加溶剂稀释至标线，摇匀备用。

2. 配制试样溶液 另取一个相同规格的容量瓶，精密吸取一定体积的原试样溶液，按照与标准系列相同的操作程序和实验条件，配制一定浓度的试样溶液。

3. 测定标准系列和试样溶液的吸光度 选择合适的参比（空白）溶液，在相同的条件下，以该溶液最大吸收波长（λ_{max}）的光作为入射光，分别测定标准系列各溶液和试样溶液所对应的吸光度。

4. 绘制标准曲线 根据测定结果，以标准溶液浓度（c）为横坐标，所对应的吸光度（A）为纵坐标，绘制吸光度-浓度曲线，称为标准曲线，也称为工作曲线或 $A-c$ 曲线。如图 10-9 所示。

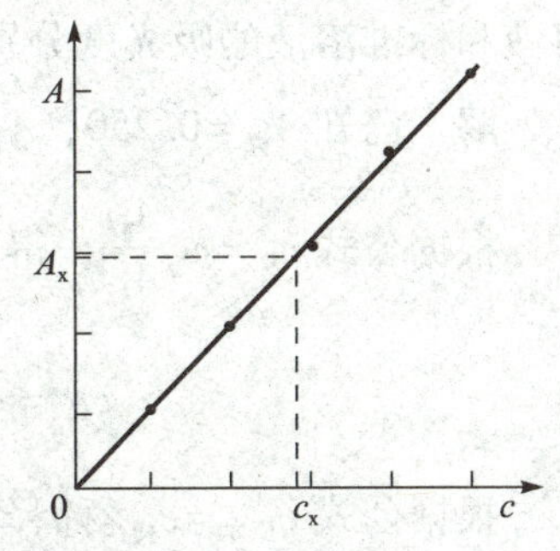

图 10-9 标准曲线（$A-c$ 曲线）

5. 计算原试样溶液的浓度 根据测定的试样溶液的吸光度，在标准曲线上的纵坐标上找到试样的吸光度（A_x），再在标准曲线的横坐标上确定所对应的试样溶液的浓度（c_x），如图 10-9 所示。最后，根据配制试样溶液时所取的原试样溶液的体积以及容量瓶的容积，用下式计算原试样溶液的浓度（$c_{原样}$）。

$$c_{原样} = c_x \times 稀释倍数 \qquad (10-10)$$

使用标准曲线法一般要用 4 ~ 7 个标准溶液，其浓度范围应在溶液的吸光度与其浓度呈线性关系的区间内，且溶液的吸光度（A）最好控制在 0.2 ~ 0.8 范围内。

如果标准系列的浓度适当，测定条件合适，那么理想的标准曲线就是一条通过坐标原点的直线，如图 10-9 所示。在实际工作中，由于单色光不纯、溶液浓度过高或过低、吸光物质性质不稳定等导致偏离光的吸收定律，出现标准曲线在高浓度端发生弯曲现象，如前面述及的图 10-5，将给测定结果带来误差。

（二）标准品对照法

在相同的条件下，配制浓度为 $c_{标}$ 的标准溶液和浓度为 $c_{样}$ 的试样溶液，在最大吸收波长 λ_{max} 处，分别测定二者的吸光度值为 $A_{标}$、$A_{样}$，依据朗伯-比尔定律，则：

$$A_{标} = K_{标}\, c_{标}\, L_{标}$$

$$A_{样} = K_{样}\, c_{样}\, L_{样}$$

由于是同一种物质，用同一台仪器、相同厚度的吸收池在同一波长处测定，其 $K_{标} = K_{样}$，则：

$$c_{样} = c_{标}\frac{A_{样}}{A_{标}} \qquad (10-11)$$

再根据稀释倍数求出原试样液的浓度：$c_{原样} = c_{样}\times$稀释倍数。

一般来说，为了减少误差，标准品对照法配制的标准溶液浓度常与试样溶液的浓度相接近。

例 10-3 精密吸取 $KMnO_4$ 试样溶液 5.00mL，加蒸馏水稀释至 25.00mL。另配制 $KMnO_4$ 标准溶液的浓度为 25.0μg/mL。在 $\lambda_{max}=525nm$ 处，用 1cm 厚的吸收池，测定试样溶液和标准溶液的吸光度分别为 0.220 和 0.250，求原试样溶液中 $KMnO_4$ 的浓度。

解 已知 $A_{标}=0.250$，$A_{样}=0.220$，$c_{标}=25.0$ μg/mL。

根据公式 $c_{样}=c_{标}\frac{A_{样}}{A_{标}}$，得：

$$c_{样} = c_{标}\frac{A_{样}}{A_{标}} = 25.0 \times \frac{0.220}{0.250} = 22.0(\mu g/mL)$$

根据公式 $c_{原样}=c_{样}\times$稀释倍数，得：

$$c_{原样} = c_{样} \times 稀释倍数 = 22.0 \times \frac{25.0}{5.00} = 110(\mu g/mL)$$

答：原试样溶液中 $KMnO_4$ 的浓度为 110μg/mL。

（三）吸光系数法

吸光系数法又称绝对法，是直接利用朗伯-比尔定律的数学表达式 $A=KcL$ 进行计算的定量分析方法。在相关的手册中查出待测物质在最大吸收波长 λ_{max} 处的吸光系数（ε 或 $E_{1cm}^{1\%}$），并在相同条件下测量试样溶液的吸光度 A，则其浓度可根据式 10-7 或式 10-8 计算。

例 10-4 维生素 B_{12} 的水溶液在 $\lambda_{max}=361nm$ 处的百分吸光系数 $E_{1cm}^{1\%}=207$ [100mL/(g·cm)]。若用 1cm 的吸收池，测得维生素 B_{12} 试样溶液在 361nm 波长处的吸光度 $A=0.621$，试求该溶液的质量浓度。

解 已知 $E_{1cm}^{1\%}=207$ [100mL/(g·cm)]，$L=1.00cm$，$A=0.621$。

根据公式 $\rho_B=\frac{A}{E_{1cm}^{1\%}L}$，得：

$$\rho_B=\frac{A}{E_{1cm}^{1\%}L}=\frac{0.621}{207\times1.00}=0.00300(g/100mL)$$

答：该溶液的质量浓度为 0.00300g/100mL。

红外分光光度法

红外分光光度法是利用物质对红外光的吸收光谱而建立起来的分析方法，又称为红外吸收光谱法，用 IR 表示。其特点是光谱与分子结构密切相关，吸收峰既多又密，信息量多，特征性强。主要应用于有机化合物的定性鉴别和结构分析。也可用于定量分析，但其灵敏度、准确度较低。

复习思考

一、选择题

（一）单选题

1. 紫外-可见光的波长范围是（　　）

A. 200～400nm　　B. 400～760nm　　C. 200～760nm

D. 360～800nm　　E. 800～1760nm

2. 下列叙述错误的是（　　）

A. 光的能量与其波长成正比

B. 光的能量与其频率成正比

C. 物质对光的吸收具有选择性

D. 具有单一波长的光称为单色光

E. 有色溶液越浓，对光的吸收也越强烈

3. 关于光的本质，描述正确的是（　　）

A. 本质是单色光　　B. 本质是复合光　　C. 光具有颜色

D. 光具有发散性　　E. 光是电磁波，具有波粒二象性

4. 有色物质的浓度、最大吸收波长、吸光度三者的关系是（　　）

A. 增加、增加、增加　B. 减小、不变、减小　C. 减小、增加、增加

D. 增加、不变、减小　E. 减小、减小、减小

5. 某浓度的溶液在 1cm 吸收池中测得透光率为 T，若浓度增大 1 倍，则透光率为（　　）

A. T^2　B. $\sqrt{T}$　C. $2T$

D. $\frac{1}{2}T$　E. $2T^2$

6. 以下说法错误的是（　　）

A. 吸光度随溶液浓度增加而增加

B. 吸光度随液层厚度增加而增加

C. 吸光度随入射光的波长减小而增加

D. 吸光度随透光率的增大而减小

E. 吸光度与入射光波长的关系无规律可循

7. 下列关于吸收光谱曲线的描述中，不正确的是（　　）

A. 吸收光谱曲线表明了吸光度随波长的变化情况

B. 吸收光谱曲线是以波长为纵坐标、吸光度为横坐标的曲线

C. 吸收光谱曲线中，最大吸收峰对应的波长为最大吸收波长

D. 同一物质不同浓度溶液的吸收光谱曲线形状相似，最大吸收波长相同

E. 吸收光谱曲线是以波长为横坐标、吸光度为纵坐标的曲线

8. 用 1cm 吸收池测定某有色溶液的吸光度为 A，若改用 2cm 吸收池，则吸光度为（　　）

A. $A/2$　B. A　C. $2A$

D. $3A$　E. $4A$

9. 吸收光谱曲线是（　　）

A. 吸光度（A）–时间（t）曲线

B. 透光率（T）–波长（λ）曲线

C. 吸光度（A）–浓度（c）曲线

D. 吸光度（A）–温度（T）曲线

E. 吸光度（A）–波长（λ）曲线

10. 分光光度法中的标准曲线是（　　）

A. 吸光度（A）–时间（t）曲线

B. 吸光度（A）–波长（λ）曲线

C. 吸光度（A）–浓度（c）曲线

D. 吸光度（A）-温度（T）曲线

E. 透光率（T）-波长（λ）曲线

11. 下列说法正确的是（　　）

A. 吸收曲线与物质的性质无关

B. 吸收曲线的基本形状与溶液浓度无关

C. 浓度越大，吸光系数越大

D. 从吸收曲线上可以找到最大吸收波长

E. 吸收曲线是一条通过原点的直线

12. 在紫外光区测定吸光度时，吸收池的材质应该是（　　）

A. 彩色玻璃　　B. 光学玻璃　　C. 透明玻璃

D. 石英　　E. 溴化钾

（二）多选题

1. 在紫外-可见分光光度法中，影响吸光系数的因素是（　　）

A. 溶剂的种类和性质　　B. 溶液的物质的量浓度　　C. 光的波长

D. 吸收池大小　　E. 待测物质的分子结构

2. 在绘制标准曲线和测定试样时，应保持一致的是（　　）

A. 浓度　　B. 液层厚度　　C. 透光率

D. 吸光度　　E. 工作波长

3. 影响摩尔吸光系数的因素是（　　）

A. 温度　　B. 溶剂的种类　　C. 物质的结构

D. 入射光的波长　　E. 溶液的浓度

4. 朗伯-比尔定律通常适用于（　　）

A. 散射光　　B. 单色光　　C. 平行光

D. 折射光　　E. 稀溶液

5. 紫外-可见分光光度法常用的定量分析方法有（　　）

A. 标准曲线法　　B. 酸碱滴定法　　C. 吸光系数法

D. 直接电位法　　E. 标准品对照法

6. 紫外-可见分光光度计的主要部件是（　　）

A. 光源　　B. 单色器　　C. 吸收池

D. 检测器　　E. 显示器

7. 分光光度计常用的色散元件是（　　）

A. 钨丝灯　　B. 棱镜　　C. 检测器

D. 光栅　　E. 光电管

8. 紫外-可见分光光度法可用于某些药物的（ ）

A. 定性分析　　B. 纯度检查　　C. 毒理分析

D. 含量测定　　E. 药理检查

9. 紫外-可见分光光度法定量分析的理论依据是（ ）

A. 吸收曲线和滴定曲线　B. 光的吸收定律　　C. 能斯特方程

D. 可以用分光光度计测定吸光度　　E. 朗伯-比尔定律

10. 下列叙述正确的是（ ）

A. 以最大吸收波长作为入射光　　B. 以复合光作为入射光

C. 选择合适的参比溶液　　D. 在高温下测定吸光度

E. 控制吸光度的读数在0.2～0.8范围之内

二、辨是非题

1. 紫外-可见分光光度法灵敏度高，特别适于测定常量组分。（ ）

2. 光子的能量与频率成反比，与波长成正比。（ ）

3. 高锰酸钾溶液呈紫红色是因为其吸收了可见光中的紫色红光。（ ）

4. 光照射有色溶液时，A 与 T 的关系为 $A=\lg T$。（ ）

5. 某单色光照射某溶液时，若 $T=100\%$，说明该溶液对此光无吸收。（ ）

6. 符合朗伯-比尔定律的某有色溶液，其浓度越大，透光率越大。（ ）

7. 如果吸收池的厚度增加1倍，则溶液的吸光度将减少1倍。（ ）

8. 在一定条件下，ε 和 λ_{max} 只与物质的结构有关，是物质的特性常数。（ ）

9. 吸收曲线的基本形状与溶液浓度无关。（ ）

10. ε 愈大，表明溶液对入射光愈易吸收，测定的灵敏度愈低。（ ）

11. 一般 ε 值在 10^3 以上即可进行分光光度法定量测定。（ ）

12. 摩尔吸光系数与溶液浓度、液层厚度无关，而与入射光波长、溶剂性质和温度有关。（ ）

13. 有色溶液的液层厚度越大，其透光率越大。（ ）

14. 紫外-可见分光光度计光源发出的光经单色器分光，由出射狭缝投射到溶液的光，即为理论上要求的单色光。（ ）

15. 紫外-可见分光光度计可用于定性分析和定量分析。（ ）

三、填空题

1. 已知某有色配合物在一定波长下用2cm吸收池测定时其透光率 $T=0.60$，若在相同条件下改用1cm吸收池测定，吸光度 A 为________；用3cm吸收池测量，透光率 T 又为________。

2. 测量某有色配合物的透光率时，若吸收池厚度不变，当有色配合物浓度为 c 时的透

光率为 T，当其浓度变为原来的三分之一时的透光率为________。

3. 吸收曲线上吸光度最大的地方称为________，它对应的波长称为________，吸收曲线的________和________与物质的分子结构有关，因此，吸收曲线的特征可作为对物质进行________的基础。

4. 对于同一物质的不同浓度溶液来说，其吸收曲线的形状________，最大吸收波长________，只是吸收程度________，表现在曲线上就是曲线的________。

5. 吸收光谱是在浓度一定的条件下，以________为横坐标，以________为纵坐标，所绘制的曲线。

6. 具有单-波长的光称为________，由不同波长组成的光称为________。

7. 紫外-可见分光光度计由________、________、________、________、________五个主要部件组成。

8. 棱镜单色器有玻璃和石英两种材料，玻璃棱镜适用于________，石英棱镜适用于________。

9. 吸收池一般有玻璃和石英两种材质制成。玻璃吸收池只能用于________。石英吸收池可用于________，也可用于________。

10. 分光光度法中常用的定量分析方法主要有三种，分别是________、________、________。

四、简答题

1. 试述朗伯-比尔定律及其数学表达式。

2. 试述偏离朗伯-比尔定律的主要原因。

五、计算题

1. 维生素 B_{12} 标准溶液的浓度为 10.0mg/L，其吸光度为 0.618，有一液体试样，在同一条件下测得吸光度为 0.206，求试样溶液中维生素 B_{12} 的含量（mg/L）?

2. 安络血的相对摩尔质量为 236，将其配成 100mL 含安络血 0.4300mg 的溶液，盛于 1cm 吸收池中，在 $\lambda_{max}=355nm$ 处测得 A 值为 0.483，试求安络血的 ε 值。

扫一扫，知答案

第十一章

经典色谱法

【学习目标】

掌握色谱法的基本概念；吸附色谱法和分配色谱法的分离机制；薄层色谱法的操作方法及其应用。

熟悉色谱法的分类；离子交换色谱法和空间排阻色谱法的分离机制；柱色谱法、纸色谱法的操作方法及其应用。

了解色谱法的由来。

第一节 概 述

色谱分析法简称色谱法，是依据待测物质中各组分的物理或物理化学性质的差异进行分离分析的方法。

一、 色谱法的发展概况

1901 年，俄国植物学家茨维特（Tsweet）着手对植物色素进行提纯与分离。1903 年，他将植物色素的石油醚提取液从装有碳酸钙的直立玻璃柱顶端注入，然后用石油醚淋洗（或称为洗脱），随着石油醚的不断加入，植物色素不断向下移动，由于各种成分的理化性质不同，向下迁移的速度也不同，结果在柱的不同部位呈现出不同颜色的色带，故称为色谱分析法。1906 年，他发表论文将填充有碳酸钙的玻璃管命名为“色谱柱”，将玻璃管内的填充物（碳酸钙）称为“固定相”，在分离过程中，其位置不会移动；将淋洗用的溶剂（石油醚）命名为“流动相”，在分离过程中，其位置不断变化，能够携带试样各组分从柱子一端移向另一端。相与相之间都有一定的界面分开，如互不相溶的固-液两相、液-液两相等。

相

相是指化学组成、理化性质均一的体系。不同相之间一定有明显的分界面，换句话说，相界面两侧的体系具有明显不同的物理性质和化学性质，对同一物质的相互作用明显不同。

虽然色谱方法早已不再仅仅局限于有色物质的分离分析，但“色谱法”一直沿用至今。20 世纪 30 与 40 年代相继出现的薄层色谱和纸色谱，开创了色谱技术发展与应用的新局面。通常将薄层色谱、纸色谱和柱色谱统称为经典液相色谱法。

1952 年，马丁和詹姆斯提出用气体作为流动相进行色谱分离的想法，并在实践中用硅藻土吸附的硅酮油作为固定相，用氮气作为流动相分离了若干种小分子量挥发性有机酸，由此发展成为气相色谱法（GC）。20 世纪 70 年代，有人用高压液体作为流动相进行色谱分离，弥补了气相色谱不能直接分析难挥发、热稳定性差及高分子试样等的不足，使高效液相色谱法（HPLC）迅速崛起。从 20 世纪 60 年代末至今，色谱法的发展日新月异，相继出现了气相色谱法和高效液相色谱法与其他检测技术相结合的各种联用技术、毛细管超临界流体色谱技术、毛细管电泳技术等，这些技术和方法通常称为现代色谱法。

目前，经典液相色谱法和现代色谱法已经广泛应用于医药卫生、石油化工、有机合成、生理生化、生命科学、环境保护，乃至空间探索等诸多领域，解决了科学研究和生产实践中的很多难题。

色谱法与诺贝尔奖

历史上曾经有三位科学家因为在色谱领域的突出贡献而获得诺贝尔化学奖。一是 1948 年瑞典科学家提塞留斯因电泳和吸附分析的研究而获奖；二是 1952 年英国科学家马丁和辛格因发明分配色谱分离法而共同获奖。此外，色谱分析法曾在其他 12 项获得诺贝尔化学奖的研究工作中起到关键作用。

二、 色谱法分离的基本原理

在一定温度下，试样各组分以固定规律分散于互不相溶的固定相和流动相中，达到平衡状态时，某组分在固定相中的浓度（c_s）与其在流动相中的浓度（c_m）之比为常数，称为该组分的“分配系数”，即：

$$K = \frac{c_s}{c_m} \tag{11-1}$$

显而易见，组分不同，其分配系数也不同。当流动相流经固定相的表面时，分配系数 K 较小的组分容易跟随流动相向前移动，即迁移速度较快；而分配系数 K 较大的组分恰恰相反，迁移速度较慢，经过一段时间后，彼此就分离开了。

分配系数的涵义

如前所述，色谱法都有固定相和流动相，如果固定相是固体吸附剂，则物质在固定相和流动相中的浓度之比称为吸附系数 K；如果固定相是某种液态“溶剂”，则物质在固定相和流动相中的浓度之比称为分配系数 K；如果固定相是固体离子交换剂，则物质在固定相和流动相中的浓度之比称为交换系数 K；如果固定相是凝胶，则物质在固定相和流动相中的浓度之比称为渗透参数 K。为了表述方便，通常情况下可以统称为分配系数 K。

三、 色谱法的分类

（一）按流动相与固定相的所处状态分类

1. 气相色谱法（GC） 流动相是气体的色谱法。当固定相是固体吸附剂时，称为气-固色谱；当固定相是液体时，称为气-液色谱。

2. 液相色谱法（LC） 流动相是液体的色谱法。当固定相是固体吸附剂时，称为液-固色谱；当固定相是液体时，称为液-液色谱。

（二）按分离原理分类

1. 吸附色谱法 利用吸附剂表面或吸附剂的某些基团对不同组分吸附能力的差异来达到互相分离目的的色谱法。它包括气-固色谱和液-固色谱，其固定相均为固体吸附剂。

2. 分配色谱法 利用不同组分在固定相和流动相中的溶解度的不同，引起分配系数上的差异来实现分离的色谱法。它包括气-液色谱和液-液色谱，其固定相在操作温度下均为液体。

3. 离子交换色谱法 利用离子交换树脂与溶液中各种离子发生交换反应能力的差异进行分离的色谱法。其固定相为离子交换树脂。

4. 空间排阻色谱法 利用特殊凝胶（固定相）对不同大小分子产生的阻滞差异而进

行分离的色谱法。它又称为凝胶色谱法、分子排阻法或尺寸排阻法，其固定相是凝胶，也称为分子筛。

（三）按操作形式分类

1. 柱色谱法 将固定相装于柱管内构成色谱柱，流动相携带试样自上而下移动的分离方法。

2. 纸色谱法 用滤纸作固定液的载体，点样后用流动相（展开剂）展开使组分互相分离的方法。

3. 薄层色谱法 将固定相涂在玻璃或铝箔板等板上，形成薄层，点样后，用流动相（展开剂）展开的分离方法。

本章主要介绍柱色谱法、纸色谱法、薄层色谱法。

第二节 柱色谱法

一、液-固吸附柱色谱

将固体吸附剂装在管状柱内，用液体作流动相进行洗脱的色谱法称为液-固吸附柱色谱法。吸附剂一般为多孔性微粒状物质，其表面有许多吸附中心。当组分分子占据吸附中心，即被吸附，流动相（洗脱剂）分子从吸附中心置换出被吸附的组分分子时，即为解吸附。吸附剂对不同极性的物质具有不同的吸附能力，其分离过程为吸附-解吸附的过程。在吸附-解吸附的平衡中，不同的物质拥有不同的吸附系数 K，K 值的大小可以说明组分被吸附的情况。通常极性强的组分 K 值大，被吸附得牢固，移动速率慢，在固定相中停留时间长（也称保留时间长），后流出色谱柱。反之，K 值小的组分先流出色谱柱。

例如，将 A、B 混合物的溶液加入到以氧化铝为固定相的色谱柱中，刚开始，A、B 都被吸附在柱上端的氧化铝上，形成起始色带如图 11-1a 所示，然后以石油醚为流动相进行洗脱，当流动相通过起始色带时，被吸附在固定相上的组分溶解于流动相中，称为解吸附。已解吸附的组分随着流动相向前移行，遇到新的氧化铝颗粒，又再次被吸附，如此在色谱柱中不断地进行吸附、解吸附，再吸附、再解吸附……由于 A、B 的性质存在微小差异，因而被吸附的能力和被解吸附的能力也略有不同，经过反复多次的吸附、解吸附后，A、B 的微小差异逐渐被扩大，最终被分离开，在柱中

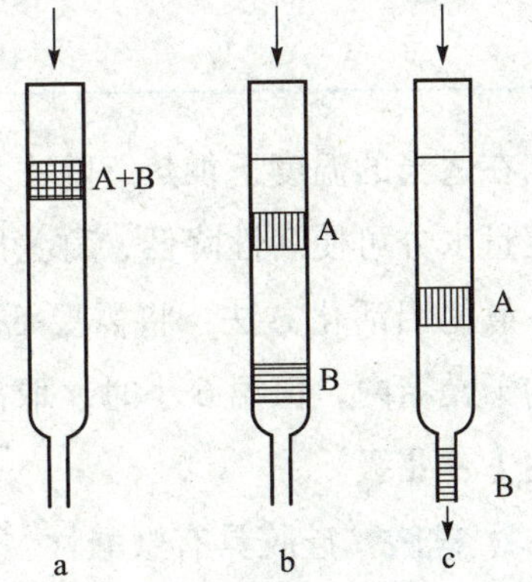

图 11-1 色谱洗脱过程示意图

a. 试样上柱 b. 试样分离 c. 洗脱

形成两个色带，如图 11-1b 所示，继续用流动相进行洗脱，B 和 A 两组分依次流出色谱柱，见图 11-1c。

若某组分的 K 值为 0 或 1，说明什么问题？

（一）吸附剂

吸附柱色谱法常用的吸附剂有氧化铝、硅胶和聚酰胺等。

1. 氧化铝 色谱用氧化铝有碱性、中性和酸性 3 种，以中性氧化铝使用最多。

碱性氧化铝（pH9～10）适用于碱性和中性化合物的分离。如生物碱等。

酸性氧化铝（pH4～5）适用于分离酸性物质。如某些氨基酸、酸性色素等。

中性氧化铝（pH7.5）用途广泛，凡是酸性、碱性氧化铝能分离的化合物，中性氧化铝均能适用。如用于分离生物碱、挥发油、萜类、甾体以及在酸、碱中不稳定的苷类、酯、内酯等化合物。

吸附剂的活性与含水量密切相关。活性的强弱用活性级（Ⅰ～Ⅴ）表示。含水量越高，活性级数越大，活性越低，吸附能力越差。活性强弱与含水量的关系可参阅表 11-1。

表 11-1 氧化铝、硅胶的含水量与活性的关系

活性级	氧化铝含水量（%）	硅胶含水量（%）	吸附能力
Ⅰ	0	0	大
Ⅱ	3	5	↑
Ⅲ	6	15	↕
Ⅳ	10	25	↓
Ⅴ	15	38	小

在适当的温度下加热，除去水分可使氧化铝的吸附能力增强，称为活化，反之，加入一定量水分可使活性降低，称为脱活性。

氧化铝活化方法：将需要活化的氧化铝置于铝盘内，铺 2～3cm 的厚度，于 400℃左右的干燥箱内，恒温 6 小时，取出，置于干燥器内，冷却，备用。这样得到的氧化铝活性可达Ⅰ～Ⅱ级。

2. 硅胶 硅胶具有微酸性，其吸附能力比氧化铝稍弱，适用于分离酸性或中性物质，如有机酸、氨基酸、甾体等。

硅胶表面有很多硅醇基（-Si-OH），能吸附较多水分，将硅胶加热到 100℃左右，水分被除去。硅胶的活性与含水量关系见表 11-1，含水量高，活性级数高，吸附力能差。

使用前一般于120℃烘2小时活化后，即可使用。

3. 聚酰胺 是由酰胺聚合而成的高分子化合物，色谱常用的是聚己内酰胺，为白色多孔的非晶形粉末，不溶于水和一般有机溶剂，易溶于浓盐酸、酚、甲酸等。常用于分离天然药物有效成分，如酸类、酚类、醌类、硝基化合物，以及含羟基、氨基的化合物。

除上述3种主要的吸附剂外，硅藻土、硅酸镁、活性炭、天然纤维素等也可作为吸附剂。

（二）吸附剂和流动相的选择

流动相的洗脱作用是流动相分子与被分离的组分分子竞争占据吸附剂表面活性吸附中心的过程。强极性的流动相分子，占据表面活性吸附中心的能力强，洗脱作用就强；极性弱的流动相占据表面活性吸附中心的能力弱，洗脱作用就弱。因此，为了使试样中吸附能力稍有差异的各组分分离，就必须同时考虑到被分离物质的性质、吸附剂的活性和流动相的极性三种因素。

1. 被分离物质的极性 被分离物质的结构不同，其极性也各不相同，因此，被吸附剂表面吸附的能力也不同。饱和的烷烃为非极性化合物，一般不易被极性吸附剂吸附，但若结构中的H被极性官能团取代，则极性增强。不同类型化合物的极性由小到大顺序为：烷烃<烯烃<醚<硝基化合物<二甲胺<酯类<酮类<醛类<硫醇<胺类<酰胺<醇类<酚类<羧酸类。

2. 流动相的极性 流动相所采用的溶剂、洗脱剂必须满足下列条件：

（1）高纯度。含有杂质会影响洗脱能力。

（2）化学惰性。即与样品和吸附剂都不发生化学反应。

（3）能溶解样品中所有组分。

（4）黏度小，易流动。

依据“相似相溶”原则，一般极性小的物质容易溶解在极性小的溶剂中，而极性大的物质容易溶解在极性大的溶剂中。因此，使用极性洗脱剂时，极性大的组分在色谱中移动得快，而极性小的或非极性的组分在色谱中移动得慢，从而实现各组分的分离。常用流动相极性由小到大顺序为：

石油醚<环已烷<四氯化碳<苯<甲苯<乙醚<氯仿<乙酸乙酯<正丁醇<丙酮<乙醇<甲醇<水<醋酸。

3. 吸附剂和流动相的选择原则 以硅胶或氧化铝为吸附剂，分离极性较强的组分，一般选用吸附性能较弱的吸附剂，用极性较强的洗脱剂洗脱；分离极性较弱的组分，则应选择吸附性较强的吸附剂，用极性较弱的洗脱剂洗脱。为了得到极性适当的流动相，在实际工作中多采用混合溶剂作为流动相。

（三）操作方法

1. 装柱 在填充吸附剂前，色谱柱应先垂直固定于支架上，色谱柱的下端垫少许脱脂棉或玻璃棉，然后装入吸附剂，为保持一个平整表面，最好在上面加5mm左右清洁而干燥的砂子或少许脱脂棉，有助于分离时色层边缘整齐，加强分离效果。色谱柱的直径与长度比一般为1∶10～1∶20，如需保温，可用加有套管的色谱柱。

色谱柱的装填要均匀，不能有裂隙和气泡，否则被分离组分的移动速率不一致，影响分离效果。

装柱的方法有：

（1）干法装柱　选用80～120目活化后的吸附剂经过玻璃漏斗不间断地倒入柱内，边装边轻轻敲打色谱柱，使填充均匀，并在吸附剂上面加少许脱脂棉。然后沿管壁慢慢滴加洗脱剂，使吸附剂湿润，并使柱中空气全部排除。如有气泡，会使柱中的吸附剂形成裂缝，影响分离效果，甚至使实验失败。

（2）湿法装柱　将所需足量的吸附剂与适当的洗脱剂调成浆状，然后缓慢连续不断地倒入柱内，勿使气泡产生，过剩洗脱剂则让它流出。从顶端再加入一定量的洗脱剂，使其保持一定液面。让吸附剂自由沉降而填实，在柱顶上加少许脱脂棉。湿法装柱效果较好，是目前经常使用的方法。

2. 加样　将试样溶液小心滴加到柱顶部，加样完毕，打开柱下端活塞，使溶液缓缓流下至液面与吸附剂顶面平齐，再用少量洗脱剂冲洗盛试样溶液的容器2～3次，并轻轻滴入色谱柱内。

3. 洗脱　可用一种溶剂或混合溶剂作为洗脱剂。在洗脱过程中应不断加入洗脱剂，保持色谱柱顶表面有固定高度的液面，注意控制洗脱剂的流速。流速过快，柱中不易达到吸附平衡，影响分离效果。随着洗脱，各组分因被吸附和解吸附的能力不同而逐渐分离，先后流出色谱柱。

通常采用分段定量的方法收集洗脱液，然后用其他分析方法对单一组分进行定性分析和定量分析。

二、 液-液分配柱色谱

有些物质（如脂肪酸或多元醇类）极性大，能被吸附剂强烈吸附，很难洗脱，不适合使用吸附色谱法，可用液-液分配色谱法进行分离。

分配色谱法是利用试样中几种组分在两种互不相溶的溶剂间分配系数不同而实现分离的方法。将一种溶剂附着在载体（支持剂）的表面作为固定相；而另一种溶剂作为流动相冲洗色谱柱。

各组分之间的分配系数相差越大，越易分离，当各组分的分配系数相差不大时，可通过增加柱长，使分配次数增多，达到较好的分离效果。

（一）载体和固定相

载体在分配色谱中起负载固定相的作用。载体本身是惰性的，对试样组分不能有吸附作用。载体必须具有较大的表面积，能附着大量的固定相液体，在分配色谱中常用的载体有吸水硅胶、硅藻土、纤维素以及微孔聚乙烯小球等。

固定相是涂渍或键合在载体表面的液体，对被测组分有一定的溶解度。

根据固定液、流动相的相对极性的大小，液-液分配色谱法又可以分为正相色谱和反相色谱。正相色谱（固定相极性比流动相极性强）中常用强极性溶剂作固定液，如水、甲醇、甲酰胺、稀酸等；而反相色谱（固定相极性比流动相极性弱）则常以液体石蜡等非极性或弱极性溶剂作固定液。

（二）流动相

一般分配色谱固定相的极性都较大，所以应选择极性较小的流动相，这样可以避免互溶，使组分在两相中建立起分配平衡。常用的流动相有石油醚、醇类、酮类、酯类、卤代烃类、苯等或其混合物。具体选择要根据试样各组分在二相中的分配系数而定，也可以根据被分离组分的性质选择洗脱剂。

课堂互动

1. 载体、固定相和流动相在分配色谱法中各自的作用是什么？
2. 物质在两相中的分配系数与哪些因素有关？K 值大的组分，移动速度怎样？
3. 在吸附柱色谱和分配柱色谱中，柱内填充的硅胶作用相同吗？

（三）操作方法

1. 装柱 先将固定相液体与载体充分混合，然后再装柱。装柱的要求与吸附柱色谱基本相同。为防止流动相流经色谱柱时将固定相破坏，在使用前先将用作固定相和流动相的两种溶剂加到分液漏斗中用力振摇，使用作固定相和流动相的两种溶剂互相饱和，待静止分层时，再分别取出使用。

2. 加样 分配色谱的加样方法有以下几种：

（1）将被分离试样配成浓溶液，用吸管轻轻沿着管壁加到含有固定相载体的上端，然后加流动相洗脱。

（2）试样溶液先用少量含有固定相的载体吸收，待溶剂挥发后，加到色谱柱上端，然后用洗脱剂洗脱。

（3）用一块比色谱柱直径略小的滤纸吸附试样溶液，待溶剂挥发后，放在色谱柱载体表面上，然后用洗脱剂洗脱。

洗脱液的收集与处理和吸附柱色谱相同。

三、 离子交换柱色谱

离子交换柱色谱法是利用被分离物质各组分与离子交换树脂间交换能力的差异实现分离和纯化的色谱方法。

在离子交换柱色谱法中，以离子交换树脂（高分子聚合物）作固定相，以水、酸或碱的水溶液等作为流动相，用于分离和提纯离子型化合物。在色谱过程中，试样各组分与固定相发生离子交换，由于不同离子与固定相发生离子交换的能力不同，所以，随流动相移动的速度也不同。有些离子与固定相的交换能力强，在柱中移动速度慢；有些离子交换能力弱，在柱中移动速度快，从而实现各离子的分离。

（一）固定相

离子交换树脂的种类很多，最常用的是聚苯乙烯型离子交换树脂，它是以苯乙烯为单体、二乙烯苯为交联剂聚合而成的具有立体网状结构的高分子聚合物。若在芳环上引入羧基（-COOH）、磺酸基（$-SO_3H$）等，可得到阳离子交换树脂，能够与阳离子发生离子交换反应；若在芳环上引入季胺碱基［$-N^+(CH_3)_3OH^-$］，可得到阴离子交换树脂，能够与阴离子发生离子交换反应。常用下列两个参数来衡量离子交换树脂的性能。

1. 交联度 是指离子交换树脂中交联剂的含量，常以质量百分比表示，可用于衡量离子交换树脂的选择性。交联度越大，树脂的网状结构越紧密，网眼越小，选择性越好；但交联度过大，网眼过小，交换速度变慢，甚至造成交换容量下降。分离分子量较小的样品时，宜选择交联度大的树脂；而分离分子量较大的样品时，则宜选择交联度小的树脂。总之，在不影响分离的前提下，选择交联度大的树脂为宜。商品离子交换树脂的交联度从1%到16%都有，一般阳离子交换树脂的交联度以8%左右为宜，阴离子交换树脂以4%左右为宜。

2. 交换容量 是指在实验条件下，每克干树脂真正参加交换的活性基团数。交换容量主要用于衡量离子交换树脂的交换能力，交换容量大，树脂的交换能力强。交换容量的大小可用酸碱滴定法来测定，一般为1～10mmol/g。

（二）流动相

离子交换柱色谱法的流动相通常以水或以水为溶剂的酸溶液、碱溶液、缓冲溶液。为提高选择性，可加入乙醇、乙腈、四氢呋喃等。

（三）操作方法

1. 树脂的预处理 新树脂往往混有一定量的有机或无机杂质，用前必须除去。处理方法为，先将树脂在水中浸泡使其充分膨胀。如果是阳离子交换树脂，市售商品为Na型，一般用4%～5%盐酸浸泡以除去无机杂质，再用纯化水冲洗至中性，除去无机杂质并使Na型转换为H型。如果是阴离子交换树脂，则可用2%～4%氢氧化钠溶液浸泡，再用纯化水冲洗至中性，除去有机杂质并得到OH型。

2. 装柱 将色谱柱底端铺上玻璃棉，然后加入蒸馏水，将已用水浸泡膨胀的树脂连水带树脂一起加入柱中，防止气泡产生，在树脂上面覆盖一层玻璃棉，并保证在装柱及使用过程中树脂一直浸泡在液面以下，否则气泡进入交换层会影响部分树脂的交换能力。

3. 加样 将待分离的试样溶液加入离子交换柱中。为防止交换不完全，含有待分离离子的总量不能超过树脂交换容量的10%。

洗脱液的收集及处理与吸附柱色谱相同，此不赘述。

离子交换柱色谱法操作简便，且树脂具有可再生能力，能反复使用，因此，广泛用于去离子水的制备、干扰离子的去除、药物生产、环境保护等领域。

四、 空间排阻柱色谱

空间排阻柱色谱法是以凝胶为固定相，以纯化水或缓冲溶液等为流动相，用于分离不同粒径物质的色谱法。凝胶是高分子物质在一定条件下互相连接，形成的具有空间网状结构、不能流动的半固体，这种空间网状结构就是凝胶的孔穴。

在色谱过程中，粒径比较小的组分可以渗透到凝胶孔穴的深处，即分配系数较大，随流动相移动的速度比较慢，后流出柱子；粒径比较大的组分，只能渗透到凝胶孔穴的浅表处，即分配系数较小，随流动相移动的速度比较快，先流出柱子，从而把试样中不同粒径的组分分离开。

（一）固定相

常用以下三个参数来表述凝胶的性能。

1. 全渗透点 化合物的相对分子质量小于某一数值后就能进入凝胶的所有空穴，这一数值称为该凝胶的全渗透点。

2. 排斥极限 化合物的相对分子质量达到某一数值后就不能再渗透入凝胶的任何空穴，这一数值称为该凝胶的排斥极限。

3. 相对分子质量范围 介于排斥极限与全渗透点之间的相对分子质量范围，称为该凝胶的相对分子质量范围。

组分的粒径（分子尺寸）一般随分子量的增加而增大，故常用分子量来代表分子的尺寸。选择凝胶时，必须使试样的相对分子量大于凝胶的全渗透点而小于排斥极限，即使试样的相对分子量范围落入凝胶的相对分子质量范围之内。

（二）流动相

分离水溶性试样时，应选择水或缓溶液为流动相；分离非水溶液试样时，应选择四氢呋喃、三氯甲烷、甲苯等有机溶剂为流动相。

空间排阻柱色谱法主要用于分离相对分子质量在2000～2000000之间的生物大分子和聚合物。

（三）操作方法

1. 凝胶的预处理 商品凝胶是干燥的颗粒，使用前应先用洗脱液充分膨胀。为了加速膨胀，可在水浴中将湿凝胶逐渐升温至近沸，这样不但节约时间，而且还可消毒，除去凝胶中污染的细菌并排除凝胶内的空气。

2. 装柱 先用水浮选法去除凝胶中的单体、粉末及杂质，然后在搅拌下缓慢地、均匀地、连续地加入已经脱气的凝胶悬浮液，同时打开色谱柱管出口开关，维持适当的流速，凝胶颗粒将逐层水平式上升，在柱中均匀地沉积，直到所需高度位置。装柱时要使整个填充柱非常均匀，否则必须重装。

加样、洗脱液的收集与处理，与吸附柱色谱相同，此不赘述。

五、 柱色谱的应用与实例

柱色谱法作为经典色谱分离技术之一，具有仪器简单、操作方便、成本低廉、色谱柱容量大等优点，因此，应用范围比较广。例如，用硅胶吸附的水为固定相，水饱和的乙酸乙酯为流动相，可将洋地黄毒苷、羟基洋地黄毒苷、异羟基洋地黄毒苷三种单体进行分离。再例如，《中国药典》（2015 年版）规定，用凝胶色谱法对头孢他啶、头孢哌酮、头孢噻肟和头孢曲松四种药物中高分子杂质进行分离和含量测定。

第三节 纸色谱法

纸色谱是以滤纸所吸附的水为固定相所进行的分离分析方法，分离的基本原理属于液-液分配色谱法。滤纸纤维和水有较强的亲和力，能吸附约 22% 的水，其中 6 ~ 7% 的水是以氢键形式与纤维素的羟基结合，在一般条件下较难脱去，这部分水是固定相，纸纤维仅作为惰性支持物。滤纸纤维与有机溶剂的亲和力很弱，所以一般的纸色谱实际上是以滤纸纤维的结合水为固定相，以有机溶剂为流动相，试样各组分在水和有机相之间不断进行分配，分配系数小的组分移动速度快，分配系数大的组分移动速度慢，从而使试样得到分离和提纯。

一、 比移值和相对比移值

（一）比移值 R_f

用纸色谱分离结束后，试样各组分在滤纸上移动的位置如图 11-2 所示。

$$R_f = \frac{\text{原点到斑点中心的距离}}{\text{原点到溶剂前沿的距离}} \tag{11-2}$$

$$\text{组分 A 的 } R_f = \frac{a}{d}$$

$$组分 B 的 R_f = \frac{b}{d}$$

$$组分 C 的 R_f = \frac{c}{d}$$

根据 R_f 值的定义，其值在 0 ~ 1 之间变化。若某组分的 $R_f = 0$，表示它没有随展开剂移动，仍停留在原点上；若组分的 $R_f = 0.6$，则表示该组分从原点移动到溶剂前沿的 6/10 处。分配系数愈小，R_f 值愈大。组分之间的分配系数相差越大，则各组分的 R_f 值相差也越大，表示越易分离。由于试样中各组分在两相之间有固定的分配系数，它们在纸色谱上也必然有相对固定的比移值，因此，可以利用 R_f 值定性。

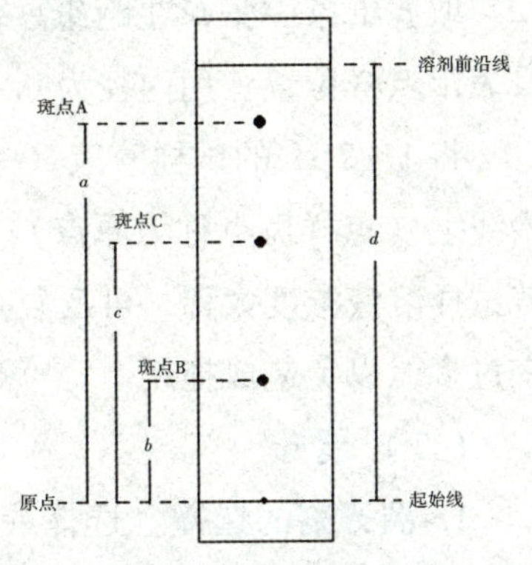

图 11-2　纸色谱示意图

（二）相对比移值 R_s

在实践中，影响 R_f 值的因素很多，如展开剂的组成、展开时的温度、展开剂蒸气的饱和程度及滤纸的性能等。要提高 R_f 值的重现性，必须严格控制色谱条件。在实际工作中，经常采用与对照品在同一条件下进行操作的方法，求得相对比移值 R_s。

$$R_s = \frac{\text{原点到样品斑点中心的距离}}{\text{原点到对照品斑点中心的距离}} \tag{11-3}$$

对照品可选用标准品，也可用试样中某一组分作为对照品，$R_s = 1$，表示试样与对照品一致。用 R_s 可以减小误差。

二、色谱滤纸的选择和处理

（一）对滤纸的一般要求

1. 质地均匀、纯净、平整无折痕，边缘整齐，以保证溶剂展开速度均匀。
2. 纸质的松紧和厚度适宜。过紧过厚则展开速度太慢；过于疏松易使斑点扩散。
3. 应有一定的机械强度，不易断裂。

（二）色谱滤纸的预处理

为了适应某些特殊需要，可将滤纸进行预处理，使滤纸具有新的性能。例如，将滤纸浸入一定 pH 的缓冲溶液中处理后，使滤纸维持恒定的酸碱度，用于分离酸、碱性物质。用甲酰胺、二甲基甲酰胺等代替水作固定相，以增加物质在固定相中的溶解度，用于分离一些极性较小的物质，降低 R_f 值，改善分离效果。

三、 操作方法

（一） 点样

取滤纸条一张，在距纸一端 2 ~ 3cm 处用铅笔轻轻画一条起始线，在线上画一“×”号表示点样位置。用内径为 0.5mm 的平头毛细管或微量注射器点样。

将 1 ~ 2μL 的试样溶液（一般含试样几微克到几十微克）均匀地点在已做好标记的起始线上（点样斑点称为原点），点样斑点直径不宜超过 2 ~ 3mm，斑点之间的间距为 2cm，若试样溶液浓度太稀，可反复点几次，每次点样后用红外灯或电吹风迅速干燥。点样量不宜过多，以免造成拖尾。

（二） 展开

1. 展开剂的选择 选择展开剂主要是根据试样组分在两相中的溶解度，即分配系数来考虑，选择展开剂应注意：

（1） 展开剂不与被测组分发生化学反应。

（2） 被测组分用展开剂展开后，R_f 值应在 0.05 ~ 0.85 之间，分离 2 个以上组分时，其 R_f 值相差至少要大于 0.05。

（3） 易于获得边缘整齐的圆形斑点。

（4） 尽可能不用高沸点溶剂做展开剂，便于滤纸干燥。

在纸色谱中常用的展开剂为正丁醇、正戊醇、酚等或其混合溶剂。展开剂预先要用水饱和，否则，展开过程中会把固定相中的水夺去。

2. 展开方式 根据色谱滤纸的形状，选择合适的色谱缸。先用展开剂蒸气饱和色谱缸，然后再将点样后的滤纸展开。

纸色谱的展开方式有：

（1） 上行展开 让展开剂利用毛细管效应沿滤纸自下而上移动，适用于分离 R_f 值相差较大的试样，这是最常用的展开方式。

（2） 下行展开 让展开剂借助重力及毛细管效应沿滤纸自上而下移动，适用于分离 R_f 值较小的组分。

（3） 双向展开 先用一种溶剂系统展开，然后将滤纸旋转 90°，再用另一种溶剂系统展开，适用于分离成分复杂的试样。

（4） 径向展开 就是将试样溶液点在圆形滤纸中央，展开剂经过试样原点时，携带各组分向滤纸周围展开。

（三） 显色

展开完毕后，取出滤纸，在展开剂到达的前沿用铅笔轻轻画一条线，在室内晾干后，先观察有无色斑，然后置紫外灯下观察荧光斑点，标出位置和大小，记录颜色和强度。若某些组分既不显色斑，又不显荧光，可根据被分离物质的性质，喷洒合适显色剂显色。必须注意，不能使用腐蚀性的显色剂（如浓硫酸），以免腐蚀色谱纸。

（四）定性

经过显色反应可初步知道试样属于哪一类物质。但具体要知道每个色斑是哪一种物质，则需测定斑点的 R_f 值。R_f 值是待测组分的定性基础，但是影响 R_f 值的因素较多，使 R_f 值不易重现。因此，常将试样与对照品同时在同一块滤纸上随行展开并进行比较，测量各斑点的 R_s 值后进行定性。

课堂互动

在纸色谱上，组分 A 和 B 的分配系数分别是 1.6 和 4.9，经展开后，距离展开剂前沿近的斑点是哪一个组分?

（五）定量

1. 目测法 将标准系列溶液和试样溶液同时点在一张滤纸上，展开和显色后，经过目视比较，估算试样的近似含量。

2. 剪洗法 先将确定部位的色斑剪下，经溶剂浸泡、洗脱，再用比色法或分光光度法定量。

3. 光密度测定法 用色谱斑点扫描仪直接测定斑点的光密度，即可计算含量。

四、应用实例

纸色谱仪器简单，操作方便，所需试样量少，试样分离后各组分的定性、定量都较方便，被广泛用于混合物的分离、鉴定、微量杂质的检查等。对中草药成分的研究、卫生检查及毒物分析、生化检验中氨基酸的分离鉴别等都可采用纸色谱。

例如，用纸色谱法分离甘氨酸、丙氨酸和谷氨酸混合溶液。取色谱滤纸一条，用毛细管将甘氨酸、丙氨酸和谷氨酸的混合溶液与对照品溶液分别点于滤纸的起始线上，吹干，将滤纸悬挂于盛有展开剂的色谱缸中，饱和半小时，用正丁醇：冰醋酸：水(4：1：2) 作展开剂，然后将点有试样的滤纸一端浸入展开剂中约 1.5cm 处（点样处应在距纸一端至少 2cm）展开，展开剂前沿上升到一定高度后，取出，用铅笔在溶剂到达的前沿画一条线，晾干。喷茚三酮（显色剂）溶液，在 80～100℃烘箱中加热数分钟，取出即出现各氨基酸的蓝紫色斑点，分别测量 R_f 值。

第四节 薄层色谱法

一、薄层色谱法的原理

将固定相均匀地涂铺在具有光洁表面的玻璃、塑料或金属板上形成薄层，在此薄层上进行色谱分离的方法称为薄层色谱法。铺好固定相的板称为薄层板，简称薄板。

薄层色谱法的固定相可以是固体吸附剂、某种液态“溶剂”、离子交换剂、凝胶等，对应的分离机制则分别为吸附薄层色谱、分配薄层色谱、离子交换薄层色谱、凝胶薄层色谱等，因此，有人将薄层色谱法称为敞开的柱色谱，可作为选择柱色谱条件的预备方法。

本节主要介绍吸附薄层色谱法。

二、吸附剂的选择

吸附薄层色谱法的固定相为吸附剂，常用氧化铝和硅胶。

（一）硅胶

薄层色谱法常用的硅胶有硅胶 H、硅胶 G 和硅胶 HF_{254} 等。

1. 硅胶 H　为不含黏合剂的硅胶，制备硬板时常需另加黏合剂。

2. 硅胶 G　是硅胶和煅石膏混合而成，制备硬板时不用另加黏合剂。

3. 硅胶 HF_{254}　不含黏合剂而含有一种荧光剂的硅胶，在 254nm 紫外光下呈强黄绿色荧光背景。用含荧光剂的吸附剂制成的荧光薄层板可用于本身不发光且不易显色物质的色谱分析研究。

（二）氧化铝

薄层色谱法常用的氧化铝有氧化铝 H、氧化铝 G 和氧化铝 HF_{254} 等。

在薄层色谱中，吸附剂的颗粒大小对展开速率、R_f 值和分离效能都有明显影响。颗粒太大，则展开速度快，展开后斑点较宽，分离效果差；颗粒太小，则展开速度太慢，往往产生拖尾，而且不易用于干法铺板。因此，应该选用颗粒大小适宜的吸附剂。

吸附剂颗粒大小通常有两种表示方法，一是颗粒直径（以 μm 表示），另一种是筛子单位面积的孔数（以目表示）。

干法铺板吸附剂颗粒直径一般为 75 ~ 100μm（150 ~ 200 目），湿法铺板吸附剂颗粒为 10 ~ 40μm（250 ~ 300 目）。吸附剂颗粒大小要均匀，如不均匀，则制成的薄板不均匀，影响分离效果。

三、 展开剂的选择

薄层色谱中，展开剂的选择原则与柱色谱中流动相的选择原则类似。分离极性较强的组分时，宜选用活性较低的吸附剂，用极性大的展开剂展开，否则组分的 R_f 值太小，分离效果不好。分离极性弱的组分时，则宜选用活性高的吸附剂和极性弱的展开剂，否则 R_f 值太大，也不利于分离。展开后，如果被测组分的 R_f 值太大，则应降低展开剂的极性，如果被测组分的 R_f 值太小，则应适当增大展开剂极性。

四、 操作方法

（一） 薄层板的制备

载板通常采用玻璃板，其大小根据操作需要而定，要求载板表面光滑、平整清洁，使用前应洗涤干净，烘干备用。

1. 软板的制备（干法铺板） 吸附剂中不加黏合剂铺成的薄板称为软板。

将吸附剂置于玻璃板的一端，另取一根玻璃棒，在它的两端套上一段乳胶皮管，其厚度即为所铺薄层厚度，然后从玻璃板有吸附剂的一端，用力均匀向前推挤，中途不能停顿，速度不宜过快，否则铺出的薄层不均匀，影响分离效果。

干法铺板简单，只适用于氧化铝和硅胶，铺成的软板不坚固，易松散、展开时只能近水平展开，显色时易吹散，因此操作时应非常小心、细致。软板一般用于摸索色谱分离的条件。

2. 硬板的制备（湿法铺板） 在吸附剂中加入黏合剂进行铺板，干燥后形成的薄板即为硬板。黏合剂的作用是使吸附剂牢固地固定在薄板上。目前常用的黏合剂有煅石膏（G），羧甲基纤维素钠（CMC-Na）和某些聚合物（如聚丙烯酸）等。

常用的黏合剂及其用量

煅石膏的用量一般为吸附剂的 5% ~15%，羧甲基纤维素钠（CMC-Na）的用量一般为 0.5% ~1%。市售的吸附剂如硅胶 G 或氧化铝 G 已混有一定比例的煅石膏，使用时，加适量水调成均匀的糊状物即可铺板。煅石膏作黏合剂制成的硬板机械性能差、易脱落，但能耐受腐蚀性试剂（如浓硫酸等）。用羧甲基纤维素钠作为黏合剂时，把 0.5 ~1g CMC-Na 溶于 100mL 水中加热煮沸，冷却后，加入适量的吸附剂调成糊状物铺板。为防止搅拌时产生气泡，可加入少量乙醇。用羧甲基纤维素钠作黏合剂制成的硬板，机械性能好，可用铅笔在薄板上写字或标记，但不宜在强腐蚀性试剂存在时加热。

铺板方法：

（1）倾注法制板　取适量调制好的吸附剂糊倾注于准备好的玻璃板上，用洁净玻璃棒将糊状物涂铺成一均匀薄层，在水平的工作台上轻轻振动，使表面平坦光滑，放置在工作台上晾干后再置烘箱内活化。

（2）平铺法制板　平铺法制板又称刮板法。将洁净的载板放置在水平台面上，在载板两边加上玻璃条做成的框边（框边的厚度稍高于中间载板0.25～1mm），将吸附剂倾倒在载板上，再用一块边缘平整的玻璃片或塑料板，将吸附剂从一端刮向另一端，然后在空气中干燥后活化备用。

上述两种铺板方法制得的薄板只适于一般定性分离，不适宜于定量分离。

（3）机械涂铺法制板　适于制备一定规格的定量薄层板，用涂铺器可以一次铺成多块薄板，且所得薄板的质量高、分离效果好、重现性好。

铺好的硅胶板晾干后，在105～110℃活化0.5～1小时，冷却后即可使用，也可保存于干燥器中备用。制好的板应表面平整、厚薄一致，没有气泡和裂纹。

（二）点样

薄层色谱法的点样方法与纸色谱相同，即点样起始线一般离玻璃板一端1.5～2cm，原点直径不超过2～3mm，为了避免在空气中吸湿而降低活性，一般点样时间以不超过10分钟为宜。点样后待溶剂挥发，即可放入色谱缸内，密闭，使展开剂蒸汽“饱和”约30分钟。应注意滴加试样的量要均匀，否则影响分离效果。

（三）展开

薄层色谱的展开方式与纸色谱基本相同。需在密闭容器内进行并根据所用薄层板的大小、形状、性质选用不同的色谱缸和展开方式。软板常选用近水平展开方式，而硬板常用上行法展开，对于复杂组分的分离常常采用双向展开，多次展开等展开方式。薄层色谱的部分展开方式，见图11-3。

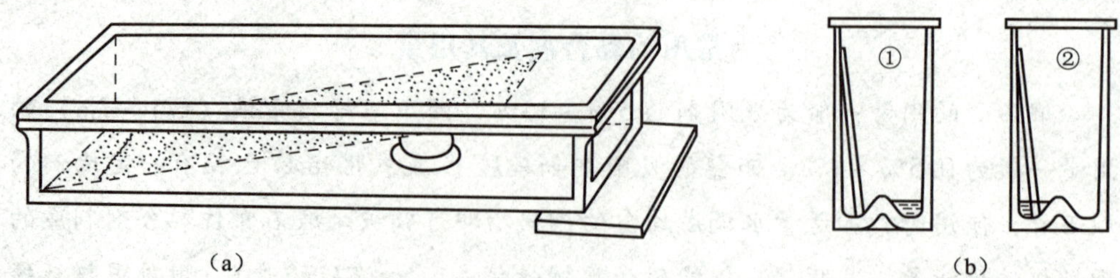

图11-3　薄层色谱展开示意图

a. 色谱槽近水平展开　b. 色谱缸上行展开

(四)显色

展开结束后斑点的检查方法和纸色谱相同。先在日光下观察并画出有色物质的斑点，或在紫外灯下观察有无荧光斑点，硬板可用铅笔画出斑点位置并记录荧光颜色，软板可用小针划痕并做记录。也可利用在荧光薄层板上待测物质产生荧光猝灭的暗斑进行定位。还可根据各种待测组分的性质，喷洒适宜的显色剂，通过显色反应，使组分显色。

各类物质的显色剂

生物碱、氨基酸衍生物、肽类、脂类及皂苷等均可用碘显色；硫酸对大部分有机化合物显色；氨基酸、脂肪族伯胺可用茚三酮显色；羧酸可用酸碱指示剂显色；酚类可用三氯化铁-铁氰化钾试剂显色；生物碱可用碘化铋钾试剂显色等。

(五)定性

薄层色谱定性分析的依据是：在固定的色谱条件下，相同物质的 R_f 值相同。常用的定性方法是已知物对照法，即将试样与对照品在同一薄板上展开，比较试样组分与对照品的 R_f 值，如果两者相同，表示该组分与对照品可能为同一物质。还可采用相对比移值(R_s)进行定性鉴别。

(六)定量

1. 目视定量法　将一系列已知浓度的对照品溶液与试样溶液点在同一薄层板上，展开并显色后，以目视法直接比较试样斑点与对照品斑点的颜色深度或面积大小，可以近似判断出试样中待测组分的含量。

2. 洗脱定量法　试样和对照品在同一块薄板上展开后，将试样从薄板上连同吸附剂一起刮下，用适当的溶剂将斑点中的组分洗脱下来，再用适当方法进行定量测定。

3. 薄层扫描仪定量　用一定波长、一定强度的光束照射到分离组分的色斑上，用仪器进行扫描，分别测定待测组分和对照品斑点的吸光度，根据朗伯-比尔定律，即可求出色斑中组分的含量。薄层扫描仪直接定量的方法已成为薄层色谱的主要定量方法。

请比较纸色谱法和薄层色谱法在操作上的异同点。

五、应用实例

薄层色谱法适用于绝大多数物质的分离分析，如生物碱、氨基酸、核苷酸、肽、蛋白质、糖类、酯类、甾类、酚类、激素类等，被广泛用于医药、化工、天然植物化学、生物化学和生命科学等诸多领域。

在药学领域中，薄层色谱法不但用于合成药物的成分分析、中间体测定、杂质检查等，还应用于天然药物成分的研究、提纯及制备。在体内药物分析、复方制剂分析等各个领域中的应用也日趋广泛。

盐酸四环素的鉴别

取盐酸四环素试样与盐酸四环素对照品，分别加甲醇制成每1mL含0.5mg的溶液，吸取上述两种溶液各1μL，分别点于同一块用pH为7.5的5%乙二胺四乙酸二钠处理过的硅胶G薄层板上，以丙酮-醋酸乙酯-水（23∶3∶1）为展开剂，展开分离后取出，用热空气干燥，用氨气熏后，置紫外光（365nm）下检视。若试样所显主斑点的颜色与位置和对照品的斑点相同，则盐酸四环素试样的主成分就是盐酸四环素。

由于四环素能与许多金属离子（铜、锌、镁、钙、铁等）形成有色配位化合物，故加5%的乙二胺四乙酸二钠处理硅胶G板，先和吸附剂中的金属离子形成配位化合物，以解决色谱过程中的干扰；在碱性条件下，四环素的降解产物具强烈荧光，故用氨气熏蒸。

复习思考

一、选择题

（一）单选题

1. 色谱法按分离机制可分为（　　）

   A. 气-液色谱、气-固色谱、液-液色谱、液-固色谱

   B. 柱色谱、薄层色谱、纸色谱

   C. 吸附色谱、分配色谱、离子交换色谱、空间排阻色谱

   D. 气相色谱、高效液相色谱、超临界流体色谱、毛细管电泳色谱

   E. 硅胶柱色谱、氧化铝色谱、大孔树脂色谱、活性炭色谱

2. 下列物质不能作吸附剂的是（　　）

A. 硅胶　　B. 氧化铝　　C. 纤维素

D. 聚酰胺　　E. 活性炭

3. 分配色谱法是依据物质（　　）性质而进行的分离分析方法。

A. 溶解性　　B. 熔沸点　　C. 极性

D. 分子大小　　E. 离子交换能力

4. 下列各级别硅胶吸附性最强的是（　　）

A. 五级　　B. 二级　　C. 三级

D. 一级　　E. 四级

5. 下列说法不正确的是（　　）

A. 色谱过程是一个物理过程

B. 吸附色谱法的原理是吸附与解吸附原理

C. 在分配色谱中，固定相是一种液体

D. 纸色谱与分配色谱的分离原理是相同的

E. 色谱法是依据物质的物理化学性质的不同而进行的一种分离分析方法

6. 在下列判断物质极性大小的方法中，不正确的是（　　）

A. 根据官能团判断，官能团极性越大，该物质极性越大

B. 分子中官能团越多，极性越大

C. 在同系物中，分子量越大，极性越大

D. 形成分子内氢键后，极性减弱

E. 分子中双键越多或共轭链越长，极性越大

7. 下列说法不正确的是（　　）

A. 铺好的薄层板必须自然晾干，经活化后才能使用

B. 邻苯二酚比间苯二酚被吸附剂吸附的牢固

C. 相同活性级别的氧化铝和硅胶，硅胶的含水量较氧化铝高

D. 被分离组分极性越强，被极性吸附剂吸附的越牢固，就越难以被洗脱剂洗脱下来

E. 薄层板的活化是指通过加热的方法除去或部分除去吸附剂中的水分，以提高吸附剂的吸附性能

8. 分配色谱法的分离机理是（　　）

A. 分子排阻原理　　B. 毛细管电泳原理　　C. 吸附与解吸附原理

D. 两相溶剂萃取原理　　E. 离子交换原理

9. 在吸附柱色谱中，被分离组分的极性越强，则（　　）

A. 吸附平衡常数越小　　B. 在柱内保留时间越长

C. 应选择极性小的洗脱剂 D. 被吸附剂吸附的越不牢固

E. 应选择极性大的吸附剂

10. 碱性氧化铝为吸附剂时，可用于分离（ ）

A. 酸性物质 B. 碱性或酸性物质 C. 任何物质

D. 酸性或中性物质 E. 碱性或中性物质

11. 在薄层色谱中，软板和硬板的主要区别是（ ）

A. 所用的黏合剂不同 B. 所分离的组分不同

C. 制板时所用玻璃不同D. 制板时所用吸附剂不同

E. 制板时，一个加黏合剂，一个不加黏合剂

12. 薄层色谱与纸色谱相比，具有的优势是（ ）

A. 设备简单 B. 操作方便 C. 样品用量少

D. 应用广泛 E. 能用腐蚀性显色剂

13. 下列各项中除（ ）外，都是色谱中选择吸附剂的要求。

A. 有较大的比表面积和足够的吸附力

B. 对不同的化学成分的吸附力不同

C. 与洗脱剂、溶剂及样品中各组分不起化学反应

D. 在所用的溶剂、洗脱剂中不溶解

E. 密度要大

14. 某样品与标准品经过薄层色谱后，样品斑点距离原点 8.0cm，标准品斑点距离原点 6.0cm，溶剂前沿距离原点 10.0cm，则 R_f 值为（ ）

A. 0.6 B. 0.75 C. 0.8

D. 0.25 E. 1.3

15. 已知三种氨基酸 a、b 和 c 的 R_f 值分别为 0.17、0.26 和 0.50，则斑点在色谱纸上由近到远的排列顺序为（ ）

A. a，b，c B. c，b，a C. a，c，b

D. c，a，b E. b，c，a

16. 某物质的 $R_f=0$，说明此种物质（ ）

A. 样品中不存在 B. 在固定相中不溶解 C. 没有随展开剂展开

D. 不能被固定相吸附 E. 与溶剂反应生成新物质

17. 比移值 R_f 的取值范围为（ ）

A. >1 B. 0 ~ 1 C. ≥1

D. 1 ~ 10 E. >10

18. 吸附柱色谱和分配柱色谱的根本区别是（ ）

A. 溶剂不同　　B. 分离机制不同　　C. 所用洗脱剂不同

D. 被分离物质不用　　E. 操作方法大不相同

19. 根据色谱过程的机制不同，纸色谱属于（　　）

A. 吸附色谱　　B. 分配色谱　　C. 离子交换色谱

D. 凝胶色谱　　E. 液-固色谱

20. 薄层色谱点样线一般距离薄板底端（　　）

A. 0.2～0.3cm　　B. 0.2～0.5cm　　C. 1.5～2.0cm

D. 2～3cm　　E. 3～5cm

21. 对于交联度大的交换树脂，下列说法错误的是（　　）

A. 交联度大，交换反应慢

B. 交联度大，交换的选择性高

C. 交联度大，网眼结构的网眼大

D. 交联度过大，交换树脂的交换容量小

E. 交联度大，树脂合成时加入交联剂的量大

22. 纸色谱分离酸、碱性物质时，将滤纸浸入一定 pH 缓冲溶液中预处理的目的是（　　）

A. 使滤纸有恒定的酸碱度　　B. 可增加滤纸的机械强度

C. 洗去滤纸中的杂质　　D. 可增大 R_f 值

E. 可增大 R_s 值

23. 用薄层色谱法分离某物质时，若用氯仿展开，其比移值太小。则要增大比移值，应在氯仿中加入（　　）

A. 丙酮　　B. 乙醚　　C. 四氯化碳

D. 环己烷　　E. 苯

24. 在吸附薄层色谱中，降低展开剂极性可使（　　）

A. 分离效果越好　　B. 展开速度加快　　C. 组分的 R_f 值增大

D. 组分的 R_f 值减小　　E. 各组分的 R_f 值不变

25. 薄层色谱中流动相称为（　　）

A. 载体　　B. 气体　　C. 展开剂

D. 洗脱剂　　E. 吸附剂

26. 在吸附色谱中，分离极性小的物质应选用（　　）

A. 活度级别大的吸附剂和极性小的洗脱剂

B. 活性高的吸附剂和极性大的洗脱剂

C. 活度低的吸附剂和极性大的洗脱剂

D. 活度级别小的吸附剂和极性小的洗脱剂

E. 以上说法都不对

27. 吸附色谱中，吸附常数 K 值大的组分（　　）

A. 在柱内保留时间长　B. 极性小　C. 被吸附的弱

D. 移动速度快　E. 在流动相中溶解度大

28. 在分配色谱中，分配系数 K 值小的组分（　　）

A. 移动速度慢　B. 移动速度快　C. 在流动相中浓度低

D. 被吸附的弱　E. 在柱内保留时间长

29. 在纸色谱中，ΔR_f值较大的组分之间（　　）

A. 斑点距离原点较近　B. 斑点距离原点较远　C. 分离效果差

D. 组分间分离的较开　E. 组分间分离不开

30. 下列说法错误的是（　　）

A. 用纸色谱分离时，样品中 R_f值大的是极性小的组分

B. 用反相分配色谱分离时，样品中 R_f值小的是极性小的组分

C. 用凝胶色谱分离时，样品中先被洗脱下来的是相对分子质量小的组分

D. 用离子交换色谱法时，样品中后被洗脱下来的是高价离子

E. 用硅胶柱色谱法时，样品中后被洗脱下来的是极性大的组分

31. 下列对 R_f值大小无影响的是（　　）

A. 吸附剂的活性　B. 展开剂的极性　C. 展开剂的用量

D. 展开方式　E. 展开时间和展开距离

32. 在薄层色谱上用不到的操作是（　　）

A. 铺板　B. 活化　C. 点样

D. 洗脱　E. 斑点定位

（二）多选题

1. 俄国植物学家茨维特研究植物色素用的色谱方法属于（　　）

A. 液-固色谱　B. 液-液色谱　C. 纸色谱

D. 柱色谱　E. 薄层色谱

2. 色谱法中常用的吸附剂有（　　）

A. 硅胶　B. 氧化铝　C. 聚酰胺

D. 滤纸　E. 氧化钙

3. 色谱法中流动相所采用的溶剂、洗脱剂必须符合（　　）

A. 纯度高

B. 能溶解固定相

C. 能溶解样品中各组分

D. 与样品及吸附剂不发生化学反应

E. 黏度小，易流动，缩短洗脱时间

4. 纸色谱对滤纸的要求有（　　）

A. 有一定机械强度　B. 滤纸的宽度要超过 10cm

C. 质地均匀，平整无折痕　D. 滤纸长度要超过 20cm

E. 纸纤维松紧适宜

5. 生物碱的分离可用（　　）吸附剂。

A. 硅胶　B. 碱性氧化铝　C. 中性氧化铝

D. 酸性氧化铝　E. 吸水硅胶

6. 薄层色谱法中的 R_f 值影响因素有（　　）

A. 吸附剂的粒度　B. 薄层的厚度　C. 展开剂的纯度

D. 层析缸中展开剂的饱和程度　E. 展开距离和展开方式

7. 薄层色谱中吸附剂颗粒大小会影响（　　）

A. 分离效果　B. 展开速度　C. R_f 值

D. 操作方法　E. 展开时间

8. 阳离子交换树脂，在其分子中引入的交换基团可能是（　　）

A. 羧基　B. 磺酸基　C. 酚羟基

D. 叔胺基　E. 季铵基

9. 色谱法的主要作用是（　　）

A. 生产监控　B. 产品质量检查　C. 物质的结构分析

D. 分离提纯化合物　E. 用于物质的定性、定量分析

10. 色谱法的分类方法有（　　）

A. 按操作不同分类　B. 按发展历史分类　C. 按物理特征分类

D. 按分离机理分类　E. 按两相所处状态不同分类

11. 中性氧化铝适用于分离（　　）

A. 酸性成分　B. 碱性成分　C. 中性成分

D. 极性大的成分　E. 极性小的成分

12. 薄层色谱法的特点是（　　）

A. 灵敏、快速　B. 仪器简单，操作方便　C. 属于平面色谱

D. 吸附色谱最为常用　E. 柱色谱中要用薄层色谱进行定性分析

13. 薄层板的展开方式有（　　）

A. 多次展开　B. 双向展开　C. 近水平展开

D. 上行展开　E. 下行展开

14. 硬板斑点定位的方法有（　　）

A. 喷洒显色剂　B. 侧允显色法　C. 日光下观察

D. 紫外灯下观察　E. 氨熏或碘缸显色

15. 不符合薄层色谱定量分析常用的方法有（　　）

A. 滴定法　B. 剪洗法　C. 目视比色法

D. 薄层扫描法　E. 斑点洗脱法

16. 薄层板展开时应注意的事项有（　　）

A. 必须用上行展开

B. 薄层板下端的原点不能浸入展开剂中

C. 展开前，色谱缸或色谱槽一定要水平放置

D. 色谱缸或色谱槽一定要密闭，防止蒸汽挥发

E. 薄层板应置缸内让蒸汽饱和后再浸入展开剂中

17. 使两组相对比移值发生变化的原因是（　　）

A. 改变薄层的厚度　B. 改变固定相的粒度　C. 改变展开温度

D. 改变固定相种类　E. 改变展开剂组成或配比

18. 下列判断被极性吸附剂吸附能力的大小正确的是（　　）

A. 分子中形成分子内氢键后，被吸附能力减弱

B. 官能团相同，分子量越大，被吸附能力越强

C. 官能团极性越大，被吸附能力越强

D. 极性官能团越多，分子极性越强，被吸附能力越强

E. 分子中双键越多或共轭双键越长，极性越大，被吸附能力越强

二、辨是非题

1. 色谱法是一种有效的分离、提纯方法。（　　）

2. 气相色谱可分为气-固色谱和气-液色谱。（　　）

3. 在液-固吸附色谱中，固定相是液体。（　　）

4. 柱色谱中流动相称洗脱剂，而纸色谱和薄层色谱中流动相称为展开剂。（　　）

5. 分配色谱的分离机理是溶解与萃取原理。（　　）

6. 在薄层色谱和纸色谱的点样过程中，点样量越多越好。（　　）

7. 不加黏合剂的铺板方法为干法铺板。（　　）

8. 在纸色谱中，当被分离组分极性越大，则 R_f 值越大。（　　）

9. 纸色谱的分离依据是利用组分在两互不相溶的溶剂中的溶解性不同。（　　）

10. 在硅胶柱色谱中，当被分离的组分极性越弱，则在柱内保留时间越长。（　　）

11. 柱色谱法中，装柱要均匀、无气泡、无裂痕，否则会影响分离效果。（　　）

12. 薄层色谱的操作步骤是：铺板→活化→加样→洗脱→斑点定位→定性分析→定量分析。(　　)

13. 色谱法是利用样品中各组分在固定相和流动相中分配系数不同而进行的一种分离、提纯与分析方法。(　　)

14. 吸附柱色谱的基本操作步骤为：装柱→活化→展开→定性分析→定量分析。(　　)

15. 在分配色谱中，所用流动相必须先用固定相饱和。(　　)

16. 极性吸附剂氧化铝和硅胶含水量越低，活性级别越高，吸附能力越弱。(　　)

17. 纸色谱或薄层色谱中的展开剂一定要是纯溶剂。(　　)

18. 某组分的 $R_f=1$，说明它没有随展开剂展开。(　　)

19. 以气体为流动相的色谱法称为气相色谱。(　　)

20. 吸附柱色谱法分离组分时，吸附能力弱的组分先由柱中流出。(　　)

三、填空题

1. 色谱法按色谱过程的分离机制分为________、________、________、________。

2. 色谱法按操作形式不同分为________、________、________。

3. 常用的吸附剂有________、________和________。

4. 硅胶在分配色谱中作________使用，在吸附色谱中作________使用。

5. 纸色谱法是以________作为载体的色谱法，按原理属于________的范畴。固定相一般为滤纸纤维上吸附的________。

6. 分离极性较强的组分时，宜选用活性较________的薄层板，用________的展开剂展开。

四、简答题

1. 以吸附柱色谱为例，说明试样中各组分是如何分离的？

2. 什么是分配色谱？什么是分配系数？

3. 什么是 R_f 值和 R_s 值？

五、计算题

1. 某试样和标准品经过薄层色谱分离后，试样斑点中心距原点 12. 6cm，标准品斑点中心距原点 8. 4cm，溶剂前沿距原点 16. 0cm，试求试样和标准品的 R_f 值及 R_s 值？

2. A 试样斑点在薄层板上距原点 7. 9cm 处时，溶剂前沿离原点 16. 2cm。①求 A 试样的 R_f 值是多少？②若溶剂前沿离原点 14. 8cm，A 试样斑点应在何处？

扫一扫，知答案

第十二章

其他分析方法简介

【学习目标】

掌握气相色谱、高效液相色谱、红外吸收光谱、质谱法的基本原理及特点；色谱图及基本参数。

熟悉基团频率区与指纹区，质谱图。

了解气相色谱仪、高效液相色谱仪、红外分光光度计、质谱仪的主要部件及其作用。

随着科学技术的高速发展，不断出现新技术、新方法，其他分析方法有很多，本章仅对气相色谱法（GC）、高效液相色谱法（HPLC）、红外分光光度法（IR）和质谱法（MS）做简单介绍。

第一节 气相色谱法

以气体为流动相的色谱法称为气相色谱法（GC）。其主要用于分离测定一些气体及易挥发性的物质，以测定有机物为主，也可测定某些无机物。气相色谱法具有分辨效能高、选择性好、灵敏度高、分析速度快（几秒至几十分钟）、试样用量小等优点，目前已广泛应用于医药卫生、食品分析、环境检测、石油化学等领域。在药物分析中，气相色谱法是中草药成分分析、原料药和制剂的含量测定、药物杂质检查、药物的纯化和制备的一种重要方法。

一、 气相色谱法的分类

1. 按固定相状态 可分为气-固色谱、气-液色谱。

2. 按分离原理　可分为吸附色谱、分配色谱。气-固色谱中用吸附剂作为固定相，属于吸附色谱；气-液色谱中用涂有固定液的载体作固定相，属于分配色谱。

3. 按色谱柱形式　可分为填充柱色谱法、毛细管柱色谱法。

二、气相色谱仪的基本组成

气相色谱法所用的仪器称为气相色谱仪，一般由五个系统组成，即载气系统、进样系统、分离系统、温度控制系统、检测和记录系统。如图 12-1 所示。

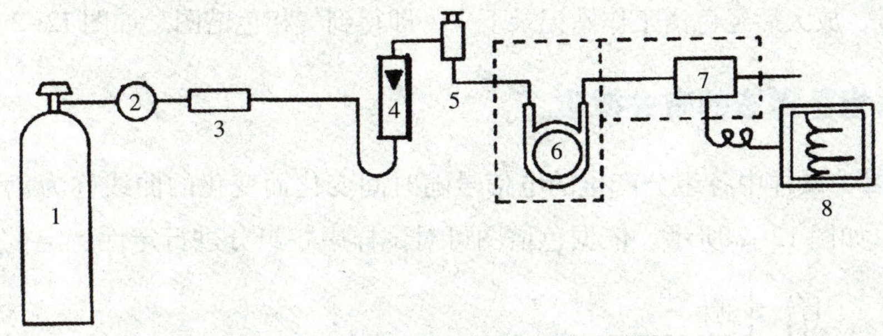

图 12-1　气相色谱仪示意图

1. 载气钢瓶　2. 减压阀　3. 净化器　4. 流量计　5. 进样器
6. 色谱柱　7. 检测器　8. 色谱工作站

试样中各组分能否分开，关键在于色谱柱；分离后组分能否鉴定出来，关键在于检测器，所以分离系统和检测系统是气相色谱仪的关键部件。

1. 载气系统　提供纯净、流速稳定的载气。常用的载气有氮气、氢气、氦气等。

2. 进样系统　进样系统包括进样装置和气化室。其作用是把试样（气体或液体）快速而定量地加入色谱柱中。液体试样进样一般采用微量注射器（必须经气化室变为蒸汽后再进入色谱柱），气体试样常用的是旋转式六通阀。

3. 分离系统　包括色谱柱和柱室，它是色谱仪中最重要的部件之一。色谱柱主要有两类：填充柱和毛细管柱。填充柱由不锈钢或玻璃材料制成，内装固定相。一般内径 2 ~ 4mm，长 1 ~ 10m。毛细管柱又称空心柱（固定相位于管内壁），由不锈钢、玻璃或石英等材料制成，内径一般小于 1mm，长度可达几十米，甚至几百米。

4. 温控系统　对气化室、色谱柱、检测器进行温度控制。温度直接影响色谱柱的分离效果、检测器的灵敏度和稳定性。色谱柱的温控方式有恒温和程序升温两种。

5. 检测和记录系统　包括检测器、放大器和记录仪。现在许多气相色谱仪通过配备的计算机系统（色谱工作站）控制色谱仪，并自动采集数据和完成数据处理。

三、 气相色谱法的一般流程

气相色谱流程如图 12–1 所示，由载气钢瓶提供流动相载气，载气经减压阀降压，净化器脱水、净化，再通过稳压阀、流量计以稳定的流速进入进样器（气化室）、色谱柱、检测器，最后放空。气态试样通过六通阀或注射器进样，液态试样用微量注射器注入进样器，试样被迅速气化，随载气进入色谱柱，因试样中各组分在流动相和固定相中的分配能力不同，所以移动速度也不同，从而先后流出色谱柱进入检测器。检测器将各组分的浓度或质量变化转变为电信号，放大后经色谱工作站记录下来，即得到气相色谱图。如图 12–2 所示。

四、 气相色谱法的有关概念

1. 色谱图 试样中各组分产生的电信号随时间变化而变化的曲线称为色谱流出曲线，简称色谱图。如图 12–2 所示。依据色谱图可对试样中各组分进行定性、定量分析。

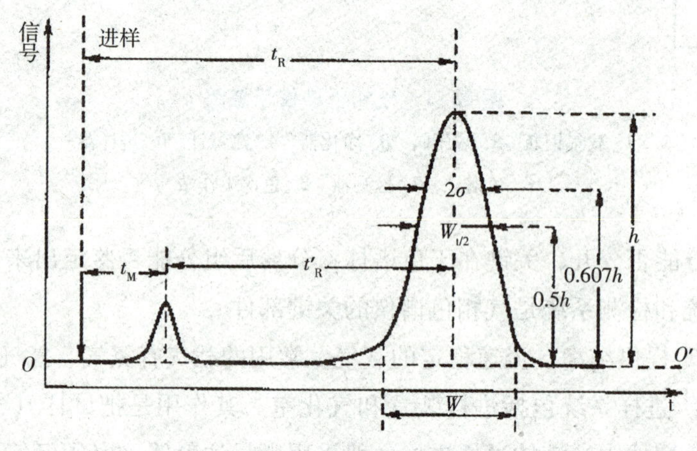

图 12–2 色谱流出曲线

1. 基线 基线是色谱柱中仅有载气通过时，检测器响应信号的记录线。稳定的基线应是一条水平直线。

2. 死时间 t_M 与死体积 V_M 不被固定相吸附或溶解的组分（如空气或甲烷）从进样开始到其色谱峰顶所需的时间称为死时间。对应于死时间所需的流动相体积称死体积，即死时间与载气流速的乘积。

3. 保留时间 t_R 与保留体积 V_R 组分从进样开始到其色谱峰顶所需要的时间称为保留时间，这是色谱定性分析的依据。对应保留时间通过的流动相体积称为保留体积。

4. 调整保留时间 t'_R 和调整保留体积 V'_R 扣除死时间后的组分保留时间称为调整保留时间。它表示该组分因吸附或溶解于固定相后，比非滞留组分（如空气或甲烷）在柱内多滞留的时间。对应这段时间流动相的体积称为调整保留体积。调整保留时间（或体积）

的不同，体现出各组分性质上的差异，是色谱定性分析的依据。

$$t'_R = t_R - t_M \tag{12-1}$$

5. 峰高 *h* 色谱峰顶到基线的垂直距离。

6. 峰宽 *W*、半峰宽 $W_{1/2}$ 与标准偏差 σ 色谱峰底部两侧拐点的切线与基线交点之间的距离称为峰宽。色谱峰高度一半处的宽度称为半峰宽。峰高 0.607 倍处峰宽的一半即标准偏差。

7. 峰面积 *A* 色谱峰与基线之间所围成的面积称为峰面积，是色谱定量分析的依据。

五、 定性与定量分析

1. 定性分析 气相色谱定性分析是确定各个色谱峰代表的是什么组分。定性的原理是在完全相同的色谱分析条件下，同一物质具有相同的保留值。因此，可将样品与纯组分在相同的色谱条件下进行分析，根据各自的保留值进行比较定性。

两谱联用技术

将气相色谱仪与光谱仪连接成一个整体仪器，实现在线检测，称为两谱联用仪。两谱联用仪能给出试样的色谱图，并能快速给出每个色谱组分的红外光谱图、质谱图或核磁共振谱图，同时获得定性、定量信息。

2. 定量分析 定量分析是确定待测组分浓度或含量。定量的原理是在实验条件恒定时，组分的量与峰面积或峰高成正比。

由于同一检测器对不同的物质具有不同的响应值，即使是相同质量的不同组分得到的峰面积也不相同，所以不能用峰面积直接计算物质的含量。为了使检测器产生的响应信号能真实地反映出物质的含量，所以要对响应值进行校正，引入质量校正因子，即单位峰面积所代表的待测组分的质量。

$$f_i = \frac{m_i}{A_i} \tag{12-2}$$

常用的定量方法如下。

（1）归一化法 各组分含量计算公式为：

$$c_i\% = \frac{A_i f_i}{A_1 f_1 + A_2 f_2 + \cdots\cdots + A_n f_n} \times 100\% \tag{12-3}$$

式 12-3 中，$c_i\%$、f_i、A_i 分别代表试样中被测组分的百分含量、质量校正因子和色谱峰面积。归一化法简单，定量结果与进样量无关，操作条件变化对结果影响较小，但要求所有组分都能从色谱柱中流出，被检测器检出，并在色谱图上都显示出色谱峰。

（2）外标法　外标法是用待测组分的纯品作对照物，配制一系列不同浓度的标准液，进行色谱分析，绘制峰面积（A）-浓度（c）曲线，称为工作曲线。在相同操作条件下，对试样进行色谱分析，根据试样中待测组分的峰面积查出组分的含量。

若工作曲线线性好并通过原点，可用外标一点法定量，即：

$$m_i = \frac{A_i}{A_s} m_s \tag{12-4}$$

式 12-4 中，m_i、m_s、A_i、A_s 分别代表待测组分质量、对照品质量、待测组分峰面积、对照品峰面积。

外标法操作简单，不需要校正因子，计算方便，其他组分是否出峰都无影响，但要求分析组分与其他组分完全分离，实验条件稳定，标准品的纯度高。

（3）内标法　将一种纯物质作为内标物质加入到试样中，待测组分含量的计算公式为：

$$c_i\% = \frac{f_i A_i}{f_s A_s} \times \frac{m_s}{m} \times 100\% \tag{12-5}$$

式 12-5 中 m、m_s 分别代表试样质量、加入内标物的质量，f_i、A_i 分别代表待测组分的校正因子和峰面积，f_s、A_s 分别代表内标物的校正因子和峰面积。

第二节　高效液相色谱法

一、高效液相色谱法的概念

高效液相色谱法（HPLC）是以经典液相色谱法为基础，引入了气相色谱的理论和实验方法，以高压输出流动相，采用高效固定相和在线检测手段发展而成的现代分离分析方法。高效液相色谱图及相关的概念与气相色谱法完全一致。

高效液相色谱法在药物分析领域应用日益广泛，不仅用于原料的含量测定和杂质检查、药剂分析、中草药及中成药的有效成分研究，还用于药物代谢等研究领域。

二、高效液相色谱法的特点

1. 高压　流动相在高压泵作用下能迅速通过色谱柱，使复杂组分得到良好分离。

2. 高效　高效液相色谱法较经典液相色谱法的分离效率大大提高，有时一根色谱柱可分离 100 种以上的组分。

3. 高速　高效液相色谱法的流动相在色谱柱内的流速较经典液相色谱法高得多，分析一个试样所需的时间也相应少得多。

4. 高灵敏度　由于广泛使用了高灵敏度的检测器（紫外、荧光、电化学等），从而进一步提高了分析的灵敏度，最小检测量可达 $10^{-9} \sim 10^{-11}$g。

三、高效液相色谱仪的基本组成

高效液相色谱仪主要由高压输液泵、进样器、色谱柱、检测器和计算机处理器（色谱工作站）等五部分组成，如图 12-3 所示。

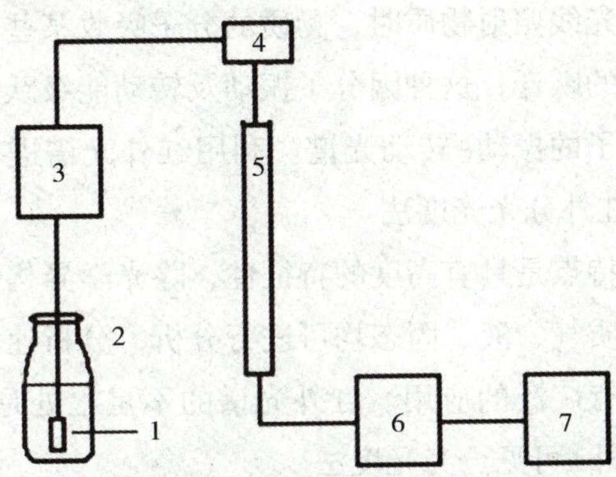

图 12-3　高效液相色谱仪基本结构示意图

1. 过滤器　2. 储液瓶　3. 高压输液泵　4. 进样器
5. 色谱柱　6. 检测器　7. 色谱工作站

四、定性与定量分析

高效液相色谱法的定性与定量方法与气相色谱法相同，此不赘述。

五、气相色谱法和高效液相色谱法的比较

1. 高效液相色谱法的一般流程与气相色谱法类似，前者的流动相是高压液体，试样不必气化；后者的流动相是气体，所以试样必须气化。

2. 高效液相色谱一般在室温下进行分离和分析，不受试样挥发性和高温下稳定性的限制。气相色谱法一般都在较高温度下进行分离和测定，其应用范围受到较大的限制。

3. 气相色谱法只能分析气体和沸点较低的化合物，能分析的有机物仅占有机物总数的 20%，对于那些沸点高、热稳定性差、摩尔质量大的有机物，目前主要采用高效液相色谱法进行分离分析。

4. 气相色谱法的流动相是惰性气体，仅起运载作用。高效液相色谱法的流动相可以选择不同极性的液体，从而改变组分在两相间的分配能力，改善色谱柱的分离效率。

5. 在气相色谱法和高效液相色谱法的色谱图中，保留值是定性分析的依据，峰面积或峰高是定量分析的依据。

第三节　红外吸收光谱法

一、红外光谱

当用一定频率的红外光线照射物质时，物质的分子吸收某些特定波长的红外光，引起分子振动能级和转动能级的跃迁，这种因分子振动及转动能级跃迁而产生的吸收光谱称为红外吸收光谱，也称为分子的振动-转动光谱。利用红外光谱进行分析的方法称为红外吸收光谱法（IR），也称为红外分光光度法。

红外吸收光谱的突出特点是具有高度的特征性，除光学异构体外，每种化合物都有自己的红外吸收光谱。对物质气、液、固态均可进行分析，分析速度快，试样用量少，在中药研究和质量控制等方面有广泛的应用。红外光谱的不足之处是不能做含水试样的分析，定量分析的灵敏度不及紫外-可见分光光度法。

红外光

波长在0.76～1000μm（12800～10cm^{-1}）的电磁辐射称为红外线。通常将红外光谱区划分为近红外区（λ=0.76～2.5μm）、中红外区（λ=2.5～50μm）和远红外区（λ=50～1000μm）。目前应用最广的是2.5～25μm波长区域，所以常称为中红外光谱。

在红外光谱中，习惯上用微米（μm）为波长单位，cm^{-1}为波数单位，波数为波长的倒数，即1cm中所包含波的个数：

$$\sigma = \frac{1}{\lambda} \tag{12-2}$$

红外吸收光谱的表示方法与紫外-可见吸收光谱不同，一般以波数（σ/cm^{-1}）或波长（$\lambda/\mu m$）为横坐标，以百分透光率（$T/\%$）为纵坐标绘制曲线。如图12-4所示。

分子的各种振动在红外光谱图中体现出来，依据红外吸收光谱中的吸收峰位、强度、形状可以对有机化合物进行结构分析、定性和定量分析。

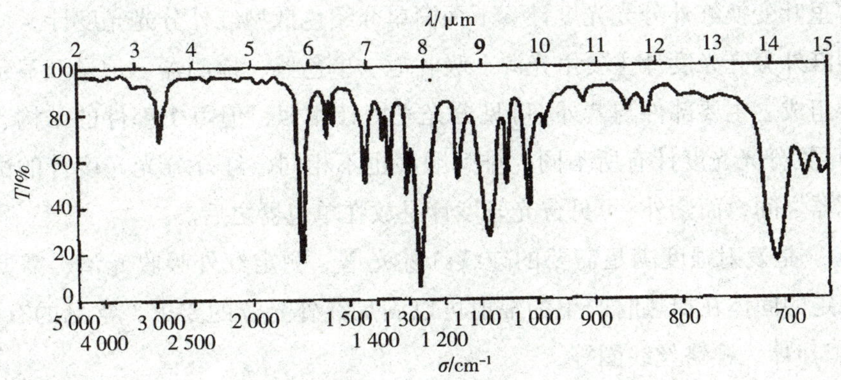

图 12-4　苯甲酸乙酯的红外光谱图

二、分子振动的基本形式

分子内不仅存在电子的运动，还有原子核之间的振动和分子整体的转动。振动和转动的能量是不连续的，形成相应的振动能级和转动能级。红外光因其辐射能量低，不足以引起分子中电子能级的跃迁，但可以被物质分子吸收，引起分子振动及转动能级跃迁，从而产生红外吸收光谱。

由多个原子组成的分子，基本振动形式可以分为两大类。

1. 伸缩振动　键长（原子之间的距离）发生周期性变化的振动称为伸缩振动，即键长沿着键轴方向周期性地变长或变短。对于三原子分子来说，两个键长同时变长或变短的振动，称为对称伸缩振动；一个键长变长或变短，而另一个键长变短或变长的振动，称为非对称伸缩振动。

2. 弯曲振动　键角（两个化学键之间的夹角）发生周期性变化的振动称为弯曲振动。对于三原子分子来说，两个化学键在其所构成的平面内左右摇摆运动称为面内弯曲振动，面内弯曲振动可分为剪式振动和面内摇摆振动；两个化学键在其所构成的平面上下摇摆运动称为面外弯曲振动，面外弯曲振动可分为面外摇摆振动（两个化学键同时上下摇摆）和卷曲振动（两个化学键一上一下摇摆）。

从理论上讲，每种振动形式都会在红外吸收光谱上呈现一个吸收峰，但有些吸收峰非常接近，只能表现一个吸收峰（称为简并），有些振动不吸收红外线（称为非活性振动），有时仪器不能检测到非常微弱的吸收，所以红外吸收光谱的吸收峰数目比分子基本振动形式的总数少得多。

三、红外分光光度计

红外分光光度计是用来测定物质红外光谱的仪器，目前主要有两类：色散型红外分光光度计和傅里叶变换红外分光光度计。下面简单介绍色散型红外分光光度计。

色散型红外分光光度计主要由光源、吸收池、单色器、检测器、记录及显示装置等五个基本部件组成。主要部件与紫外-可见分光光度计相似，但每个部件的结构、材料及性能与紫外-可见分光光度计有所不同，排列顺序也不相同，红外分光光度计的试样是放在光源和单色器之间，而紫外-可见分光光度计是放在单色器之后。

1. 光源 是发射强度满足需要的连续红外光谱。测定红外吸收光谱，需要能量较小的光源。稳定的固体在加热时产生的辐射可以满足红外光源的要求，常见的有能斯特灯、碳化硅（SiC）棒、镍铬丝线圈等。

2. 吸收池 测定气体或液体试样时，常需要吸收池。因玻璃、石英等材料不能透过红外光，红外吸收池要用可透过红外光的 NaCl、KBr、CsI 等材料。

3. 单色器 单色器的作用是获得中红外区的单色光。

4. 检测器 由于红外光谱区的光子能量较弱，不足以导致光电子发射，因此紫外-可见分光光度计中所用的光电管或光电倍增管不适于红外检测。常用红外检测器有真空热电偶。

5. 记录及显示装置 红外分光光度计需要有绘图记录系统来绘制记录红外吸收光谱。较高级的仪器都配有微型计算机，仪器的操作控制、谱图各种参数计算、谱图检索等均可由计算机完成。

四、 红外吸收光谱的重要区段

红外光谱（中红外）的工作范围通常是 4000 ~ 400cm^{-1}，常见基团都在这个区域内产生吸收带。谱图中的吸收峰都对应着分子化学键或基团的相关振动形式，是分子结构的客观反映。按照红外光谱与分子结构的关系可将整个红外光谱区分为基团频率区和指纹区两个区域。

（一）基团频率区

1. X—H 伸缩振动区（4000 ~ 250cm^{-1}） X 代表 C、O、N、S 等原子。

（1）C—H 的伸缩振动可以分为饱和碳氢（—C—H）和不饱和碳氢（═C—H、≡C—H）两种。饱和碳氢的伸缩振动在 3000 ~ 2800cm^{-1} 范围内产生吸收峰，不饱和双键的碳氢的伸缩振动在 3100 ~ 3010cm^{-1} 范围内产生吸收峰，以此可以判别化合物中是否含有不饱和碳氢键。

（2）O—H 的伸缩振动在 3650 ~ 3200cm^{-1} 范围内产生吸收峰，可以作为判断醇类、酚类、有机酸类的重要依据。

（3）N—H 伸缩振动在 3500 ~ 3100cm^{-1} 范围内产生吸收峰，伯胺呈双峰，仲、亚胺为单峰，叔胺不出峰。

2. 三键和累积双键伸缩振动区（2500 ~ 1900cm^{-1}） 这个区域主要是 C ≡ C、

C ≡ N键伸缩振动频率区，以及 C ═C ═C、C ═C ═O 等累积双键的反对称伸缩振动频率区。这个区域吸收峰很少，很容易判断。

3. 双键伸缩振动区（$1900\sim1200cm^{-1}$） 该区域主要是 C ═C、C ═O 等键的伸缩振动频率区，是红外光谱中重要的区域。

C ═C 伸缩振动在 $1670\sim1450cm^{-1}$ 范围内出现吸收峰，吸收较弱，有时在光谱图中观测不到。芳香族化合物内的 C ═C 伸缩振动分别在 $1600\sim1585cm^{-1}$ 和 $1500\sim1400cm^{-1}$ 出现两个吸收峰，可用于判断是否存在芳环。

C ═O 伸缩振动位于 $1900\sim1650cm^{-1}$，是红外光谱中最特征、最强的谱带，是判断酮类、醛类、酸类、酯类、酸酐等有机化合物的重要依据。

（二）指纹区（$1300\sim400cm^{-1}$）

指纹区的吸收峰主要由各种单键伸缩振动和各种基团的变形振动引起。由于各种单键的强度相近，相邻单键之间的相互作用使这个区域内的谱带一般较为密集。分子结构上的细微差异也会引起该区吸收光谱的明显变化。因此，将这个区域称为指纹区。指纹区的主要作用是旁证化合物存在哪些基团，确定化合物细微结构。

第四节　质谱法

一、质谱法的概念

将化合物分子电离成不同质量的离子，利用电磁学原理，按其质荷比（m/z）的大小顺序依次排列成图谱收集和记录下来，即质谱。以质谱为基础建立起来的分析方法称为质谱分析法，表示为 MS。质谱法是分离和测定分子、离子、原子质量的一种物理方法，本质上与紫外-可见、红外等光谱法不同，但是鉴定有机化合物结构的重要方法。随着气相色谱、高效液相色谱等仪器与质谱联机成功，以及计算机的飞速发展，质谱法已成为分析、鉴定复杂混合物最有效的工具之一。

二、质谱仪及其工作原理

质谱仪是进行质谱分析的仪器，一般由进样系统、离子源、加速电场、质量分析器、检测记录系统和真空系统等部分组成，如图 12-5 所示。

质谱仪的工作原理是：将试样分子置于高真空中（小于 $10^{-3}Pa$），在高速电子流或强电场的作用下，失去一个外层电子而生成分子离子，或化学键断裂生成各种碎片离子，然后将分子离子和碎片离子引入一个强的电场（电压为 $6\sim8kV$）中，使之加速。离子所带的电荷、加速电压、离子质量、离子运动速度之间的关系符合式 12-3。

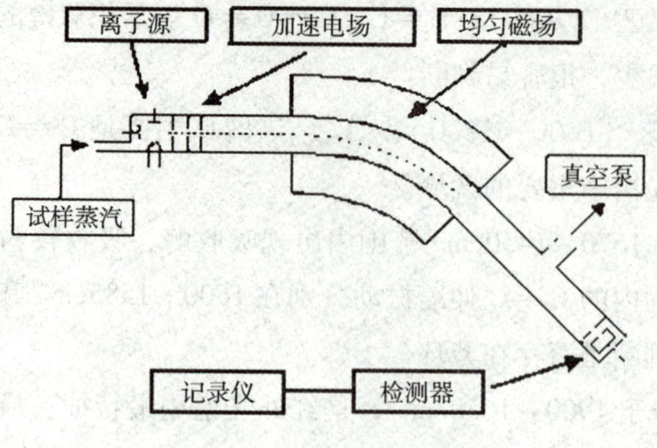

图 12-5 质谱仪示意图

$$ZU = \frac{1}{2}mv^2 \qquad (12-3)$$

式 12-3 中，Z 为离子电荷数；U 为加速电压；m 为离子质量；v 为离子速度。

可见，离子的质荷比（m/z）不同，运动的速度不同，在均匀磁场（质量分析器）中运动的半径也不同，从而得到分离；再由检测器测量其强度，记录后获得一张以质荷比（m/z）为横坐标、以相对丰度为纵坐标的质谱图。

三、 质谱图

质谱图的横坐标为质荷比（m/z），纵坐标为离子强度，一般以相对丰度来表示。相对丰度是以最强的峰（称为标准峰或基峰）为 100，其余的峰按与标准峰的丰度比表示。质谱图中，每一条线的位置表示一种质荷比的离子，相对丰度则表示离子数目的多少。分子离子峰一般为质谱图中质荷比（m/z）最大的峰。质谱图如图 12-6 所示。

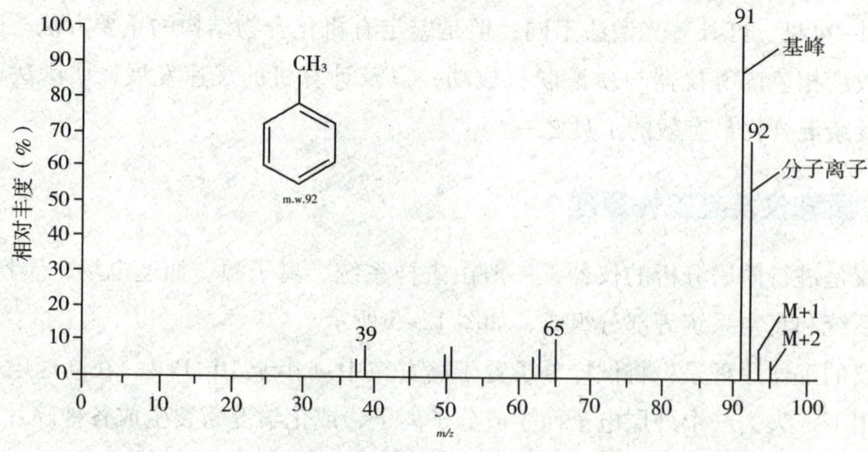

图 12-6 甲苯的质谱图

四、 质谱法的特点

1. 质谱法是唯一可以确定分子式的方法。

2. 灵敏度高，通常只需要微克级甚至更少质量的试样，便可得到质谱图，检出限最低可达到 10^{-14} g。

3. 质谱图中的碎片离子峰提供了有机物结构上的丰富信息。

复习思考

一、选择题

（一）单选题

1. 红外吸收光谱产生的原因是（　　）

A. 分子外层电子的能级跃迁

B. 分子振动-转动能级的跃迁

C. 分子外层电子、振动、转动能级的跃迁

D. 原子外层电子、振动、转动能级的跃迁

E. 不能确定

2. 红外光谱法中试样的状态可以是（　　）

A. 单质　　B. 纯净物　　C. 混合物

D. 单质和混合物　　E. 都可以

3. 色散型红外分光光度计检测器常用（　　）

A. 光电管　　B. 光电倍增管　　C. 真空热电偶

D. 热导池　　E. 氢火焰离子化检测器

4. 红外光谱法试样的状态可以是（　　）

A. 气体　　B. 液体　　C. 固体

D. 气体、液体　　E. 气体、液体、固体

5. 在气相色谱分析中，用于定性分析的参数是（　　）

A. 死时间　　B. 保留值　　C. 峰宽

D. 半峰宽　　E. 峰面积

6. 在气相色谱分析中，用于定量分析的参数是（　　）

A. 死时间　　B. 保留值　　C. 峰宽

D. 半峰宽　　E. 峰面积

7. 在质谱法中，分子离子能进一步裂解成多种碎片离子，原因是（　　）

A. 加速电场的作用　　B. 分子间碰撞　　C. 电子流的能量大
D. 碎片离子比分子离子稳定　　E. 电子流能量小

3. 在质谱仪中，将质荷比（m/z）分离开来的部件是（　　）
A. 离子源　　B. 质量分析器　　C. 检测器
D. 加速电场　　E. 进样系统

（二）多选题

1. 下列叙述正确的是（　　）
A. 气相色谱法与经典色谱法的分离原理基本相同
B. 高压输液泵、色谱柱和检测器是高效液相色谱仪的关键部件
C. 碳氧双键的伸缩振动位于 $1900 \sim 1650\text{cm}^{-1}$，是红外光谱中的重要谱带
D. 分子失去一个电子所形成的离子称为分子离子
E. 分子离子峰通常是质谱中的最强峰

2. 下列叙述正确的是（　　）
A. 红外光谱和紫外光谱都是以吸光度为纵坐标
B. 红外光谱和紫外光谱都是以透光率为纵坐标
C. 气相色谱和高效液相色谱以试样组分产生的电信号为纵坐标
D. 气相色谱和高效液相色谱以试样组分的保留时间为横坐标
E. 质谱是以离子的质荷比（m/z）为横坐标

二、辨是非题

1. 气相色谱法的分离原理与经典色谱法不同。（　　）
2. 高效液相色谱法可以进行定性分析和定量分析。（　　）
3. 气相色谱法和高效液相色谱法的流动相相同。（　　）
4. 红外光谱图和质谱图相同。（　　）
5. 质谱法是依据离子的质量不同而进行分离的。（　　）

三、填空题

1. 气相色谱法常用的载气有________、________、________。
2. 气相色谱法的英文缩写为________，高效液相色谱法的英文缩写为________。
3. 高效液相色谱仪主要由________、________、________和________四部分组成。
4. 红外吸收光谱区域可分为________、________两个区域。

四、简述题

1. 气相色谱仪基本结构包括哪几部分？各有什么作用？
2. 高效液相色谱法与气相色谱法有哪些异同点？
3. 红外吸收光谱与紫外光谱有什么区别？
4. 什么是质谱？简述质谱法基本原理。

扫一扫，知答案

实验指导

实验一　电子天平称量练习

一、 实验目的

1. 学会直接称量法、减量称量法、固定质量称量法的操作方法，能够正确称量固体试样并记录称量数据。

2. 熟悉电子天平的基本结构。

3. 培养学生善于动手、勤于思考的优良品质。

二、 实验原理

1. 电子天平的称量原理是电磁平衡原理。其方法有直接称量法、减量称量法、固定质量称量法、累计称量法和下称法等多种。

2. 电子天平有去皮功能，应指导学生巧妙利用该功能进行操作。

三、 仪器试剂

1. 仪器　托盘天平、电子天平、干燥器（180mm）、称量瓶（25mm×40mm）、锥形瓶（250mL）、小烧杯（50mL）、小滴瓶（30mL）、药匙。

2. 试剂　基准物质 $K_2Cr_2O_7$、NaCl 溶液（置于 30mL 小滴瓶中）。

四、 实验步骤

1. 观察　重点观察电子天平的操作面板，熟悉各按键的布局和功能。

2. 称量前的准备

（1）清扫　取下天平罩，折叠整齐。用软毛刷清扫称盘。

（2）检查、调节水平　调整水平调节螺丝使水泡在水平仪中心。

（3）预热　接通电源，在“OFF”状态下，预热 30 分钟。（实验课前已经接通电源，这一步可省略）。

（4）开启显示器　按开关键，在“ON”状态下，天平进行自检，完毕后，显示“0.0000g”，如不是“0.0000g”，则按清零键（Tare）。

（5）校准　根据电子天平的型号，只能选择内校或外校中的一种方法进行校准。

3. 称量操作练习

（1）不去皮直接称量法　将一干燥洁净的小烧杯从边门放置称盘中央，关闭天平门，记下空烧杯的质量 m_1。用药匙从天平边门将试样加入小烧杯中，关闭天平门，称出小烧杯和试样的总质量为 m_2。两次称量质量之差（m_2-m_1）即为试样的质量。

（2）去皮直接称量法　将一干燥洁净的小烧杯从边门放置称盘中央，关闭天平门，按清零键（Tare），显示“0.0000g”后，用药匙从天平边门将试样加入小烧杯中，关闭天平门，显示值即为试样的质量 m。

（3）减量称量法称取0.5g基准物质 $K_2Cr_2O_7$（去皮法）　用手套或纸条将装有约1.5g（托盘天平上粗称）基准物质 $K_2Cr_2O_7$ 的称量瓶放在称盘中央，关闭天平门，按清零键（Tare），显示“0.0000g”。用手套或纸条取出称量瓶，瓶盖轻敲称量瓶上口，将 $K_2Cr_2O_7$ 倾入洁净的锥形瓶中，倾出一定量后，放回天平盘上，关闭天平门后读数，显示值为“-”值，其数值即为所倾出 $K_2Cr_2O_7$ 的质量，要求倾出的量控制在±10%以内（即0.45～0.55g），记下第一份样品质量。若倾出的量不够，可继续倾出，如过量了，则弃去重称，继续称取第二份样品于第二个锥形瓶中。

（4）减量称量法称取0.8g NaCl溶液（去皮法）　用手套或纸条将装有NaCl溶液的小滴瓶放入称盘中央，关闭天平门，按清零键（Tare），显示“0.0000g”。用手套或纸条拿出小滴瓶，同样用手套或纸条取出滴管，将NaCl溶液滴入锥形瓶中，与上述的固体称量相似，要求倾出的量控制在±10%以内（即0.72～0.88g），记录数据。取出二份样品分别置于二个锥形瓶中。

（5）固定质量称量法称取0.6129g基准物质 $K_2Cr_2O_7$　将一干燥洁净的小烧杯从边门放于称盘中央，关闭天平门，按清零键（Tare），显示“0.0000g”后，用药匙取基准物质 $K_2Cr_2O_7$，从天平边门伸入，将试样慢慢抖入小烧杯中，直至天平显示屏上读数恰好达为0.6129g，关闭天平门，再次核实显示屏上的数值，并作记录。如不慎加多了，用药匙取出多余的试样，再重复上述操作，直到恰好达到固定质量0.6129g。

4. 称量结束　取下称量物，置于原位。按清零键（Tare），显示“0.0000g”后，按开关键（ON/OFF），天平处于待机状态，不要拔电源。用软毛刷清扫称盘，罩上天平罩，将凳子放回原处，并在登记本上记录使用情况。

五、数据记录及处理结果

1. 不去皮直接称量法　空烧杯 m_1 =________；烧杯和试样 m_2 =________。试样质量为$m_2-m_1=$________。

2. 去皮直接称量法　试样 $m=$________。

3. 减量称量法称取 0.5g 基准物质 $K_2Cr_2O_7$　第一份样品 $m_1=$________；第二份样品 $m_2=$________。

4. 减量称量法称取 0.8g NaCl 溶液　第一份样品 $m_1=$________；第二份样品 $m_2=$________。

5. 固定质量称量法　称取 0.6129g 或________ g 基准物质 $K_2Cr_2O_7$。

六、 注意事项

本实验中的电子天平的称量数据要求精确到 0.0001g，数据记录在实验报告或记录本上。如果记录错误，将错误的数据画一条横线，横线后签名，以示负责，并将正确的数据写在错误数据的下面。

七、 思考题

1. 电子天平是根据什么原理实现称量的？为什么本实验中称得的数值可以看作是物质的质量？

2. 为什么减量称量法通常借助于手套或小纸条接触称量瓶和称量瓶盖子？

实验二　滴定分析仪器的洗涤及使用练习

一、 实验目的

1. 掌握滴定分析仪器的洗涤方法。
2. 学会滴定分析仪器的正确使用。
3. 学会滴定终点的观察与判断。

二、 实验原理

滴定分析法是将滴定液滴加到被测物质溶液中，当反应达到化学计量点时，根据滴定液的浓度和消耗的体积，计算被测组分含量的分析方法。准确测量溶液的体积是获得良好分析结果的重要前提之一，因此，必须掌握滴定管、移液管和容量瓶等常用滴定分析仪器的洗涤和使用方法。

三、 仪器试剂

1. 仪器　酸式滴定管（50mL）、碱式滴定管（50mL）、锥形瓶（250mL）、移液管

(25mL)、移液管（10mL)、容量瓶（100mL)、洗耳球、烧杯。

2. 试剂　0.1mol/L NaOH 溶液、0.1mol/L HCl 溶液、0.1% 酚酞指示剂、0.1% 甲基橙指示剂、铬酸洗液。

四、实验步骤

（一）滴定分析仪器的洗涤

滴定分析仪器在使用前必须洗干净，洗净的标准是仪器内壁应能被水均匀润湿而不挂水珠。

滴定分析的辅助仪器如锥形瓶、烧杯、试剂瓶、玻璃棒等，可用毛刷蘸取去污粉或肥皂水或洗涤剂刷洗，用自来水冲洗后，再用纯化水冲洗。

滴定分析的容量仪器如滴定管、容量瓶、移液管等，一般不用刷子刷洗，以免容器内壁磨损而影响量器测量的准确度。应先检查其是否破损并试漏（必要时对酸式滴定管旋塞涂抹凡士林)，再用自来水冲洗或洗涤剂冲洗，如果不能冲洗干净，可用铬酸洗液润洗或浸泡，将洗液倒回原容器后，用自来水冲洗仪器，再用纯化水冲洗。

1. 滴定管的洗涤

（1）酸式滴定管　先关闭旋塞开关，直接倒入铬酸洗液大约 10mL，将滴定管倾斜并慢慢转动滴定管，使其内壁全部被洗液润湿，直立酸式滴定管，打开旋塞开关，将洗液倒回原洗液瓶中，依次用自来水、纯化水冲洗。

（2）碱式滴定管　倒立滴定管插入铬酸洗液瓶中，用洗耳球将洗液吸入其中，打开玻璃珠开关，将洗液倒回洗液瓶中，依次用自来水、纯化水冲洗。

2. 容量瓶的洗涤　直接倒入铬酸洗液大约 10mL，倾斜并旋转容量瓶，使洗液润湿内壁，然后将洗液倒回原洗液瓶中，依次用自来水、纯化水冲洗。

3. 移液管的洗涤　将移液管插入铬酸洗液瓶中，用洗耳球将洗液吸入其中，移开洗耳球，将洗液倒回洗液瓶中，依次用自来水、纯化水冲洗。

（二）滴定分析法仪器的使用练习

1. 滴定管的使用练习　向滴定管加纯化水至“0”刻线以上，排气泡。酸式滴定管可打开旋塞，使溶液急速下流，除去气泡。碱式滴定管可将乳胶管向上弯曲，捏挤稍高于玻璃珠所在处的橡皮管，使溶液从尖嘴处流出，除去气泡。然后调节零点，用右手拇指、食指、中指轻轻捏住滴定管上端，保持其垂直于地面，左手操作滴定管开关使液面慢慢下降至液面的凹月面最低处与“0”刻线相切。

将滴定管垂直夹在滴定夹上，左手操作滴定管开关，右手握住锥形瓶上部，边滴定边振摇锥形瓶，使锥形瓶内的溶液做旋转运动，反复练习，熟练掌握操作要领。

2. 容量瓶的使用练习　将纯化水沿玻璃棒倒入容量瓶至近刻线处，用胶头滴管逐滴加纯化水，直至溶液凹月面最低处与环形刻线相切，盖紧瓶塞，用检查是否漏水的方法握住容量瓶，上下颠倒约 20 次，使溶液充分混匀。

3. 移液管的使用练习 用一只手的拇指和中指捏住管口，食指用于堵管口，其余手指自然轻扶移液管的上部，移液管插入盛纯化水的烧杯中至液面下 1cm 处；另一只手挤压洗耳球，让洗耳球的尖嘴抵住移液管的管口，缓慢松开洗耳球，纯化水被吸入其中，当管内液面高于移液管最上面的刻线时，移走洗耳球，迅速用食指堵住管口，将移液管提起来离开液面，稍稍松开食指，使溶液凹月面最低处缓缓下降至与移液管最上端刻线相切时，堵紧管口，管尖轻抵烧杯内壁，插入另外一个容器，松开食指使水流出。如果将水全部放出，应使管尖与容器内壁接触超过 15 秒钟，确保溶液全部放出。反复练习，熟练掌握操作要领。

4. 滴定操作练习

（1）0. 1mol/L NaOH 滴定液滴定 0. 1mol/L HCl 溶液

① 用少量 0. 1mol/L NaOH 溶液将碱式滴定管润洗 3 次，然后装入 0. 1mol/L NaOH 溶液至“0”刻线以上，排除气泡，调好零点。

② 用移液管准确量取 20. 00mL 0. 1mol/L HCl 溶液置于洁净的 250mL 锥形瓶中，再加 2 滴酚酞指示剂。

③ 用 0. 1mol/L NaOH 溶液滴定 HCl 溶液至由无色变浅红色，半分钟不退为终点，记录用去 NaOH 溶液的体积。

重复上述操作，至每次消耗 NaOH 滴定液体积之差小于 0. 02mL 为止。

（2）0. 1mol/L HCl 滴定液滴定 0. 1mol/L NaOH 溶液

① 用少量 0. 1mol/L HCl 溶液将酸碱式滴定管润洗 3 次，然后装入 0. 1mol/L HCl 溶液至“0”刻线以上，排除气泡，调好零点。

② 用移液管准确量取 20. 00mL 0. 1mol/L NaOH 溶液置于洁净的 250mL 锥形瓶中，再加入 2 滴甲基橙指示剂。

③ 用 0. 1mol/L HCl 溶液滴定 0. 1mol/L NaOH 溶液至由黄色变为橙色，即为终点，记录用去 HCl 溶液体积。

重复上述操作，至每次消耗 HCl 滴定液体积之差小于 0. 02mL 为止。

五、 数据记录及处理结果

滴定操作练习记录

滴定程序	消耗滴定液的体积（mL）
NaOH 滴定 HCl	
HCl 滴定 NaOH	

六、 注意事项

1. 铬酸洗液的腐蚀性很强，能灼伤皮肤、腐蚀衣物，使用时应特别小心，如不慎把洗液洒在皮肤、衣物和实验台上，应立即用水冲洗。铬酸洗液变为绿色时，表明已经丧失去污能力，不能继续使用。

2. 滴定管、容量瓶和移液管是带有刻度的精密玻璃量器，不能加热或放入干燥箱中烘干，也不能用于量取过热或过冷的溶液，以免影响测量的准确度。

3. 滴定分析仪器使用完毕，应立即洗涤干净，并放在规定的位置。

七、 思考题

1. 衡量玻璃仪器洗净的标准是什么?

2. 滴定管和移液管为什么要用待装液润洗? 容量瓶、锥形瓶和烧杯是否也要用待装液润洗? 为什么?

3. 滴定分析仪器正确读数的原则是什么?

实验三　盐酸滴定液的配制

一、 实验目的

1. 掌握减量法准确称取基准物的方法。

2. 掌握酸碱滴定操作并学会正确判断滴定终点。

3. 学会配制盐酸滴定液的方法。

二、 实验原理

由于浓盐酸容易挥发，不能用直接法配制滴定液，因此，配制 HCl 滴定液时，只能先配制成近似浓度的溶液，然后用基准物质标定其准确浓度，或者用另一已知准确浓度的滴定液标定该溶液，从而计算其准确浓度。标定 HCl 溶液的基准物质常用无水 Na_2CO_3，其反应式如下：

$$Na_2CO_3+2HCl = 2NaCl+H_2O+CO_2$$

滴定至反应完全时，溶液 pH 为 3.89，通常选用溴甲酚绿-甲基红混合液或甲基橙作指示剂。

三、 仪器试剂

1. 仪器　酸式滴定管（50mL）、烧杯、锥形瓶、玻璃棒、烧杯（500mL）、分析天平、托盘天平、电炉、表面皿、称量瓶。

2. 试剂　浓盐酸（密度为 1.19，浓度为 37%）、无水 Na_2CO_3、甲基橙或者溴甲酚绿-甲基红混合液指示剂。

四、 实验步骤

1. 配制近似 0.1mol/L 的 HCl 溶液　用小量筒量取 2.2mL 浓盐酸，倒入 500mL 烧杯中，加入 250mL 纯化水，摇匀，待标定。

2. 标定 HCl 滴定液　取在 270～300℃干燥至恒重的基准无水碳酸钠约 0.12g，精密称定，置于洁净的锥形瓶中，加 50mL 纯化水溶解，加甲基红-溴甲酚绿混合指示液 10 滴，用待标定的 HCl 溶液滴定至溶液由绿色转变为紫红色时，煮沸 2 分钟，冷却至室温，继续滴定至溶液由绿色变为暗紫色，即为滴定终点。根据待标定的 HCl 溶液的消耗量与无水碳酸钠的取用量，算出 HCl 滴定液的浓度，平行测定三次，取平均值作为 HCl 滴定液的浓度。

五、 数据记录及处理结果

	Ⅰ	Ⅱ	Ⅲ
无水碳酸钠质量（g）			
初始读数（mL）			
终点读数（mL）			
消耗 HCl 体积（mL）			
HCl 滴定液浓度（mol/L）			
平均浓度（mol/L）			

HCl 滴定液浓度的计算式：

$$c = \frac{\frac{m}{M} \times 2 \times 1000}{V}$$

式中：c——HCl 滴定液的物质的量浓度（mol/L）；

m——无水碳酸钠的质量（g）；

V——消耗 HCl 溶液的体积（mL）；

M——无水碳酸钠的摩尔质量（g/mol）。

六、 注意事项

1. 干燥至恒重的无水碳酸钠有吸湿性，因此在标定中精密称取基准无水碳酸钠时，宜采用“减量法”称取，并应迅速将称量瓶加盖密闭。

2. 在滴定过程中产生的二氧化碳，使终点变色不够敏锐。因此，在溶液滴定进行至临近终点时，应将溶液加热煮沸或剧烈摇动，以除去二氧化碳，待冷至室温后，再继续滴定。

七、 思考题

1. 在滴定过程中产生的二氧化碳会使终点变色不够敏锐，在溶液滴定进行至临近终点时，应如何处理？

2. 当碳酸钠试样从称量瓶转移到锥形瓶的过程中，不小心有少量试样撒出，如仍用它来标定盐酸浓度，将会造成分析结果偏大还是偏小？

实验四 药用氢氧化钠的含量测定

一、 实验目的

1. 掌握双指示剂法测定 NaOH 和 Na_2CO_3 混合物中各组分含量的原理和方法。
2. 学会使用移液管和容量瓶。
3. 熟练掌握酸式滴定管的滴定操作和滴定终点的判定。
4. 巩固减量法称取固体物质的操作技术。

二、 实验原理

NaOH 易吸收空气中的 CO_2 形成 NaOH 与 Na_2CO_3 的混合物。由于滴定 Na_2CO_3 时有两个计量点，可采用双指示剂滴定法分别测定 NaOH 和 Na_2CO_3 的含量。

首先在被测溶液中加入酚酞指示剂，用盐酸滴定液滴定至酚酞红色刚消失为第一计量点，设用去盐酸滴定液的体积为 V_1。

此时，NaOH 全部被滴定完，Na_2CO_3 全部变成 $NaHCO_3$，滴定反应为：

$$Na_2CO_3 + HCl \xlongequal{} NaHCO_3 + H_2O$$

$$NaOH + HCl \xlongequal{} NaCl + H_2O$$

然后加入甲基橙指示剂，用盐酸滴定液继续滴定至甲基橙由黄色转变为橙红色时，达到第二计量点，设这次用去盐酸滴定液的体积为 V_2。

此时，$NaHCO_3$ 全部生成 H_2CO_3（CO_2 和 H_2O），滴定反应为：

$$NaHCO_3 + HCl \xlongequal{} NaCl + CO_2\uparrow + H_2O$$

则测定 Na_2CO_3 消耗的盐酸滴定液的体积为 $2V_2$，滴定 NaOH 所消耗的盐酸滴定液的体积为 V_1-V_2，可根据消耗的盐酸滴定液的体积和盐酸滴定液的浓度计算 NaOH 和 Na_2CO_3 的含量。

三、 仪器试剂

1. 仪器　酸式滴定管、锥形瓶、烧杯、容量瓶（100mL）、称量瓶、电子天平。

2. 试剂　0.1mol/L 盐酸滴定液、酚酞指示剂、甲基橙指示剂、药用氢氧化钠。

四、 实验步骤

1. 配制试样溶液　精密称取药用 NaOH 约 0.4g，置于小烧杯中，加少量纯化水溶解后，定量转移至 100mL 容量瓶中，加水稀释至刻度，摇匀。

2. 滴定　用移液管准确移取 25.00mL 试样溶液置于 250mL 锥形瓶中，各加入 2 滴酚酞指示剂，以盐酸滴定液（0.1mol/L）滴定至酚酞的红色消失为止，记录所用盐酸液体积 V_1。再加入 2 滴甲基橙指示剂，继续用盐酸滴定液（0.1mol/L）滴定，小心滴定至溶液颜色由黄色变为橙色为止，记录所用 HCl 滴定液体积 V_2。计算 NaOH 和 Na_2CO_3 的含量。平行测定三次，取其平均值作为对应组分的含量。

五、 数据记录与处理结果

	Ⅰ	Ⅱ	Ⅲ
药用 NaOH 试样溶液体积（mL）	25.00	25.00	25.00
第一计量点消耗 HCl 体积 V_1（mL）			
第二计量点消耗 HCl 体积 V_2（mL）			
NaOH 含量（%）			
Na_2CO_3 含量（%）			
NaOH 含量平均值（%）			
Na_2CO_3 含量平均值（%）			

药用氢氧化钠试样中 NaOH 和 Na_2CO_3 含量的计算公式：

$$NaOH\% = \frac{[c(V_1 - V_2)]_{HCl} \times M_{NaOH}}{1000 \times m_s \times \frac{25.00}{100.0}} \times 100\%$$

$$Na_2CO_3\% = \frac{(c \times 2V_2)_{HCl} \times M_{Na_2CO_3}}{2 \times 1000 \times m_s \times \frac{25.00}{100.0}} \times 100\%$$

式中：c——HCl 滴定液的浓度（mol/L）；

V_1——第一计量点消耗 HCl 体积（mL）；

V_2——第二计量点消耗 HCl 体积（mL）；

m_s——药用氢氧化钠试样的质量（g）。

六、 注意事项

1. 滴定之前，试样溶液不应在空气中久置，否则容易吸收 CO_2 使 NaOH 的量减少，而 Na_2CO_3 的量增多。

2. 第一计量点以酚酞为指示剂，终点颜色为红色退去，不易判断，要细心观察。

3. 第二计量点时，要充分旋摇，以防止形成 CO_2 的过饱和溶液使终点提前。

4. 由于试样中所含 Na_2CO_3 较少，所以第二计量点需用的盐酸量较少，滴定时要小心。

七、 思考题

1. 使用移液管时应注意些什么？

2. 如果试样中含有 $NaHCO_3$，应如何计算其含量？

实验五 氢氧化钠滴定液的配制

一、 实验目的

1. 掌握氢氧化钠滴定液的配制方法。

2. 巩固减量法称量基准物质的操作技术。

3. 掌握滴定操作及正确判断滴定终点。

二、 实验原理

NaOH 易吸收空气中 CO_2 而生成 Na_2CO_3，反应式为：

$$2NaOH+CO_2 = Na_2CO_3+H_2O$$

由于 Na_2CO_3 在饱和 NaOH 溶液中不溶解，因此将 NaOH 制成饱和溶液，其含量约 52%（*W/W*），密度为 1.56。待 Na_2CO_3 沉淀后，量取一定量的上清液，稀释至一定体积即可。用来配制 NaOH 溶液的纯化水，应加热煮沸放冷，除去水中的 CO_2。

标定 NaOH 的基准物质有草酸（$H_2C_2O_4 \cdot 2H_2O$）、苯甲酸（$C_7H_6O_2$）、邻苯二甲酸氢钾（$KHC_8H_4O_4$）等。通常用邻苯二甲酸氢钾标定 NaOH 滴定液，标定反应如下：

$$C_6H_4(COOH)(COOK) + NaOH = C_6H_4(COONa)(COOK) + H_2O$$

计量点时，生成的弱酸强碱盐水解，溶液为碱性，采用酚酞作指示剂。

三、 仪器与试剂

1. 仪器　分析天平、托盘天平、碱式滴定管（50mL）、玻璃棒、量筒、试剂瓶、称量瓶、锥形瓶、烧杯。

2. 试剂　固体 NaOH、基准邻苯二甲酸氢钾、酚酞指示剂。

四、 实验步骤

1. 配制近似 0.1mol/L 的 NaOH 溶液

（1）NaOH 饱和溶液的配制　用托盘天平称取 120g NaOH 固体，倒入装有 100mL 纯化水的烧杯中，搅拌使之溶解成饱和溶液。贮于塑料瓶中，静置数日，澄清后备用。

（2）NaOH 滴定液的配制（0.1mol/L）　取澄清的饱和 NaOH 溶液 2.8mL，置于 500mL 试剂瓶中，加新煮沸的冷纯化水 500mL，摇匀密塞，贴上标签，备用。

2. 标定 NaOH 滴定液　用减量法精密称取在 105～110℃干燥至恒重的基准物邻苯二甲酸氢钾约 0.6g，置于 250mL 锥形瓶中，加纯化水 50mL，使之完全溶解，加酚酞指示剂 2 滴，用待标定的 NaOH 溶液滴定至溶液呈淡红色，且 30 秒不退色即可。根据 NaOH 溶液的消耗量与邻苯二甲酸氢钾的取用量，算出 NaOH 溶液的浓度。平行测定三次，取平均值作为 NaOH 滴定液的浓度。

五、 数据记录及处理结果

试样编号	Ⅰ	Ⅱ	Ⅲ
邻苯二甲酸氢钾质量（g）			
初始读数（mL）			
终点读数（mL）			
消耗 NaOH 体积（mL）			
NaOH 滴定液浓度（mol/L）			
平均浓度（mol/L）			

NaOH 滴定液浓度的计算式：

$$c=\frac{\frac{m}{M}\times 1000}{V}$$

式中：c——氢氧化钠滴定液的量浓度（mol/L）；

m——邻苯二甲酸氢钾的质量（g）；

V——氢氧化钠溶液的用量（mL）；

M——邻苯二甲酸氢钾的摩尔质量（g/mol）。

六、 注意事项

1. 固体氢氧化钠应放在表面皿上或小烧杯中称量，不能在称量纸上称量，因为氢氧化钠极易吸潮。而且称量速度要尽量快。

2. NaOH 饱和溶液侵蚀性很强，长期保存最好用聚乙烯塑料化学试剂瓶贮存。在一般情况下，也可用玻璃瓶贮存，但必须用橡皮塞。

3. 盛放基准物的三个锥形瓶应编号，以免混淆，防止过失误差。

七、 思考题

1. 为什么配制氢氧化钠滴定液时，需要先配制饱和溶液并放置数天而后再稀释配制相应浓度的溶液呢？

2. 如果用 $H_2C_2O_4 \cdot 2H_2O$ 标定氢氧化钠滴定液时，应该如何操作？

实验六 食醋中总酸量的测定

一、 实验目的

1. 掌握食醋中总酸量的测定原理与方法。

2. 巩固移液管和容量瓶的正确使用方法。

3. 熟悉强碱滴定弱酸滴定终点的判定。

二、 实验原理

食醋是日常生活中的调味品，主要成分是醋酸（CH_3COOH），通常简写为 HAc，其中还有少量其他有机酸，如乳酸等。这些有机酸均为弱酸，能够满足弱酸被准确滴定的条件（$c \cdot K_a \geqslant 10^{-8}$），可以用 NaOH 滴定液进行滴定，其总酸量通常用 HAc 的含量来表示，含量为 30～50g/L。滴定反应如下。

$$CH_3COOH+NaOH = CH_3COONa+H_2O$$

化学计量点时生成 CH_3COONa，溶液的 pH 值约为 8.7，因此，用酚酞作指示剂终点时溶液呈淡粉红色。

三、 仪器试剂

1. 仪器 碱式滴定管（50mL）、移液管（10mL、25mL）、容量瓶 100mL、锥形瓶（250mL）、洗耳球。

2. 试剂　0.1mol/L NaOH 滴定液、酚酞指示剂、食醋样品。

四、 实验步骤

1. 制备试样溶液　用移液管移取 10.00mL 食醋样品，置于 100mL 容量瓶中，用新煮沸的冷却纯化水定容，摇匀备用。

2. 滴定　用移液管准确移取 25.00mL 试样溶液，置于 250.00mL 锥形瓶中，加入 2 滴酚酞指示剂，用 NaOH 滴定液滴定至溶液颜色变为微红色，30 秒钟不退色即为终点，记录消耗 NaOH 滴定液的体积。

平行测定三次，求其平均值记作食醋酸的总酸量。

五、 数据记录与处理

	Ⅰ	Ⅱ	Ⅲ
NaOH 体积初读数（mL）			
NaOH 体积终读数（mL）			
V_{NaOH}（mL）			
HAc 含量（g/100mL）			
HAc 含量平均值（g/100mL）			

计算公式：

$$HAc(g/L) = \frac{c_{NaOH} \times V_{NaOH} \times M_{HAc}}{V_{样}} \times \frac{100.0}{10.00}$$

式中：c_{NaOH}——NaOH 滴定液的准确浓度（mol/L）；

V_{NaOH}——滴定时消耗 NaOH 标准溶液的体积（mL）；

M_{HAc}——HAc 的摩尔质量（g/mol）；

$V_{样}$——滴定时所取稀释后样品的体积（mL）。

六、 注意事项

1. 食用醋往往有颜色，会影响滴定终点的判定，因此测定前应先适当稀释或加入活性炭脱色。最好用食用白醋进行实验测定。

2. NaOH 容易吸收空气中的 CO_2，若 NaOH 滴定液放置时间比较长，用前应重新标定。

七、 思考题

1. 测定食醋中总酸量时，为什么选择酚酞为指示剂？能否选用甲基橙或甲基红为指示剂？

2. 酚酞指示剂由无色变为微红时，溶液的 pH 值为多少？为什么变红的溶液在空气中放置后又变为无色？

3. 在滴定时为什么要将食醋样品稀释 10 倍？

实验七　硝酸银滴定液的配制

一、实验目的

1. 掌握硝酸银滴定液的配制方法。
2. 掌握以氯化钠为基准物标定硝酸银滴定液的基本原理和反应条件。
3. 进一步练习滴定操作。

二、实验原理

$AgNO_3$滴定液可以用经过 110℃干燥至恒重的基准试剂 $AgNO_3$ 直接配制。但非基准试剂 $AgNO_3$中常含有杂质，如金属银、氧化银、游离硝酸、亚硝酸盐等，因此常用间接法配制。先配成近似浓度的溶液后，再用基准物质 NaCl 标定。

标定时，以 NaCl 作为基准物质，在中性或弱碱性溶液中，以铬酸钾（K_2CrO_4）为指示剂，用 $AgNO_3$滴定液进行滴定，反应如下。

滴定终点前：$Ag^+ + Cl^- \xlongequal{} AgCl\downarrow$（白色）

滴定终点时：$2Ag^+ + CrO_4^{2-} \xlongequal{} Ag_2CrO_4\downarrow$（砖红色）

当溶液中的 Cl^-被定量沉淀完全后，稍微过量的 Ag^+立即与 CrO_4^{2-} 反应生成 Ag_2CrO_4砖红色沉淀而指示终点。

三、仪器试剂

1. 仪器　电子秤、电子天平、棕色酸式滴定管（50mL）、锥形瓶（250mL）、烧杯（250mL）、量筒（100mL）、棕色试剂瓶（250mL）。

2. 试剂　$AgNO_3$（AR）、NaCl（基准试剂，500～600℃灼烧至恒重）、K_2CrO_4溶液（5%）。

四、实验步骤

1. 制备 0.1mol/L $AgNO_3$溶液　用电子秤称取 $AgNO_3$固体 4.3g，置于小烧杯中，用少量纯化水溶解后，稀释至 250mL，摇匀，转入棕色试剂瓶中，置于暗处过夜，取澄清溶液备用。

2. 标定 $AgNO_3$ 溶液　准确称取 0.15g 基准 NaCl（经 270℃ 干燥至恒重）置于锥形瓶中，加 30mL 纯化水使其溶解，滴加 K_2CrO_4 指示剂 1mL，用 $AgNO_3$ 滴定液滴定，边滴边充分振摇，至白色沉淀中出现砖红色为滴定终点，记录消耗 $AgNO_3$ 滴定液的体积，计算 $AgNO_3$ 滴定液的准确浓度。平行测定三次，取平均值作为 $AgNO_3$ 滴定液的浓度。

五、 数据记录及处理结果

	Ⅰ	Ⅱ	Ⅲ
m_{NaCl}（g）			
V_{AgNO_3}（mL）			
c_{AgNO_3}（mol/L）			
c_{AgNO_3} 平均值			

计算公式：

$$c_{AgNO_3} = \frac{m_{NaCl} \times 10^3}{V_{AgNO_3} \cdot M_{NaCl}}$$

式中：c_{AgNO_3}——$AgNO_3$ 滴定液的浓度（mol/L）；

m_{NaCl}——NaCl 基准物质的质量（g）；

V_{AgNO_3}——滴定时消耗 $AgNO_3$ 滴定液的体积（mL）；

M_{AgNO_3}——$AgNO_3$ 的摩尔质量（g/mol）。

六、 注意事项

1. $AgNO_3$ 见光析出金属银，故需保存在棕色瓶中。

2. $AgNO_3$ 试剂及其溶液具有腐蚀性，破坏皮肤组织，务必避免接触皮肤及衣服。若不慎滴剂桌面或地面，应立即擦拭干净。

3. 由于 AgCl 沉淀的吸附性较强，所以滴定过程中要剧烈振摇锥形瓶，使被 AgCl 吸附的 Cl^- 及时释放出来，防止终点提前。

4. 实验完毕，盛装 $AgNO_3$ 溶液的所有仪器应立即洗涤干净。

5. 标定之后的 $AgNO_3$ 滴定液应妥善保管，以备下次实验使用。

七、 思考题

1. 标定 $AgNO_3$ 滴定液时，为什么需控制溶液的 pH 值在 6.5～10.5？

2. 在滴定过程中，为什么要充分摇动溶液？如果不充分摇动溶液，对测定结果有何影响？

实验八　复方氯化钠注射液总氯量的测定

一、实验目的

1. 掌握解吸附指示剂法的基本原理。

2. 学会测定复方氯化钠注射液总氯量的方法。

二、实验原理

复方氯化钠注射液为氯化钠、氯化钾与氯化钙混合制成的灭菌水溶液。含总氯量（Cl）应为0.52%～0.58%（g/mL），含氯化钾（KCl）应为0.028%～0.032%（g/mL），含氯化钙（$CaCl_2 \cdot 2H_2O$）应为0.031%～0.035%（g/mL）。《中国药典》（2015年版）规定，用吸附指示剂法测定其中的总氯量。

以荧光黄（HFIn）作指示剂，用$AgNO_3$滴定液进行滴定，反应如下。

滴定终点前：$Ag^+ + Cl^- \xlongequal{} AgCl\downarrow$（白色）

滴定终点时：$(AgCl) \cdot Ag^+ + FIn^- \rightleftharpoons (AgCl) \cdot Ag^+ \cdot FIn^-$

（黄绿色）　　　　（淡红色）

三、仪器试剂

1. 仪器　棕色酸式滴定管（50mL）、锥形瓶（250mL）、量筒（50mL、10mL）、移液管（10mL）。

2. 试剂　2%糊精溶液、2.5%硼砂溶液、0.1%荧光黄乙醇溶液（指示剂）。

四、操作步骤

用移液管精密量取复方氯化钠注射液试样10.00mL，置于锥形瓶中，用量筒加纯化水40mL，加2%糊精溶液5mL、2.5%硼砂溶液2mL与荧光黄指示液5～8滴，用硝酸银滴定液（0.1mol/L）滴定，边滴边摇，直至溶液由黄绿色变为淡红色为终点。平行测定三次，计算复方氯化钠注射液试样的总氯量。

五、数据记录及处理结果

	Ⅰ	Ⅱ	Ⅲ
V_{AgNO_3}（mL）			
Cl%（g/mL）			
Cl%平均值			

计算公式：

$$Cl\%(g/mL)=\frac{c_{AgNO_3}V_{AgNO_3}M_{Cl}\times 10^{-3}}{V_{试样}}$$

式中：c_{AgNO_3}——$AgNO_3$滴定液的浓度（mol/L）；

V_{AgNO_3}——滴定时消耗 $AgNO_3$滴定液的体积（mL）；

M_{Cl}——Cl 原子的摩尔质量（g/mol）；

M_{AgNO_3}——$AgNO_3$的摩尔质量（g/mol）；

$V_{试样}$——滴定时量取的复方氯化钠注射液试样（mL）。

六、注意事项

1. 由于终点颜色的变化发生在 AgCl 沉淀的表面上，其沉淀的表面积越大，颜色变化就越明显。因此，将试样配成较稀的溶液，并且加入糊精，避免 AgCl 胶体凝聚。

2. 如果 $AgNO_3$滴定液存放时间过长，使用之前应重新标定。

每 1mL 硝酸银滴定液（0.1000mol/L）相当于 3.545mg 的 Cl。

七、思考题

1. 能不能将 $AgNO_3$滴定液装在碱式滴定管中？为什么？

2. 能不能用铬酸钾（K_2CrO_4）指示剂法测定复方氯化钠注射液的总氯量？为什么？

实验九　EDTA 滴定液的配制

一、实验目的

1. 掌握 EDTA 滴定液的配制方法。

2. 熟悉金属指示剂的变色原理及确定终点的方法。

3. 了解配位滴定法滴定条件的控制。

二、实验原理

EDTA 的学名是乙二胺四乙酸，或是乙二胺四乙酸二钠（EDTA 二钠），因为前者的溶解度较小，所以常用乙二胺四乙酸二钠配制滴定液。

EDTA 二钠的商品化学试剂为 EDTA-2Na・$2H_2O$（式量 372.2），是白色结晶或结晶性粉末。《中国药典》（2015 年版）规定用 EDTA-2Na・$2H_2O$ 先配制成近似浓度（0.05

mol/L）的溶液，通常也称为 EDTA 滴定液，然后用基准物质 ZnO 标定其浓度。在 pH≈10，以铬黑 T 为指示剂进行滴定，终点时，溶液由紫红色变为纯蓝色。滴定反应如下。

滴定前：　$Zn^{2+} + HIn^{2-} \rightleftharpoons ZnIn^{-} + H^{+}$

　　　　　纯蓝色　　　紫红色

终点前：　$Zn^{2+} + H_2Y^{2-} \rightleftharpoons ZnY^{2-} + 2H^{+}$

终点时：　$ZnIn^{-} + H_2Y^{2-} \rightleftharpoons ZnY^{2-} + HIn^{2-} + H^{+}$

　　　　　紫红色　　　纯蓝色

三、 仪器试剂

1. 仪器　电子天平、酸式滴定管（50mL）、杯量（100mL）、烧杯（250 mL）、试剂瓶（500mL）、高温电炉。

2. 试剂　乙二胺四乙酸二钠（EDTA-2Na·$2H_2O$，A. R）、ZnO（基准试剂）、铬黑 T 指示剂、稀盐酸、0. 025% 甲基红乙醇溶液、氨试液、氨-氯化氨缓冲液（pH≈10）。

四、 实验步骤

1. 制备 0. 05mol/L EDTA 滴定液　用台秤称取乙二胺四乙酸二钠 9. 5g，加适量纯化水使之溶解，用纯化水稀释至 500mL（浓度约为 0. 05mol/L），摇匀待标定。

2. 标定 EDTA 滴定液　用电子天平精密称取在 800℃ 灼烧至恒重的基准氧化锌（ZnO）0. 12g，加稀盐酸 3mL 使溶解，加纯化水 25mL，滴入 1 滴 0. 025% 甲基红乙醇溶液，滴加氨试液至溶液显微黄色，再加纯化水 25mL、氨-氯化铵缓冲液 10mL，再加铬黑 T 指示剂少许（约 0. 1g），用待标定的 EDTA 滴定液滴定至溶液由紫红变为纯蓝色，即为终点，记录所消耗 EDTA 滴定液的体积，计算 EDTA 滴定液的准确浓度。平行测定三次，取平均值。

五、 数据记录及处理结果

EDTA 滴定液的标定

	Ⅰ	Ⅱ	Ⅲ
m_{ZnO}（g）			
V_{EDTA}（mL）			
c_{EDTA}（mol/L）			
平均浓度 $\bar{C}$（mol/L）			

计算公式：

$$c_{EDTA} = \frac{m_{ZnO} \times 1000}{V_{EDTA} \times M_{ZnO}}$$

式中：c_{EDTA}——EDTA 滴定液的浓度（mol/L）；

m_{Zno}——基准 ZnO 的质量（g）；

V_{EDTA}——滴定时消耗 EDTA 滴定液的体积（mL）；

M_{Zno}——基准 ZnO 的摩尔质量（g/mol）。

六、 注意事项

1. EDTA 在冷水中溶解较慢，可加热使之溶解，放冷后稀释至刻度。
2. 铬黑 T 指示剂配制好后应置于干燥器内保存，注意防潮。

七、 思考题

1. 量取纯化水、稀 HCl、$NH_3 \cdot H_2O$-NH_4Cl 缓冲溶液时，分别用什么量具？为什么？
2. 实验中所用的基准 ZnO 为什么要在 800℃ 灼烧至恒重？称量基准 ZnO 质量每份约 0. 12g 的依据是什么？
3. 为什么常将铬黑 T 指示剂配制成固体混合剂，而不用铬黑 T 水溶液？

实验十 水的总硬度的测定

一、 实验目的

1. 掌握配位滴定法测定水的硬度的原理和操作技术。
2. 掌握计算水的硬度的方法。
3. 学会用铬黑 T 确定滴定终点。

二、 实验原理

水的总硬度是指溶解于水中的钙盐和镁盐的总含量。通常将水中所含 Ca^{2+}、Mg^{2+} 的总量折算成 $CaCO_3$ 的质量，以每升水中有多少毫克 $CaCO_3$ 表示总硬度。《中国生活饮用水国家标准》规定，生活饮用水的硬度不超过 450mg/L。

EDTA 和金属指示剂铬黑 T（H_3In）分别与 Ca^{2+}、Mg^{2+} 形成络合物，稳定性为 CaY^{2-} > MgY^{2-} > $MgIn^-$ > $CaIn^-$。测定时，用 NH_3-NH_4Cl 缓冲溶液调节 pH≈10，当水样中加入少量铬黑 T 指示剂时，它首先和 Mg^{2+} 生成红色络合物 $MgIn^-$，然后与 Ca^{2+} 生成红色络合物 $CaIn^-$。滴定开始后，EDTA 与 Ca^{2+}、Mg^{2+} 反应生成 CaY^{2-}、MgY^{2-}。在化学计量点附近，

Mg^{2+}的浓度降至很低，加入的EDTA夺取$MgIn^-$中的Mg^{2+}，使指示剂HIn^{2-}游离出来，此时溶液呈现出蓝色，指示滴定终点的到达。滴定过程的反应为：

滴定前 $Mg^{2+} + HIn^{2-} \rightleftharpoons MgIn^- + H^+$

终点前 $Ca^{2+} + H_2Y^{2-} \rightleftharpoons CaY^{2-} + 2H^+$

$Mg^{2+} + H_2Y^{2-} \rightleftharpoons MgY^{2-} + 2H^+$

终点时 $MgIn^- + H_2Y^{2-} \rightleftharpoons MgY^{2-} + HIn^{2-} + H^+$

终点颜色 酒红色⟶纯蓝色

三、 仪器试剂

1. 仪器 容量瓶（250mL）、移液管（50mL）、量筒（10mL）、酸式滴定管、锥形瓶（250mL）、洗耳球、烧杯、玻璃棒、滴管。

2. 试剂 EDTA溶液（0.05mol/L）、水样、铬黑T指示剂、$NH_3 \cdot H_2O-NH_4Cl$缓冲溶液（pH=10）。

四、 实验步骤

1. 配制0.01mol/L EDTA滴定液 用移液管精密吸取0.05mol/L EDTA滴定液50.00mL，移入250mL容量瓶中，加纯化水稀释至标线，摇匀备用。

2. 测定水的总硬度 用移液管准确量取自来水样100.0mL，置于250mL锥形瓶中，加$NH_3 \cdot H_2O-NH_4Cl$缓冲溶液5mL，铬黑T指示剂2滴，用0.01mol/L EDTA滴定液滴定至溶液由酒红色变为纯蓝色为终点，记录消耗EDTA滴定液的体积V_{EDTA}，计算水试样的总硬度。平行测定三次。

五、 数据记录及处理结果

	Ⅰ	Ⅱ	Ⅲ
水样体积$V_{水样}$（mL）	100.0	100.0	100.0
EDTA滴定液的浓度c_{EDTA}（mol/L）			
消耗EDTA滴定液的体积V_{EDTA}（mL）			
水的总硬度ρ_{CaCO_3}（mg/L）			
水的总硬度平均值$\bar{\rho}_{CaCO_3}$（mg/L）			

计算公式：

$$\rho_{CaCO_3} = \frac{c_{EDTA} V_{EDTA} M_{CaCO_3}}{V_{水样}} \times 1000 \qquad (M_{CaCO_3} = 100.09)$$

式中：ρ_{CaCO_3}——水的总硬度（mg/L）；

c_{EDTA}——EDTA 滴定液的浓度（mol/L）；

V_{EDTA}——滴定时消耗 EDTA 滴定液的体积（mL）；

M_{CaCO_3}——碳酸钙的摩尔质量（mg/mol）；

$V_{水样}$——滴定时量取水试样的体积（100.0mL）。

六、 注意事项

1. 本实验的取样量适用于硬度（以 $CaCO_3$ 计）不大于500mg/L 的水样，若硬度太大，应适当减少水样的取用量。

2. 水样中加入缓冲溶液后，应立即滴定，防止生成沉淀。

3. 近终点时，反应速度较慢，应缓慢加入 EDTA 滴定液。

七、 思考题

1. 本实验滴定过程中如果反应速度较慢，能否对溶液进行加热?

2. 假设本实验测定的水样为日常生活中的饮用水，取样时能否打开水管立即取样，为什么？应如何正确取样?

3. 本实验加入 $NH_3 \cdot H_2O-NH_4Cl$ 缓冲溶液的目的是什么?

实验十一　高锰酸钾滴定液的配制

一、 实验目的

1. 掌握高锰酸钾滴定液的配制方法。

2. 熟悉高锰酸钾法的滴定条件和操作技术。

二、 实验原理

市售的 $KMnO_4$（式量为158）试剂中常含有少量的 MnO_2 等杂质，纯化水中也常含有微量的还原性物质，能缓慢地与 $KMnO_4$ 发生反应，使 $KMnO_4$ 滴定液的浓度在配制初期很不稳定。因此，只能用间接法配制 $KMnO_4$ 滴定液，即先配制成近似浓度的溶液，放置一段时间，待浓度稳定后再进行标定。

新配制的 $KMnO_4$ 溶液要煮微沸 15 分钟，置于暗处放置 7～10 天，待 $KMnO_4$ 把还原性杂质充分氧化后，用垂熔玻璃漏斗过滤，除去 $MnO(OH)_2$ 沉淀，取滤液，以 $Na_2C_2O_4$ 为基准物质，标定其准确浓度，反应如下。

$$5C_2O_4^{2-} + 2MnO_4^- + 16H^+ \xlongequal{} 2Mn^{2+} + 10CO_2\uparrow + 8H_2O$$

三、 仪器试剂

1. 仪器 容量瓶（100mL）、移液管（5mL、25mL）、酸式滴定管（50mL）、锥形瓶（250mL）、烧杯。

2. 试剂 $KMnO_4$（AR）、$Na_2C_2O_4$（基准物，105～110℃恒重）、3mol/L^{-1} H_2SO_4溶液。

四、 实验步骤

1. 制备0.05mol/L $KMnO_4$溶液 称取$KMnO_4$ 4.0g置于烧杯中，加500mL纯化水溶解，加热煮沸15分钟，冷却后再置于暗处静置7～10天，用垂熔玻璃滤器滤过，滤液贮存于棕色试剂瓶中，密闭，暗处存放，临用前标定。

2. 标定$KMnO_4$溶液 取在105℃干燥至恒重的基准物草酸钠（$Na_2C_2O_4$）0.5g，精密称定，置于锥形瓶中，加入新煮沸并冷却至室温的纯化水25mL和稀硫酸10mL，振摇使之溶解，然后用待标定的$KMnO_4$溶液滴定。加入第1滴$KMnO_4$溶液时，褪色很慢，生成的Mn^{2+}对滴定反应有催化作用，以后褪色速度逐渐加快。从滴定管中迅速加入待标定$KMnO_4$溶液约25mL，边加边振摇（以避免产生沉淀），待溶液褪色后，加热到75～85℃，继续滴定至溶液显微红色，并保持30秒不褪色，即为滴定终点，计算$KMnO_4$溶液的浓度。平行测定三次，取平均值作为$KMnO_4$滴定液的准确浓度。

五、 数据记录及处理结果

	Ⅰ	Ⅱ	Ⅲ
$m_{Na_2C_2O_4}$(mg)			
V_{KMnO_4}(mL)			
c_{KMnO_4}(mol/L)			
浓度平均值（mol/L）			

计算公式：

$$c_{KMnO_4} = \frac{2m_{Na_2C_2O_4} \times 1000}{5V_{KMnO_4} M_{Na_2C_2O_4}}$$

式中：c_{KMnO_4}——$KMnO_4$滴定液的浓度（mol/L）；

$m_{Na_2C_2O_4}$——基准$Na_2C_2O_4$的质量（g）；

V_{KMnO_4}——滴定时消耗$KMnO_4$滴定液的体积（mL）；

$M_{Na_2C_2O_4}$——基准$Na_2C_2O_4$的摩尔质量（g/mol）。

六、 注意事项

1. 称取 $KMnO_4$的质量应稍多于理论计算量。将 $KMnO_4$溶液加热沸煮，使之与水中的还原性杂质快速反应完全，以免贮存过程中浓度发生变化。

2. 标定 $KMnO_4$溶液时，滴定结束，溶液温度不得低于55℃。

3. 光能够促使 $KMnO_4$分解，所以将过滤后的 $KMnO_4$溶液贮存于棕色瓶中密闭保存。

七、 思考题

1. 为什么经煮沸的 $KMnO_4$溶液必须要放置一周后才能标定？

2. 标定 $KMnO_4$溶液为什么要在强酸性、加热等条件下进行？

3. 能否用盐酸或硝酸调节溶液的酸性？为什么？

实验十二　双氧水的含量测定

一、 实验目的

1. 掌握 $KMnO_4$ 法测定 H_2O_2 含量的原理。

2. 学会用 $KMnO_4$ 法直接测定 H_2O_2 的含量。

二、 实验原理

双氧水是过氧化氢（H_2O_2）的俗称。市售的双氧水有两种规格：一种是含 H_2O_2 30%的溶液，一种是含 H_2O_2 3%的溶液。对于 H_2O_2 含量为30%的浓双氧水，稀释后方可测定。

在酸性溶液中，H_2O_2 和 $KMnO_4$ 可发生氧化还原反应：

$$2MnO_4^- + 5H_2O_2 + 6H^+ = 2Mn^{2+} + 5O_2\uparrow + 8H_2O$$

该反应可以定量进行，所以可以用 $KMnO_4$ 滴定液来测定 H_2O_2 的含量。

三、 仪器试剂

1. 仪器　容量瓶（100mL）、玻璃棒、移液管（5mL、25mL）、洗耳球、酸式滴定管（50mL）、锥形瓶（250mL）、烧杯。

2. 试剂　0.02mol/L $KMnO_4$ 滴定液、双氧水试样、3mol/L H_2SO_4。

四、 实验步骤

准确量取双氧水试样（3%）5.00mL，置于100mL容量瓶中并稀释至标线，混合均匀。精密吸取稀释试样液25.00mL于锥形瓶中，加3mol/L H_2SO_4 溶液10mL，用0.02mol/L $KMnO_4$ 滴定液滴定至溶液显微红色且30秒内不退色即为终点。记录消耗 $KMnO_4$ 滴定液的体积，计算双氧水的含量。平行测定三次。

五、 数据记录及处理结果

	Ⅰ	Ⅱ	Ⅲ
双氧水试样体积 $V_{试样}$（mL）	5.00	5.00	5.00
$KMnO_4$ 滴定液浓度 c_{KMnO_4}（mol/L）			
消耗 $KMnO_4$ 滴定液的体积 V_{KMnO_4}（mL）			
双氧水含量（W/V）$\omega_{H_2O_2}$（%）			
双氧水含量平均值（W/V）$\omega_{H_2O_2}$（%）			

计算公式：

$$\omega_{H_2O_2}=\frac{\frac{5}{2}c_{KMnO_4}V_{KMnO_4}M_{H_2O_2}\times 10^{-3}}{V_{试样}\times\frac{25.00}{100.0}}\times 100\% \qquad (M_{H_2O_2}=34.01)$$

式中：$\omega_{H_2O_2}$——双氧水含量（%）；

c_{KMnO_4}——高锰酸钾滴定液的浓度（mol/L）；

V_{KMnO_4}——滴定时消耗高锰酸钾滴定液的体积（mL）；

$M_{H_2O_2}$——双氧水的摩尔质量（g/mol）；

$V_{试样}$——双氧水试样的体积（5.00mL）。

六、 注意事项

1. 在强酸性介质中，$KMnO_4$ 可按下式分解：

$$4MnO_4^-+12H^+ = 4Mn^{2+}+6H_2O+5O_2\uparrow$$

所以，滴定开始时，滴定速度不能过快，以防止来不及反应的 $KMnO_4$ 分解。滴加第一滴 $KMnO_4$ 时，要充分摇动锥形瓶至红色退去后再滴加第二滴。随着反应进行，生成的 Mn^{2+} 有自催化作用，可适当加快滴定的速度，但也不宜过快，尤其是在终点附近，要小心滴加。

2. H_2O_2 溶液有很强的腐蚀性，应防止溅到皮肤和衣物上。

见为纲领，注重针对性、适用性以及实用性，贴近学生、贴近岗位、贴近社会，符合中医药中等职业教育教学实际。

2. 突出质量意识、精品意识，满足中医药人才培养的需求

注重强化质量意识、精品意识，从教材内容结构设计、知识点、规范化、标准化、编写技巧、语言文字等方面加以改革，具备“精品教材”特质，满足中医药事业发展对于技术技能型、应用型中医药人才的需求。

3. 以学生为中心，以促进就业为导向

坚持以学生为中心，强调以就业为导向、以能力为本位、以岗位需求为标准的原则，按照技术技能型、应用型中医药人才的培养目标进行编写，教材内容涵盖资格考试全部内容及所有考试要求的知识点，满足学生获得“双证书”及相关工作岗位需求，有利于促进学生就业。

4. 注重数字化融合创新，力求呈现形式多样化

努力按照融合教材编写的思路和要求，创新教材呈现形式，版式设计突出结构模块化，新颖、活泼，图文并茂，并注重配套多种数字化素材，以期在全国中医药行业院校教育平台“医开讲 - 医教在线”数字化平台上获取多种数字化教学资源，符合职业院校学生认知规律及特点，以利于增强学生的学习兴趣。

本套教材的建设，得到国家中医药管理局领导的指导与大力支持，凝聚了全国中医药行业职业教育工作者的集体智慧，体现了全国中医药行业齐心协力、求真务实的工作作风，代表了全国中医药行业为“十三五”期间中医药事业发展和人才培养所做的共同努力，谨此向有关单位和个人致以衷心的感谢！希望本套教材的出版，能够对全国中医药行业职业教育教学的发展和中医药人才的培养产生积极的推动作用。需要说明的是，尽管所有组织者与编写者竭尽心智，精益求精，本套教材仍有一定的提升空间，敬请各教学单位、教学人员及广大学生多提宝贵意见和建议，以便今后修订和提高。

国家中医药管理局教材建设工作委员会办公室

全国中医药职业教育教学指导委员会

2018 年 1 月

前言

中医药职业教育是我国现代职业教育体系的重要组成部分，肩负着培养新时代中医药行业多样化人才、传承中医药技术技能、促进中医药服务健康中国建设的重要职责。为贯彻落实《国务院关于加快发展现代职业教育的决定》（国发〔2014〕19号）、《中医药健康服务发展规划（2015—2020年）》（国办发〔2015〕32号）和《中医药发展战略规划纲要（2016—2030年）》（国发〔2016〕15号）（简称《纲要》）等文件精神，尤其是实现《纲要》中"到2030年，基本形成一支由百名国医大师、万名中医名师、百万中医师、千万职业技能人员组成的中医药人才队伍"的发展目标，提升中医药职业教育对全民健康和地方经济的贡献度，提高职业技术院校学生的实际操作能力，实现职业教育与产业需求、岗位胜任能力严密对接，突出新时代中医药职业教育的特色，国家中医药管理局教材建设工作委员会办公室（以下简称"教材办"）、中国中医药出版社在国家中医药管理局领导下，在全国中医药职业教育教学指导委员会指导下，总结"全国中医药行业中等职业教育'十二五'规划教材"建设的经验，组织完成了"全国中医药行业中等职业教育'十三五'规划教材"建设工作。

中国中医药出版社是全国中医药行业规划教材唯一出版基地，为国家中医中西医结合执业（助理）医师资格考试大纲和细则、实践技能指导用书、全国中医药专业技术资格考试大纲和细则唯一授权出版单位，与国家中医药管理局中医师资格认证中心建立了良好的战略伙伴关系。

本套教材规划过程中，教材办认真听取了全国中医药职业教育教学指导委员会相关专家的意见，结合职业教育教学一线教师的反馈意见，加强顶层设计和组织管理，是全国唯一的中医药行业中等职业教育规划教材，于2016年启动了教材建设工作。通过广泛调研、全国范围遴选主编，又先后经过主编会议、编写会议、定稿会议等环节的质量管理和控制，在千余位编者的共同努力下，历时1年多时间，完成了50种规划教材的编写工作。

本套教材由50余所开展中医药中等职业教育院校的专家及相关医院、医药企业等单位联合编写，中国中医药出版社出版，供中等职业教育院校中医（针灸推拿）、中药、护理、农村医学、康复技术、中医康复保健6个专业使用。

本套教材具有以下特点：

1. 以教学指导意见为纲领，贴近新时代实际

注重体现新时代中医药中等职业教育的特点，以教育部新的教学指导意

李伏君（千金药业有限公司技术副总经理）
李灿东（福建中医药大学校长）
李建民（黑龙江中医药大学佳木斯学院教授）
李景儒（黑龙江省计划生育科学研究院院长）
杨佳琦（杭州市拱墅区米市巷街道社区卫生服务中心主任）
吾布力·吐尔地（新疆维吾尔医学专科学校药学系主任）
吴　彬（广西中医药大学护理学院院长）
宋利华（连云港中医药高等职业技术学院教授）
迟江波（烟台渤海制药集团有限公司总裁）
张美林（成都中医药大学附属针灸学校党委书记）
张登山（邢台医学高等专科学校教授）
张震云（山西药科职业学院党委副书记、院长）
陈　燕（湖南中医药大学附属中西医结合医院院长）
陈玉奇（沈阳市中医药学校校长）
陈令轩（国家中医药管理局人事教育司综合协调处副主任科员）
周忠民（渭南职业技术学院教授）
胡志方（江西中医药高等专科学校校长）
徐家正（海口市中医药学校校长）
凌　娅（江苏康缘药业股份有限公司副董事长）
郭争鸣（湖南中医药高等专科学校校长）
郭桂明（北京中医医院药学部主任）
唐家奇（广东湛江中医学校教授）
曹世奎（长春中医药大学招生与就业处处长）
龚晋文（山西卫生健康职业学院/山西省中医学校党委副书记）
董维春（北京卫生职业学院党委书记）
谭　工（重庆三峡医药高等专科学校副校长）
潘年松（遵义医药高等专科学校副校长）
赵　剑（芜湖绿叶制药有限公司总经理）
梁小明（江西博雅生物制药股份有限公司常务副总经理）
龙　岩（德生堂医药集团董事长）

全国中医药职业教育教学指导委员会

主任委员

卢国慧（国家中医药管理局人事教育司司长）

副主任委员

赵国胜（安徽中医药高等专科学校教授）

张立祥（山东中医药高等专科学校党委书记）

姜德民（甘肃省中医学校校长）

范吉平（中国中医药出版社社长）

秘书长

周景玉（国家中医药管理局人事教育司综合协调处处长）

委员

王义祁（安徽中医药高等专科学校党委副书记）

王秀兰（上海中医药大学教授）

卞　瑶（云南中医学院继续教育学院、职业技术学院院长）

方家选（南阳医学高等专科学校校长）

孔令俭（曲阜中医药学校校长）

叶正良（天士力控股集团公司生产制造事业群CEO）

包武晓（呼伦贝尔职业技术学院蒙医蒙药系副主任）

冯居秦（西安海棠职业学院院长）

尼玛次仁（西藏藏医学院院长）

吕文亮（湖北中医药大学校长）

刘　勇（成都中医药大学峨眉学院党委书记、院长）

李　刚（亳州中药科技学校校长）

李　铭（昆明医科大学副校长）

七、 思考题

1. 用 $KMnO_4$ 溶液测定双氧水含量时，能否加热？
2. 用 $KMnO_4$ 溶液测定双氧水含量时，使用了什么滴定方式？

实验十三　硫代硫酸钠滴定液的配制

一、 实验目的

1. 掌握硫代硫酸钠滴定液的配制方法。
2. 掌握间接碘量法的滴定条件。
3. 学会使用淀粉指示剂。

二、 实验原理

市售硫代硫酸钠（$Na_2S_2O_3$）含有少量杂质，且 $Na_2S_2O_3$ 不稳定。空气中的 O_2 能使其氧化分解，水中的微生物能促使其分解，水中的 CO_2 能与其发生反应。在酸性介质中 $Na_2S_2O_3$ 会发生歧化反应。所以，只能用间接法配制 $Na_2S_2O_3$ 标准滴定液，即先配制成近似浓度的溶液，加入少量碳酸钠（Na_2CO_3），使溶液呈弱碱性，防止 $Na_2S_2O_3$ 歧化，抑制细菌生长。放置一段时间，待浓度稳定后再进行标定。

通常用 $K_2Cr_2O_7$、$KBrO_3$、KIO_3 等作为基准物质，用间接碘量法标定 $Na_2S_2O_3$ 溶液。以重铬酸钾（$K_2Cr_2O_7$）标定 $Na_2S_2O_3$ 滴定液的反应原理如下。

在强酸性溶液中，$K_2Cr_2O_7$ 与碘化钾（KI）发生反应，定量析出碘（I_2）。

$$Cr_2O_7^{2-} + 6I^- + 14H^+ \xlongequal{\quad} 2Cr^{3+} + 3I_2 + 7H_2O$$

析出的 I_2，以淀粉溶液为指示剂，用待标定的 $Na_2S_2O_3$ 滴定液进行滴定，反应如下。

$$I_2 + 2S_2O_3^{2-} \xlongequal{\quad} S_4O_6^{2-} + 2I^-$$

三、 仪器试剂

1. 仪器　棕色碱式滴定管（50mL）、棕色容量瓶（500mL）、碘量瓶（500mL）。

2. 试剂　$Na_2S_2O_3$（AR）、$K_2Cr_2O_7$（基准试剂，120℃干燥至恒重）、淀粉溶液（0.2%）、无水碳酸钠（AR）、KI（AR）。

四、 实验步骤

1. 制备 0.1mol/L $Na_2S_2O_3$ 溶液　称取硫代硫酸钠试剂 13g、无水碳酸钠 0.20g 置于烧杯中，加入新煮沸并冷却至室温的纯化水500mL，摇匀，贮于棕色试剂瓶中，于暗处放置7～14天后，滤过，滤液待标定。

2. 标定 $Na_2S_2O_3$ 溶液 精密称定在120℃干燥至恒重的基准物 $K_2Cr_2O_7$ 0.13～0.15g，置于500mL 碘量瓶中，加50mL 新煮沸并冷却至室温的纯化水50mL 溶解，加碘化钾2.0g，轻轻振摇使之溶解，加稀硫酸40mL，立即密塞，轻轻摇匀，在暗处放置10 分钟后，用适量的新煮沸并冷却至室温的纯化水冲洗瓶塞，使溶液并入碘量瓶，用待标定的 $Na_2S_2O_3$ 溶液滴定至临近终点（稻草黄色）时，加淀粉指示液3mL，继续滴定至蓝色消失而显亮绿色，即为终点，计算 $Na_2S_2O_3$ 溶液的浓度。平行测定三次，取平均值作为 $Na_2S_2O_3$ 滴定液的准确浓度。

五、数据记录及处理结果

	Ⅰ	Ⅱ	Ⅲ
$m_{K_2Cr_2O_7}$（mg）			
$V_{Na_2S_2O_3}$（mL）			
$c_{Na_2S_2O_3}$（mol/L）			
浓度平均值（mol/L）			

计算公式：

$$c_{Na_2S_2O_3}=\frac{6m_{K_2Cr_2O_7}\times 1000}{V_{Na_2S_2O_3}\times M_{K_2Cr_2O_7}}$$

式中：$c_{Na_2S_2O_3}$——$Na_2S_2O_3$ 滴定液的浓度（mol/L）；

$m_{K_2Cr_2O_7}$——基准 $K_2Cr_2O_7$ 的质量（g）；

$V_{Na_2S_2O_3}$——滴定时消耗 $Na_2S_2O_3$ 滴定液的体积（mL）；

$M_{K_2Cr_2O_7}$——基准 $K_2Cr_2O_7$ 的摩尔质量（g/mol）；

六、注意事项

1. 标定 $Na_2S_2O_3$ 时，应在接近滴定终点（溶液呈稻草黄色）时加入淀粉指示剂。否则，I_2 与淀粉结合过于牢固，终点时溶液颜色变化不敏锐，产生误差。

2. $Na_2S_2O_3$ 溶液须贮存于棕色试剂瓶中，密闭，存放于阴凉处。如果溶液变混浊，则不能使用，应重新配制。

3. $K_2Cr_2O_7$、KI 在碘量瓶中溶解后，加稀硫酸，应控制 H^+ 浓度在0.2～0.4 mol/L 范围内。

七、思考题

1. 如果本实验使用锥形瓶、不用碘量瓶，则会出现什么后果？

2. 加入过量 KI 的目的是什么？

实验十四　维生素 C 的含量测定

一、 实验目的

1. 熟练掌握直接碘量法的基本原理。
2. 学会用直接碘量法测定维生素 C 含量的方法。
3. 学会使用淀粉指示剂确定滴定终点。

二、 实验原理

维生素 C（$C_6H_8O_6$）又称抗坏血酸，有较强的还原性，其二羟基能被碘氧化成二酮基。用淀粉作指示剂，滴定终点时，溶液显蓝色。

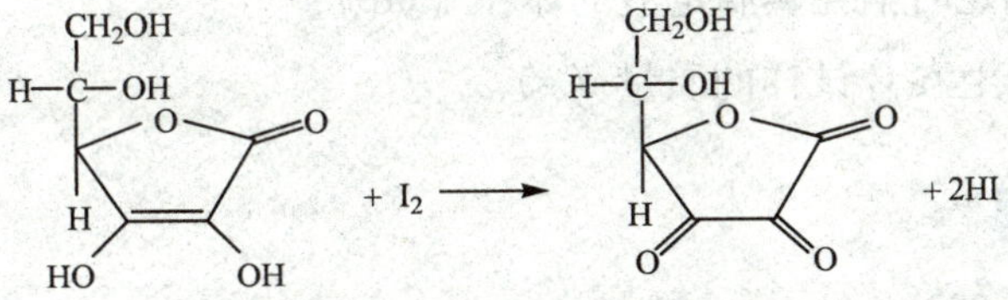

反应是等摩尔定量完成，可用直接碘量法测定片剂、注射剂、水果、橙汁中维生素 C 的含量。

维生素 C 的还原性很强，在空气中极易被氧化，尤其在碱性介质中更易反应，因此测定时加入稀醋酸使溶液呈弱酸性，以减小维生素 C 的副反应。

三、 仪器试剂

1. 仪器　电子天平、酸式滴定管（50mL）、锥形瓶（250mL）、量筒（10mL、100mL）、滴管、烧杯。

2. 试剂　维生素 C 试样、0. 05mol/L 碘滴定液、稀醋酸、淀粉指示剂。

四、 实验步骤

取维生素 C 试样约 0. 2g，精密称定，加新沸放冷的纯化水 100mL 与稀醋酸 10mL 溶解，加淀粉指示剂 1mL，立即用 0. 05mol/L 碘滴定液滴定，至溶液显蓝色并在 30 秒钟内不退色为终点。记录消耗碘滴定液的体积，计算维生素 C 的含量，平行测定三次，计算含量的平均值。

五、 数据记录及处理结果

	Ⅰ	Ⅱ	Ⅲ
维生素 C 试样的质量 m_s（g）			
I_2 滴定液的浓度 c_{I_2}（mol/L）			
消耗 I_2 滴定液的体积 V_{I_2}（mL）			
维生素 C 含量 $\omega_{维生素C}$（%）			
维生素 C 含量平均值 $_{维生素C}$（%）			

计算公式：

$$\omega_{维生素C} = \frac{c_{I_2}V_{I_2}M_{维生素C}}{m_s \times 1000} \times 100\% \qquad (M_{维生素C} = 176.12)$$

式中：$\omega_{维生素C}$——维生素 C 的含量（%）；

c_{I_2}——碘滴定液的浓度（mol/L）；

V_{I_2}——滴定时消耗碘滴定液的体积（mL）；

m_s——维生素 C 试样的质量（g）。

六、 注意事项

1. 应用新沸放冷的纯化水溶解样品，以减少溶解在水中的氧的影响。

2. 维生素 C 溶解后，易被空气中的 O_2 氧化而引起误差，故应逐份溶解，不宜三份同时溶解。

3. 操作过程中应注意避光防热，因为维生素 C 易被光热破坏。

七、 思考题

1. 维生素 C 含量的测定属于什么滴定分析法？

2. 测定维生素 C 含量的方法属于直接碘量法或是间接碘量法？

实验十五　直接电位法测定饮用水的 pH

一、 实验目的

1. 学会正确使用酸度计，熟悉电极的日常养护。

2. 学会用酸度计测定溶液 pH 的操作技术。

3. 加深对直接电位法测定溶液 pH 基本原理的理解。

二、 实验原理

直接电位法测定溶液的 pH，常以饱和甘汞电极（SCE）为参比电极，玻璃电极（GE）为指示电极，将两电极同时插入待测溶液构成原电池，通过测定原电池的电动势，求得待测溶液的 pH。原电池的电池符号为：

(-) 玻璃电极(GE) | 待测溶液(X) | 饱和甘汞电极(SCE)(+)

测定时采用两次测量法，即先用已知 pH_S 的标准缓冲溶液来校正 pH 计，然后再测定待测溶液的 pH_X，计算公式如下：

25℃时，溶液的 pH 可用公式 $pH_x = pH_s + \frac{E_x - E_s}{0.0592}$ 计算求得，酸度计通常具有这种运算功能，在正常操作时，直接显示溶液的 pH 读数。

用酸度计测定饮用水的 pH，一般使用复合电极，它同时具备参比电极和指示电极的功能。

在实际测定时，通常采用三次测量法，即用两个标准缓冲溶液校正 pH 计，然后再测定待测溶液的 pH_x。

三、 仪器试剂

1. 仪器　pHS-3C 型酸度计、复合电极。

2. 试剂　磷酸盐标准缓冲液（pH = 6.86）、硼砂标准缓冲液（pH = 9.18）、饮用水水样。

四、 实验步骤

1. pHS-3C 酸度计的连接与预热　将事先用纯化水浸泡过（24 小时以上）的复合电极安装在电极夹上，拔去短路插头，插入复合电极插头，接通电源，打开仪器开关，预热 30 分钟。

2. 仪器的校准

（1）将【pH/mV】钮调至 pH 档。

（2）将仪器的【温度】钮旋至与待测溶液温度一致。

（3）将【斜率】钮顺时针旋转到底，即 100% 位置。

（4）用纯化水清洗电极，并用滤纸吸干水分，将电极插入盛有磷酸盐标准缓冲液（pH = 6.86）的小烧杯，轻摇烧杯，待示数稳定后调节【定位】钮使酸度计读数为 6.86。

（5）取出电极，用纯化水清洗电极，并用滤纸吸干水分，再插入盛有硼砂标准缓冲液（pH = 9.18）的小烧杯，轻摇烧杯，待示数稳定后调节【斜率】钮使酸度计读数为 9.18。

3. 测定饮用水水样的 pH　取出电极，用纯化水清洗电极，再用待测水样淋洗电极数次，用滤纸吸干水分，将电极放入待测水样中，轻摇烧杯，待示数稳定后读数，重复测定三次，取平均值，即得。

4. 结束工作　测定任务全部完成之后，取出电极，清洗干净。用滤纸吸干电极外壁附着的纯化水，将电极保护帽套上，帽内加入少量补充液，妥善保管。关闭酸度计电源。

五、数据记录及处理结果

	Ⅰ	Ⅱ	Ⅲ
饮用水 pH 测量值			
饮用水 pH 平均值			

六、注意事项

1. 在测量时，应下移电极上端的橡皮套露出加液口，以保持电极内 KCl 溶液的液位差，取下电极下端的橡皮帽。事先将电极浸入纯化水浸泡 24 小时以上。

2. 每次更换溶液之前，都应用纯化水充分洗涤电极，然后用滤纸吸干水分，也可用所换的溶液充分洗涤。

3. 电极插口必须保持清洁，不使用时将短路插头插入，使仪器输入处于短路状态，这样能防止灰尘进入，并能保护仪器不受静电影响。

4. 测量过程中，切忌硬物接触塑料保护栅内的敏感玻璃膜，以免损坏电极。电极短时间不用，可浸泡在纯化水中；长时间不用，将电极保护帽套上，帽内放入少量补充液，以保持电极球泡湿润。

七、思考题

1. 校准酸度计时，为什么要使标准缓冲溶液与待测溶液 pH 接近？校准后，能否再调整定位旋钮和斜率旋钮？

2. 如何正确使用与维护复合电极？

实验十六　高锰酸钾溶液吸收曲线的绘制

一、实验目的

1. 学会使用 722 型分光光度计。

2. 学会绘制吸收光谱曲线的一般方法。

3. 养成科学严谨的工作态度、实事求是和精益求精的工作作风。

二、 实验原理

吸收曲线又称吸收光谱或光谱曲线，是通过测量一定浓度的溶液对不同波长单色光的吸光度，以入射光波长（λ）为横坐标，以波长对应的光的吸光度（A）为纵坐标，所绘制的曲线。在吸收曲线中，吸收峰最高处所对应的波长称为最大吸收波长，用 λ_{max} 表示。吸收曲线的形状和最大吸收波长与吸光物质的本性有关，吸收峰的高度与吸光物质的浓度有关，定量测定的准确度与测定时所选的波长有关。因此，吸收曲线是对物质进行定性鉴别的重要依据之一。

三、 仪器试剂

1. 仪器 722 型分光光度计或其他型号的紫外-可见分光光度计、容量瓶（100mL、50mL）、移液管（20mL）、烧杯（100mL）、洗瓶、洗耳球。

2. 试剂 $KMnO_4$（AR）。

四、 实验步骤

1. 配制 $KMnO_4$ 溶液 精密称取 $KMnO_4$（AR）试剂 0.0125g，置于洁净的小烧杯中，加适量的纯化水溶解后，定量转入 100mL 容量瓶中，用纯化水稀释至标线，摇匀备用。此 $KMnO_4$ 溶液的浓度为 0.125g/L。

2. 绘制 $KMnO_4$ 溶液的吸收曲线

（1）精密吸取 $KMnO_4$ 标准溶液 20.00mL 置于洁净的 50mL 容量瓶中，加纯化水稀释至标线处，摇匀备用。此时 $KMnO_4$ 溶液的浓度为 50μg/mL。

（2）将稀释好的 $KMnO_4$ 溶液和参比溶液（纯化水）分别置于 1cm 的比色皿中，并放入 722 型分光光度计的吸收池架上，按照操作规程测定其吸光度。

（3）分别以波长为 420 ~ 640nm（详见记录表）的光作为入射光，测定其吸光度，并做好数据的记录。

（4）根据测定结果，以入射光波长（λ）为横坐标，以波长对应的光的吸光度（A）为纵坐标，将测得的吸光度数值逐点描绘在坐标纸上，将各点连成平滑的曲线，即得吸收光谱曲线。

3. 找出最大吸收波长 在吸收光谱曲线中，找到吸收峰最高处所对应的波长，即是 $KMnO_4$ 溶液的最大吸收波长。

附：722 型可见分光光度计的使用方法

1. 接通电源，依次打开试样室盖和仪器开关，将选择开关置于“T”位（透过率），波长旋钮调整至测定所需波长值、灵敏度旋钮调至低位，预热 30 分钟。

2. 将空白溶液、待测溶液（稀释好的 $KMnO_4$ 溶液）依次在仪器的试样架上放好。

3. 调节“波长旋钮入”选定工作波长，使空白溶液处于光路位置，打开试样室盖，调节“0% T”旋钮，使 T 读数显示为“0”，盖上试样室盖，调节“100% T”旋钮，使 T 读数显示为“100.0”。

4. 反复调节“0% T”和“100% T”旋钮，使打开试样室盖时，T 读数为“0”，盖上试样室盖时，T 读数为“100”，直至稳定不变。

5. 盖上试样室盖，依次拉出吸收池架推拉杆，将待测溶液置入光路，分别记录透光率读数。

6. 若测定吸光度 A，将选择开关置于“A”位，调节“消光零”旋钮，使显示数字为“0.000”，然后将待测溶液移入光路，则显示的数值为吸光度。

7. 重复上述 3 ~ 6，测定其他波长对应的吸光度。

8. 测定完毕，关闭仪器开关，切断电源，将各旋钮恢复至原位，将比色皿清洗干净，置于滤纸上晾干后装入比色皿盒，罩好仪器。做好仪器使用记录。

五、 数据记录及处理结果

1. 绘制 $KMnO_4$ 溶液的吸收曲线实验数据记录表。

λ（nm）	A	λ（nm）	A	λ（nm）	A
440		523		555	
460		525		560	
480		527		565	
490		530		570	
500		533		580	
505		535		590	
510		540		600	
515		545		620	
520		550		640	

2. 绘制 $KMnO_4$ 溶液的吸收曲线。

以入射光波长 λ 为横坐标，对应的吸光度 A 为纵坐标，逐点描绘在坐标纸上，绘制 $KMnO_4$ 溶液的吸收光谱曲线。从曲线上读出其最大吸收波长为________ nm。

六、 注意事项

1. 仪器的试样室盖应轻开轻放。

2. 比色皿拿其磨砂面，液体装入约 3/4 高度，并用擦镜纸吸掉外壁的溶液，每次用完后，用纯化水冲洗干净，倒置于滤纸上。

3. 倒取试液时不能在仪器上方操作，仪器上不能放置任何物品。

4. 每调换一次波长，都应将空白溶液的吸光度调至“0”。

5. 若用其他型号的紫外-可见分光光度计，请认真阅读对应的《使用说明书》，严格操作。

七、 思考题

1. 用不同浓度的 $KMnO_4$ 溶液绘制的吸收光谱曲线，最大吸收波长是否相同？

2. 同一波长下，不同浓度的 $KMnO_4$ 溶液吸光度的变化有什么规律？

3. 吸收曲线在实际应用中有何意义？

实验十七　维生素 B_{12} 注射液的含量测定

一、 实验目的

1. 巩固紫外-可见分光光度计的相关知识。

2. 学会紫外-可见分光光度计的操作技术。

3. 学会用吸光系数法测定维生素 B_{12} 注射液的含量。

二、 实验原理

维生素 B_{12} 是含钴的有机药物，为红色结晶，又称为红色维生素 B_{12} 或氰钴胺，是一种控制恶性贫血的维生素。维生素 B_{12} 吸收光谱上有三个吸收峰：278nm、361nm、550nm。维生素 B_{12} 在 361nm 的吸收峰干扰因素少，吸收又最强，《中国药典》规定以 361nm 处吸收峰的百分吸收系数 $E_{1cm,361nm}^{1\%}=207$ 为计算含量依据。本实验选择 361nm 为测定波长，利用紫外-可见分光光度计，采用吸收系数法测定维生素 B_{12} 的含量。测得溶液吸光度 A 后，即可用下式计算浓度：

$$\rho_{VB_{12}}(g/100mL)=\frac{A_{样}}{E_{1cm}^{1\%}\cdot L}$$

将 $\rho_{VB_{12}}$（μg/100mL）单位换算成 μg/mL：

$$\rho_{VB_{12}}(\mu g/100mL)=\frac{A_{样}}{E_{1cm}^{1\%}\cdot L}\times\frac{10^6}{100}=\frac{A_{样}}{207\times 1}\times\frac{10^6}{100}=A_{样}\times 48.31$$

标示百分含量：　$$标示量\%=\frac{n\times A_{样}\times 48.31}{标示量（标签）}\times 100\%$$

公式中的 n 为稀释倍数。

三、 仪器试剂

1. 仪器 紫外-可见分光光度计、移液管（5mL）、容量瓶（100mL）。

2. 试剂 维生素 B_{12}注射液（1mL：0.5mg）。

四、 实验步骤

1. 试液的配制 精密量取维生素 B_{12}注射液 5.00mL 置于 100mL 容量瓶中，加水稀释至刻度，混匀备用。该维生素 B_{12}溶液的浓度为 25 μg/mL。

2. 定量分析 取上述试液，在 361nm 处测吸光度，平行测定二次。

五、 数据记录及处理结果

1. 测得维生素 B_{12}注射液的吸光度为 A_1 = ________、A_2 = ________ 。

2. 取上述 A 值的平均值 $A_{样}$，按下列公式计算标示量%：

$$标示量\% = \frac{n \times A_{样} \times 48.31}{标示量(标签)} \times 100\%$$

根据测定结果判定该维生素 B_{12}注射液是否合格。

维生素 B_{12}标示百分含量在 90.0% ~110.0% 内均为合格。

六、 注意事项

1. 本实验需避光操作。

2. 计算标示量时注意单位。

七、 思考题

1. 吸收系数法中为什么吸光度乘以 48.31 即得每毫升维生素 B_{12}的微克数？

2. 紫外-可见分光光度法有哪些常用的定量方法？

实验十八　混合金属离子的柱色谱分离

一、 实验目的

1. 加深对柱色谱法分离原理的理解。

2. 掌握柱色谱的操作技术。

3. 学会用柱色谱法分离混合金属离子。

二、 实验原理

柱色谱常用的有吸附柱色谱和分配柱色谱两类。本实验采用吸附柱色谱法，其原理是：混合物中各组分被固定相吸附的能力和被流动相解吸附的能力不同，在色谱柱中移动的速度也不同，当混合物随流动相流过固定相时，各组分将发生多次的吸附和解吸附过程，微小差异的多次累积，最终实现混合物中各组分的分离。

三、 仪器试剂

1. 仪器　玻璃色谱柱、石英砂、玻璃漏斗、小烧杯、脱脂棉。

2. 试剂　金属离子 Fe^{3+}、Cu^{2+}和 Co^{2+}混合液、硅胶、洗脱剂（pH 为 1 的稀盐酸）。

四、 实验步骤

1. 湿法装柱　用镊子取少许脱脂棉放于干净的色谱柱管的底部，轻轻塞紧，在脱脂棉上盖上一层厚 0.5cm 的石英砂，打开活塞。将硅胶用洗脱剂调成糊状，倒入柱管中，控制洗脱剂流出速度为每秒 1 ~2 滴，使硅胶沉降压实至柱高的 3/4 处，在上面加一层厚 0.5cm 的石英砂。

2. 加样　当洗脱剂液面流至石英砂面上约 1cm 时，立即沿柱管内壁加入 1mL 金属离子 Fe^{3+}、Cu^{2+}和 Co^{2+}混合液（溶剂为洗脱剂），当液面接近石英砂面时，再加入少量的洗脱剂将黏附于壁上的试样冲洗下来。

3. 洗脱　待金属离子混合溶液与硅胶完全接触之后，加入洗脱剂继续洗脱，控制流出速度如前。与吸附剂吸附力较小的组分向下移动较快，与吸附剂吸附力较强的组分则移动较缓慢，从而形成不同的色带。当最先下行的色带快流出时，更换接受瓶，继续洗脱至该色带全部流出柱子。更换接受瓶，收集第二个色带。再更换接受瓶，收集第三个色带。

4. 分析　用 Fe^{3+}、Cu^{2+}的特性反应，鉴别三个接受瓶中的金属离子。

五、 数据记录及处理结果

先后流出柱子的色带分别呈________色、________色、________色，分别代表________离子、________离子、________离子。

六、 注意事项

1. 在装柱、洗脱过程中，液面不能低于石英砂的上表面。

2. 在洗脱过程中，应控制洗脱剂的流速。流速太快，分离不完全；流速太慢，耗时太多。

七、 思考题

1. 吸附柱色谱法分离的原理是什么？
2. 柱色谱法如何进行定性、定量分析？

实验十九　混合氨基酸的纸色谱分离

一、 实验目的

1. 巩固纸色谱法的相关知识。
2. 掌握纸色谱分离混合氨基酸的操作技术。
3. 学会在纸色谱上测量相关数据并计算 R_f 值。

二、 实验原理

纸色谱法是以滤纸为载体，以滤纸纤维所吸附的水为固定相，以与水互不相溶的有机溶剂为展开剂而进行分离分析的分配色谱法。纸色谱属于正相分配色谱，化合物在两相中的分配情况与化合物的分子结构及展开剂的种类、极性有关。

氨基酸是无色的化合物，可与茚三酮反应产生颜色，因此，滤纸挥干溶剂后，喷上茚三酮溶液后加热，可形成色斑而确定其位置。

三、仪器试剂

1. 仪器　色谱缸、色谱滤纸（16cm×8cm）、毛细管、显色用喷雾器、电吹风。

2. 试剂　氨基酸混合液（甘氨酸、丙氨酸和谷氨酸）、甘氨酸对照品溶液、丙氨酸对照品溶液、谷氨酸对照品溶液、展开剂（正丁醇：冰醋酸：水=4：1：2）、0.5%茚三酮溶液。

四、 实验步骤

1. 饱和　取展开剂25mL置于色谱缸中，饱和15分钟。

2. 点样　取一块16cm×8cm的色谱滤纸，在距离底边2cm处用铅笔画起始线，在起始线上分别点上对照品及氨基酸混合液，样点间距1.5cm，点样直径控制在2～4mm，然后将其晾干或用电吹风吹干。

3. 展开　将点有试样的一端浸入展开剂约1cm处，上行展开，当展开剂扩散到滤纸长度的4/5处时，取出滤纸，用铅笔标记展开剂前沿线。

4. 显色　用电吹风将展开之后的滤纸吹干，喷上0.5%的茚三酮溶液，再用电吹风吹干，即出现氨基酸的色斑。

5. 定性　分别测量并计算试样斑点和对照品斑点的 R_f 值，并进行对照，得出分析结论，即 R_f 相同的斑点为同一种物质。

五、 数据记录及处理结果

原点到溶剂前沿的距离为________cm。

	试样色斑1	试样色斑2	试样色斑3	甘氨酸色斑	丙氨酸色斑	谷氨酸色斑
原点到斑点中心的距离（cm）						
R_f						
结论						

R_f 的计算公式为：

$$R_f=\frac{\text{原点到斑点中心的距离}}{\text{原点到溶剂前沿的距离}}$$

六、 注意事项

1. 色谱滤纸应平整无折痕、边缘整齐，纸面洁净无斑点。
2. 点样量不能太大，以免出现拖尾现象。
3. 展开剂液面不能高于或接近起始线。
4. 展开时，起始线应平行于展开剂的液面。

七、 思考题

1. 为什么展开剂必须事先倒入色谱缸？
2. 纸色谱中，为什么起始线不能浸泡在展开剂中？
3. 纸色谱法所依据的原理是什么？

实验二十　磺胺类药物的薄层色谱分离

一、 实验目的

1. 加深对薄层色谱法相关知识的理解。
2. 掌握薄层色谱的操作技术。

3. 养成认真细致的工作作风。

二、 实验原理

薄层色谱法是将固定相均匀地涂铺在具有光洁表面的玻璃、塑料或金属板上形成薄层，在此薄层上进行色谱分离分析的方法。本实验采用吸附薄层色谱法，即利用试样各组分被固定相吸附的能力和被流动相解吸附的能力不同而实现分离。根据试样各组分的比移值进行定性分析，根据斑点的大小和颜色深浅进行定量分析。

联磺甲氧苄啶片是一种常用的磺胺类药物复方制剂，含有磺胺甲噁唑（SMZ）、磺胺嘧啶（SD）和甲氧苄啶（TMP）。联磺甲氧苄啶片试样经薄层分离后，与对照品进行对比，可以做出初步鉴别。

三、 仪器试剂

1. 仪器 玻璃板（15cm×8cm）、恒温干燥箱、研钵、色谱缸（直径 10cm）、干燥器、毛细管。

2. 试剂 羧甲基纤维素钠、薄层用硅胶、氯仿：甲醇（10：1）、2% 对二甲氨基苯甲醛和 1% HCl 的混合溶液、联磺甲氧苄啶片溶液、磺胺甲噁唑（SMZ）对照品溶液、磺胺嘧啶（SD）对照品溶液、甲氧苄啶（TMP）对照品溶液。

四、 实验步骤

1. 制备硅胶硬板 将硅胶和 0.5% 羧甲基纤维素钠溶液按 1g 与 2mL 的比例混合，在研钵中研磨均匀，倾倒于洁净的玻璃板上，用玻璃棒滩涂均匀，用手轻敲玻璃板，使薄层表面平整光滑，置于水平台上，室温下干燥 24 小时，置于 110℃ 恒温干燥箱中活化 30 分钟，取出后放入干燥器冷却备用。

2. 点样 在薄板上距一端 2cm 处用铅笔轻轻画一条起始线，在起始线上画“×”作为原点，分别用毛细管吸取联磺甲氧苄啶片的澄清溶液和各种对照品溶液，点在原点处，原点扩散直径不能超过 3mm。

3. 展开 将薄板放入盛有氯仿：甲醇（10：1）的密闭色谱缸内饱和约 10 分钟，然后进行展开，展开剂浸没下端的高度不宜超过 1cm，展开剂前沿线达到板的 3/4 高度后取出，用铅笔记下溶剂前沿线。

4. 显色 薄板展开后，挥干溶剂，喷洒含 2% 对二甲氨基苯甲醛和 1% HCl 的混合溶液，标出斑点中心位置，测定各斑点 R_f 值。

五、 数据记录及处理结果

原点到溶剂前沿的距离为________ cm。

	试样色斑 1	试样色斑 2	试样色斑 3	SMZ 色斑	SD 色斑	TMP 色斑
原点到斑点中心的距离（cm）						
R_f						
结论						

测量有关数据的方法、计算 R_f 的公式均与纸色谱法相同。

六、 注意事项

1. 薄板要铺得均匀，对光观察应透光一致。如表面厚薄不均匀，会造成展开剂前沿线不整齐，影响 R_f 值。

2. 制备磺胺类药物混合溶液时，取联磺甲氧嘧啶 4 片置于 10mL 纯化水中崩解、混匀、离心分离，取其澄清液。

七、 思考题

1. 影响薄层色谱 R_f 值的因素有哪些？

2. 试述薄层色谱法和纸色谱法的异同点？

附录一

分析化学实验室须知

分析化学是一门实践性很强的科学。通过实验课教学，让学生学习和训练常用实验仪器的基本操作方法，帮助学生理解和巩固课堂所学的基本理论知识，培养和提高学生观察事物、发现问题、分析问题和解决问题的能力。每个学生必须高度重视实验课，珍惜每次实验机会，自觉养成实事求是、严肃认真、理论联系实际的科学态度和良好的工作作风，提高实践操作能力和创新意识。为确保实验教学顺利进行，达到预期效果，学生必须熟悉实验室的有关常识，自觉遵守实验室规则，妥善处理实验过程中出现的突发事件。

一、 实验室规则

1. 在实验课之前，应认真阅读实验指导，查阅有关资料，作好预习，明确实验目的、要求、原理、方法、步骤及注意事项。

2. 进入实验室之后，要按带教老师指定的座位就座，保持安静，检查所需仪器是否齐全、试剂是否完备，如有缺损，应及时报告老师，申请补领。未经老师允许，不得随意动用与实验无关的其他仪器设备和药品，不能大声喧哗、随意走动、乱扔杂物、随地吐痰。

3. 开始实验之前，应认真聆听带教老师讲解，注意观察教师的示范操作。在实验过程中，仪器的连接和安装要稳固，接通电源、点火加热、接触药品或动力时，要切实注意安全，严格按照操作规程和实验步骤进行，及时记录实验的现象和检测的数据。如有不同见解和建议，应与老师协商后方可实施。

4. 要爱护公物，要严格按照规定用量取用药品，不得随意增减、遗弃和浪费，节约水电及实验材料。洗涤和使用玻璃仪器时，应小心谨慎，以免损坏，仪器洗净之后，不能用抹布擦拭其内壁。使用贵重精密仪器时，不得随意安装或卸载软件，如果发现异常情况，要立即报告带教老师，不得擅自挪动或拆卸。未经带教老师同意，实验室内一切设施和用品，均不得擅自动用或带出室外。

5. 保持实验室环境、实验桌面和仪器设备整洁，放置仪器和试剂药品要井然有序。

废弃溶液可倒入水槽内放水冲走，废弃的强酸、强碱溶液必须先用水稀释后，再放水冲走；强腐蚀性废弃试剂药品、废纸及其他固体废物或带有渣滓沉淀的废液均应倒入废物缸内或指定处，不能随手倒入水槽内。

6. 实验结束后，应将自己所用的玻璃器皿清洗干净，将实验仪器、试剂、物品恢复原状。使用精密仪器之后，要及时填写使用记录，经带教老师允许后方可离开实验室。值日生应对实验室进行全面整理和清扫，倾倒废物和垃圾，检查并关好水、电、煤气和门窗等。

二、 实验室安全常识

1. 遵守实验室规则，严格按照仪器操作规程进行实验是确保安全的前提。

2. 注意实验室内通风排气，涉及有毒、恶臭或产生剧烈刺激性气味物质的实验操作，都应该在通风橱中进行。

3. 实验室内禁止饮食、吸烟，禁止用实验器皿作食具。严禁用手（包括皮肤）接触，或口尝，或直接嗅闻任何化学药品。操作完毕，应认真洗手，防止中毒。

4. 若有机溶剂（如乙醚、苯、乙醇等）着火时，应立即用消火器或湿布、细沙等扑灭，切勿用水。不慎将药品试剂洒在实验台或地板上，应立即用湿抹布或拖布多次擦拭干净，必要时用水冲洗。

5. 对于易燃易爆试剂要妥善保管，不得靠近火焰和高温物质，以免引起爆炸和火灾。

6. 应熟悉消防器材和救护设备的存放地点和使用方法，熟悉急救措施，以便对突发事故进行处理和急救。

三、 实验室急救常识

在实验过程中，如果有人不慎受伤，应立即采取适当的急救措施。

1. 受玻璃割伤及其他机械损伤时，首先检查伤口内有无玻璃或金属等碎片，然后用硼酸水洗净，再涂擦碘酒或红汞水，必要时用纱布包扎。若伤口较大或过深而大量出血，应迅速在伤口上部和下部扎紧血管止血，并立即送至医院诊治。

2. 烫伤时，一般用消毒酒精消毒后，涂上苦味酸软膏。如果伤处红痛或红肿，可擦医用橄榄油或用棉花沾酒精敷盖伤处；若皮肤起泡，不要弄破水泡，防止感染；若伤处皮肤呈棕色或黑色，应用干燥而无菌的消毒纱布轻轻包扎好，急送医院治疗。

3. 强碱（如氢氧化钠、氢氧化钾）、钠、钾等触及皮肤而引起灼伤时，要先用大量自来水冲洗，再用5%硼酸溶液或2%乙酸溶液涂洗。

4. 强酸（浓盐酸、浓硫酸、浓高氯酸）触及皮肤而致灼伤时，应立即用大量自来水冲洗，再以5%碳酸氢钠溶液或5%氢氧化钴溶液洗涤。

5. 吸入毒气或煤气中毒时，通常把中毒者移到空气新鲜的地方，解松衣服（但要注意保暖），使其安静休息，必要时给中毒者吸入氧气，但切勿随便使用人工呼吸。若吸入溴蒸气、氯气、氯化氢等，可吸少量酒精和乙醚的混合物蒸气，使之解毒。吸入少量硫化氢者，立即送到空气新鲜的地方。中毒较重的，应立即送到医院诊治。

6. 如水银不慎进入体内引起急性中毒，通常用碳粉或呕吐剂彻底洗胃，也可食入大量蛋白（如1L牛奶加三个鸡蛋清）或蓖麻油解毒，使之呕吐，并送入医院就诊。

7. 触电急救时，应立即切断电源或用干木棒使导线与伤者分开。在未切断电源之前，切不可用手拉触电者，也不能用金属或潮湿的东西挑电线。

四、 常用玻璃仪器的洗涤和干燥

玻璃仪器洗涤干净的标准是内壁不挂水珠。仪器内壁除了有一层水膜之外，不得有其他任何物质。洗涤干净的仪器清洁透明，器壁上只留下一层既薄又均匀的水膜，而器壁不挂水珠。洗净的仪器，决不能用布或纸擦干，否则，布或纸上的纤维将会附着在仪器上。

1. 玻璃仪器的洗涤方法

（1）用去污粉洗　去污粉是由碳酸钠、白土、细沙等混合而成的白色粉末，用于洗涤辅助仪器，如烧杯、量筒、锥型瓶等。将要洗涤的烧杯或试管先用自来水湿润，再用毛刷蘸取少量去污粉擦洗。仪器内外壁经擦洗后，先用自来水洗去去污粉颗粒，再用少量蒸馏水洗三次。

（2）用铬酸洗液洗　铬酸洗液是由浓硫酸和重铬酸钾配制而成的深褐色溶液，具有强酸性、强氧化性，对有机物、油污等的去污能力特别强。定量分析的容量仪器如滴定管、移液管和容量瓶等，不能用去污粉擦洗，只能用铬酸洗液来洗。洗涤时装入少量洗液，将仪器倾斜转动，使器壁全部被洗液湿润，然后将洗液倒回原洗液瓶中，再用自来水把残留在仪器中的洗液洗去，最后用少量蒸馏水洗三次。

使用铬酸洗液时应注意：①洗液应密封保存，使用时尽量把仪器内的水倒掉，以免冲稀洗液。②洗液用完后应倒回原瓶内。③洗液具有很强的腐蚀性，用时注意安全，如不慎把洗液洒在皮肤、衣物和桌面上，应立即用水冲洗。④洗液变成绿色时，不能继续使用。

2. 滴定分析仪器的用前处理　在以水为溶剂的滴定分析法中，玻璃仪器洗涤干净之后，应该用少量蒸馏水将其内壁洗涤三次，不必进行干燥处理。仪器内壁上黏附的蒸馏水是溶剂，而不是杂质。蒸馏水的存在，会降低待量取或盛放的溶液的浓度，但不会改变溶质的质量，也不会干扰滴定反应。

当待量取或盛放的溶液浓度（或溶质质量）很精确时，引入微量蒸馏水则会影响实验测定。如果用适量待量取或盛放的溶液将仪器内壁洗涤三次，使仪器内壁上黏附的溶液与待量取或盛放的溶液完全相同，则不会影响实验测定。如果待量取或盛放的溶液浓度本身不精确，则仪器内壁黏附的微量蒸馏水也不会影响实验测定。因此，玻璃仪器经自来水、蒸馏水洗涤干净之后，一定要根据具体情况正确使用，确保符合滴定分析要求。

（1）须用待量取或盛放溶液洗涤的仪器　这类仪器包括滴定管和移液管等。滴定管是用于测定滴定液消耗体积的量器，滴定液的浓度和消耗体积都必须准确测定，否则，影响计算结果。移液管是用于准确移取具有准确浓度溶液的量器，其内壁黏附的蒸馏水能影响溶液的浓度。因此，滴定管和移液管经过洗涤之后，必须用待盛放或移取的溶液洗涤三次。

（2）沥干蒸馏水直接使用的仪器　这类仪器包括锥形瓶、容量瓶、量筒、量杯、烧杯和玻璃棒等，用前沥干蒸馏水即可。锥形瓶是用于盛放被滴定溶液的容器，其中的溶质的物质的量已经确定，引入微量蒸馏水并不影响滴定反应的计量关系。容量瓶是用于配制（或稀释）一定体积溶液的容器，要求其容积必须精确，无论是用溶质配制溶液，还是用浓溶液制备稀溶液，最后都要滴加蒸馏水至环形刻线处，所以，事先引入的蒸馏水并不影响浓度的计算结果。量筒和量杯自身的刻度不很精确，常用于量取浓度不很精确的溶液，如盐酸、硫酸、缓冲溶液等，仪器内壁的微量蒸馏水不会对分析测定产生实质性影响。烧杯是一般性容器，玻璃棒是辅助性工具，它们均不涉及“准确质量”和“准确浓度”。因此，这些仪器经过洗涤之后，不必用待盛放的溶液洗涤。

（3）储存滴定液的试剂瓶　虽然试剂瓶是辅助性容器，但用于储存滴定液时直接涉及“准确质量”和“准确浓度”。当用于储存直接法配制的滴定液时，滴定液的浓度已经确定，事先必须用少量待储存的滴定液洗涤三次，确保其内壁黏附的溶液浓度与待储存的滴定液浓度相同。当用于储存间接法配制的滴定液时，滴定液的准确浓度需要经过标定之后才能确定，因此，试剂瓶内壁黏附的蒸馏水并不影响标定的结果，此时，直接将近似浓度的滴定液倒入即可。

五、试剂的取用规则

1. 公用试剂一般不得随意移动位置，若有移动，用毕应立即归放原处，方便其他同学取用。

2. 取用固体试剂时，要用清洁、干燥的药匙，用过的药匙必须洗净和擦干后才能再使用，以免沾污试剂。取用试剂后应立即盖紧瓶盖。称量固体试剂时，必须注意不要取多，多取的药品，不能倒回原试剂瓶。一般的固体试剂可以放在干净的纸或表面皿上称量。具有腐蚀性、强氧化性或易潮解的固体试剂不能在纸上称量，应放在玻璃容器内称量。

3. 从滴瓶中取液体试剂时，要用滴瓶中的滴管。一个滴瓶配备一个滴管，严禁混用，以免交叉污染。吸有液体的滴管不得横置或滴管口向上斜放，以免液体流入滴管的胶帽中。从细口瓶中取出液体试剂时，先将瓶塞取下，反放在桌面上，手握住试剂瓶上贴标签的一面，逐渐倾斜瓶子，让试剂沿着洁净的容器内壁流入或沿着洁净的玻璃棒流入接收容器。取出所需量后，将试剂瓶口在容器上靠一下，再逐渐竖起瓶子，以免遗留在瓶口的液体滴流到试剂瓶的外壁。倒入试管里的溶液量，一般不超过其容积的1/3。定量取用液体试剂时，可根据需要选用不同量度的量筒或移液管。

4. 嗅气体的气味时，用手将逸出的气体扇向自己，切勿用鼻直接嗅闻；严谨品尝试剂的味道。

5. 试剂瓶瓶盖、滴管或吸管用完后立即放回原瓶，不可乱盖、乱插，严防“张冠李戴”，以免交叉污染。

6. 试剂应按规定用量取用，注意节约；已取出的试剂未用完时，不得再倒回原试剂瓶中，应倒入指定的容器中。

7. 使用试剂时要看清楚试剂的名称、等级和浓度，切勿弄错。应根据检测工作的具体情况不同而选用不同等级的试剂，既不能盲目追求高纯度，造成浪费，也不能随意降低试剂的等级而影响分析结果的准确性。化学试剂的等级及用途见附表1。

附表1 化学试剂的规格及用途

等级	名称	符号	标签标志	用途
一级品	优级纯	GR	绿色	纯度最高，杂质含量最少的试剂，适用于最精确分析及研究工作
二级品	分析纯	AR	红色	纯度较高，杂质含量较低，适用于精确的微量分析工作，为分析实验室广泛使用
三级品	化学纯	CP 或 P	蓝色	质量略低于二级试剂，适用于一般的微量分析实验，包括要求不高的工业分析和快速分析
四级品	实验试剂	BR 或 CR	棕色等	纯度较低，但高于工业用的试剂，适用于一般定性检验
	生物试剂	LR	黄色等	根据说明使用

六、 实验数据记录和实验报告

（一）实验数据记录

1. 实验课前必须认真预习，弄清原理和操作方法，并在实验记录本上写出扼要的预习报告，内容包括实验基本原理、操作步骤（可用流程图等表示）和记录数据的表格等。

2. 实验中观察到的现象、结果和测试的数据应及时记录在实验记录本上，切忌事后追记，也不能记录在单片纸上，防止丢失。当发现实验现象或结论与教材不一致时，要尊重客观，如实记录，留待分析原因，总结经验教训或重做验证。

3. 记录检测数据时，如称量物的重量、滴定管的读数、分光光度计的读数等，应根据仪器的精确度准确保留有效数字，还应详细记录所用仪器的型号和规格、化学试剂的等级和浓度以及实验条件等，以便在总结和分析时进行核对，并作为查找实验成败原因的参考依据。

4. 实验记录须用钢笔或圆珠笔书写，写错时可以准确地划去重记。不能用铅笔记录，也不能对检测数据进行擦抹及涂改。

5. 如果怀疑所记录的检测数据，或将实验记录遗漏、丢失，都必须重新实验，切忌拼凑实验数据和结果，一定要自觉养成一丝不苟、严谨求实的科学作风。

（二）实验报告

实验结束，应认真对实验的检测数据进行处理，及时写出实验报告，并上交带教老师批阅。实验报告一般包括以下内容。

1. 实验项目 每个实验都有明确的实验题目，在此之下应列出实验日期和实验目的要求。

2. 实验原理 简明扼要地概括出实验的原理，涉及化学反应，最好用化学反应式表示。

3. 试剂和仪器 应列出所用的主要仪器和试剂，特殊的仪器要画出仪器装置简图，并有合适的图解，避免使用未被普遍接受的商品名或俗名作为试剂名称。

4. 实验方法和步骤 在预习的基础上，简要描述实验的方法和主要步骤，以便审阅人明白实验的过程和检测数据的来历。避免照抄实验指导。

5. 实验数据与处理结果 将实验的数据、现象和分析结果等以文字、表格、图形等形式表示出来，并说明数据处理的方法。

6. 实验结论 是根据实际的实验现象和数据得出的实验结果，而不是照抄实验指导所应观察到的实验结果。

7. 问题讨论 探讨关于实验方法或操作技术的一些问题，如实验异常结果的分析，对于实验设计的认识、体会和建议，对实验课的改进意见等。

8. 解答思考题 应简要解答实验指导中所列出的思考题。

附录二

常见元素及其相对原子量

元素	符号	原子量	元素	符号	原子量	元素	符号	原子量
银	Ag	107.8682	铪	Hf	178.49	铷	Rb	85.4678
铝	Al	26.98154	汞	Hg	200.59	铼	Re	186.207
氩	Ar	39.948	钬	Ho	164.9304	铑	Rh	102.9055
砷	As	74.9216	碘	I	126.9045	钌	Ru	101.07
金	Au	196.9655	铟	In	114.82	硫	S	32.066
硼	B	10.81	铱	Ir	192.22	锑	Sb	121.75
钡	Ba	137.33	钾	K	39.0983	钪	Sc	44.9559
铍	Be	9.01218	氪	Kr	83.80	硒	Se	78.96
铋	Bi	208.9804	镧	La	138.9055	硅	Si	28.0855
溴	Br	79.904	锂	Li	6.941	钐	Sm	150.36
碳	C	12.011	镥	Lu	174.967	锡	Sn	118.710
钙	Ca	40.08	镁	Mg	24.305	锶	Sr	87.62
镉	Cd	112.41	锰	Mn	54.9380	钽	Ta	180.9479
铈	Ce	140.12	钼	Mo	95.94	铽	Tb	158.9254
氯	Cl	35.453	氮	N	14.0067	碲	Te	127.60
钴	Co	58.9332	钠	Na	22.98977	钍	Th	232.0381
铬	Cr	51.995	铌	Nb	92.9064	钛	Ti	47.88
铯	Cs	132.9054	钕	Nd	144.24	铊	Tl	204.383
铜	Cu	63.543	氖	Ne	29.179	铥	Tm	168.9342
镝	Dy	162.50	镍	Ni	58.69	铀	U	238.0289
铒	Er	167.26	镎	Np	237.0482	钒	V	50.9415
铕	Eu	151.96	氧	O	15.9994	钨	W	183.85
氟	F	18.998403	锇	Os	190.2	氙	Xe	131.29
铁	Fe	55.847	磷	P	30.97376	钇	Y	88.9059
镓	Ga	69.72	铅	Pb	207.2	镱	Yb	173.04
钆	Gd	157.25	钯	Pd	106.42	锌	Zn	65.38
锗	Ge	72.59	镨	Pr	140.9077	锆	Zr	91.22
氢	H	1.00794	铂	Pt	195.08			
氦	He	4.00260	镭	Ra	226.0254			

附录三

常见化合物的式量

（根据2005年公布的相对原子质量计算）

分子式	相对分子质量	分子式	相对分子质量
$AgBr$	187.77	KBr	119.00
$AgCl$	143.32	$KBrO_3$	167.00
AgI	234.77	KCl	74.551
$AgNO_3$	169.87	$KClO_4$	138.55
Al_2O_3	101.96	K_2CO_3	138.21
As_2O_3	197.84	K_2CrO_4	194.19
$BaCl_2 \cdot 2H_2O$	244.26	$K_2Cr_2O_7$	294.19
BaO	153.33	KH_2PO_4	136.09
$Ba(OH)_2 \cdot 8H_2O$	315.47	$KHSO_4$	136.17
$BaSO_4$	233.39	KI	166.00
$CaCO_3$	100.09	KIO_3	214.00
CaO	56.077	$KIO_3 \cdot HIO_3$	389.91
$Ca(OH)_2$	74.093	$KMnO_4$	158.03
CO_2	44.010	KNO_2	85.100
CuO	79.545	KOH	56.106
Cu_2O	143.09	K_2PtCl_6	486.00
$CuSO_4 \cdot 5H_2O$	249.69	$KSCN$	97.182
FeO	71.844	$MgCO_3$	84.314
Fe_2O_3	159.69	$MgCl_2$	95.211
$FeSO_4 \cdot 7H_2O$	278.02	$MgSO_4 \cdot 7H_2O$	246.48
$FeSO_4 \cdot (NH_4)_2SO_4 \cdot 6H_2O$	392.14	$MgNH_4PO_4 \cdot 6H_2O$	245.41
H_3BO_3	61.833	MgO	40.304
HCl	36.461	$Mg(OH)_2$	58.320
$HClO_4$	100.46	$Mg_2P_2O_7$	222.55
HNO_3	63.013	$Na_2B_4O_7 \cdot 10H_2O$	381.37
H_2O	18.015	$NaBr$	102.89
H_2O_2	34.015	$NaCl$	58.489
H_3PO_4	97.995	Na_2CO_3	105.99
H_2SO_4	98.080	$Na_2C_2O_4$	133.998

续表

分子式	相对分子质量	分子式	相对分子质量
I_2	253.81	$NaHCO_3$	84.007
$KAl(SO_4)_2 \cdot 12H_2O$	474.39	$Na_2HPO_4 \cdot 12H_2O$	358.14
$NaNO_2$	69.000	SiO_2	60.085
Na_2O	61.979	SO_2	64.065
$NaOH$	39.997	SO_3	80.064
$Na_2S_2O_3$	158.11	ZnO	81.408
$Na_2S_2O_3 \cdot 5H_2O$	248.19	CH_3COOH（醋酸）	60.052
NH_3	17.031	$C_6H_8O_6$（维生素 C）	176.12
NH_4Cl	53.491	$H_2C_2O_4 \cdot 2H_2O$（草酸）	126.07
NH_4OH	35.046	$KHC_4H_4O_6$（酒石酸氢钾）	188.18
$(NH_4)_3PO_4 \cdot 12MoO_3$	1876.4	$KHC_8H_4O_4$（邻苯二甲酸氢钾）	204.22
$(NH_4)_2SO_4$	132.14	$K(SbO)C_4H_4O_6 \cdot 1/2H_2O$（酒石酸锑钾）	333.93
$PbCrO_4$	321.19	$Na_2C_2O_4$（草酸钠）	134.00
PbO_2	239.20	$NaC_7H_5O_2$（苯甲酸钠）	144.11
$PbSO_4$	303.26	$Na_3C_6H_5O_7 \cdot 2H_2O$（枸橼酸钠）	294.12
P_2O_5	141.94	$Na_2H_2C_{10}H_{12}O_8N_2 \cdot 2H_2O$（EDTA 二钠盐）	372.24

附录四

市售常用试剂溶液的浓度

溶液名称	化学式	式量	密度（g/mL）	含量（%）	物质的量浓度（mol/L）
盐酸	HCl	36.5	1.18～1.19	36～38	11.6～12.4
硝酸	HNO_3	63	1.39～1.40	65～68	14.4～15.2
硫酸	H_2SO_4	98	1.83～1.84	95～98	17～18
磷酸	H_3PO_4	98	1.69	85	14.6
高氯酸	$HClO_4$	100.5	1.68	70～72	11.7～12.0
冰醋酸	CH_3COOH	60	1.05	99.8（GR）	17.5
				99.0（AR、CP）	17.3
氢氟酸	HF	20	1.13	40	22.5
氢溴酸	HBr	81	1.49	47	8.6
甲酸	$HCOOH$	46	1.06	26	6
氨水	$NH_3 \cdot H_2O$	35	0.88～0.90	27（以 NH_3 计）	14.3
过氧化氢	H_2O_2	34	1.11	30	9.8

附录五

难溶化合物的溶度积（K_{sp}）①

化合物	K_{sp}	化合物	K_{sp}	化合物	K_{sp}
Ag_3AsO_4	1.0×10^{-22}	$Ca(OH)_2$	5.5×10^{-6}	$MgCO_3$	3.5×10^{-8}
$AgBr$	5.0×10^{-13}	$Ca_3(PO_4)_2$	2.0×10^{-29}	MgC_2O_4	8.5×10^{-5}③
$AgCl$	1.56×10^{-10}③	$CaSiF_6$	8.1×10^{-4}	MgF_2	6.5×10^{-9}
$AgCN$	1.2×10^{-16}	$CaSO_4$	9.1×10^{-6}	$MgNH_4PO_4$	2.5×10^{-13}
$Ag_2C_2O_4$	2.95×10^{-11}	$Cd[Fe(CN)_6]$	3.2×10^{-17}	$Mg(OH)_2$	1.9×10^{-13}
$AgSCN$	1.0×10^{-12}	$Cd(OH)_2$（新）	2.5×10^{-14}	$Mg_3(PO_4)_3$	$10^{-28}\sim10^{-27}$
Ag_2SO_4	1.4×10^{-5}	$Cd_3(PO_4)_2$	2.5×10^{-33}	$Mn(OH)_2$	1.9×10^{-13}
Ag_2CO_3	8.1×10^{-12}	CdS	3.6×10^{-29}③	MnS	1.4×10^{-15}③
$Ag_3[CO(NO_2)_6]$	8.5×10^{-21}	$Co_2[Fe(CN)_5]$	1.8×10^{-15}	$Ni(OH)_2$（新）	2.0×10^{-15}
Ag_2CrO_4	1.1×10^{-12}	$Co[Hg(SCN)_4]$	1.5×10^{-6}	NiS	1.4×10^{-24}③
$Ag_2Cr_2O_7$	2.0×10^{-7}	$CoHPO_4$	2×10^{-7}	$Pb_3(AsO_4)_2$	4.0×10^{-36}
$Ag_4[Fe(CN)_6]$	1.6×10^{-41}	$Co(OH)_2$（新）	1.6×10^{-15}	$PbCO_3$	7.4×10^{-14}
AgI	1.5×10^{-16}③	$Co(PO_4)_2$	2×10^{-35}	$PbCl_2$	1.6×10^{-5}
Ag_3PO_4	1.4×10^{-16}	CoS	3×10^{-26}③	$PbCrO_4$	1.8×10^{-14}③
Ag_2S	6.3×10^{-50}	$Cu_3(AsO_4)_2$	7.6×10^{-36}	PbF_2	2.7×10^{-8}
$Al(OH)_3$	1.3×10^{-33}	$CuCN$	3.2×10^{-20}	$Pb_2[(CN)_6]$	3.5×10^{-15}
$AlPO_4$	6.3×10^{-19}	$Cu[Hg(CN)_6]$	1.3×10^{-16}	$PbHPO_4$	1.3×10^{-10}
As_2S_3	4.0×10^{-29}	$Cu_3(PO_4)_2$	1.3×10^{-37}	PbI_2	7.1×10^{-9}
$Ar(OH)_3$	6.3×10^{-31}	$Cu_2P_2O_7$	8.3×10^{-16}	$Pb(OH)_2$	1.2×10^{-15}
Ba_3AsO_4	8.0×10^{-51}	$CuSCN$	4.8×10^{-15}	$Pb_3(PO_4)_2$	8.0×10^{-48}
$BaCO_3$	8.1×10^{-9}③	CuS	6.3×10^{-36}	PbS	8.0×10^{-28}
BaC_2O_4	1.6×10^{-7}	$FeCO_3$	3.2×10^{-11}	$PbSO_4$	1.6×10^{-8}
$BaCrO_4$	1.2×10^{-10}	$Fe_4[Fe(CN)_6]$	3.3×10^{-41}	$Sb(OH)_3$	4×10^{-42}②
BaF_2	1.0×10^{-9}	$Fe(OH)_2$	8.0×10^{-16}	Sb_2S_3	2.9×10^{-59}②
$BaHPO_4$	3.2×10^{-7}	$Fe(OH)_3$	1.1×10^{-36}③	SnS	1.0×10^{-25}
$Ba_3(PO_4)_2$	3.4×10^{-23}	$FePO_4$	1.3×10^{-22}	$SrCO_3$	1.6×10^{-9}③

续表

化合物	K_{sp}	化合物	K_{sp}	化合物	K_{sp}
$Ba_2P_2O_7$	3.2×10^{-11}	FeS	3.7×10^{-19}	SrC_2O_4	5.6×10^{-8}③
$BaSiF_6$	1×10^{-6}	Hg_2Cl_2	1.3×10^{-18}	$SrCrO_4$	2.2×10^{-5}
$BaSO_4$	1.1×10^{-10}	$Hg_2(CN)_2$	5×10^{-40}	SrF_2	2.5×10^{-9}
$Bi(OH)_3$	4×10^{-31}	Hg_2I_2	4.5×10^{-29}	$Sr_3(PO_4)_2$	4.0×10^{-28}
Bi_2S_3	1×10^{-97}	Hg_2S	1×10^{-47}	$SrSO_4$	3.2×10^{-7}
$BiPO_4$	1.3×10^{-23}	HgS（红）	4×10^{-53}	$Zn_2[Fe(CN)_6]$	4.0×10^{-16}
$CaCO_3$	8.7×10^{-9}③	HgS（黑）	1.6×10^{-52}	$Zn[Hg(SCN)_4]$	2.2×10^{-7}
CaC_2O_4	4×10^{-9}	$Hg_2(SCN)_2$	2.0×10^{-20}	$Zn(OH)_2$	1.2×10^{-17}
$CsCrO_4$	7.1×10^{-4}	$K[B(C_6H_5)_4]$	2.2×10^{-8}	$Zn_3(PO_4)_2$	9.0×10^{-33}
CaF_4	2.7×10^{-11}	$K_2Na[Co(NO_2)_6]H_2O$	2.2×10^{-8}	ZnS	1.2×10^{-23}③
$CaHPO_4$	1×10^{-7}	$K_2[PtCl_6]$	1.1×10^{-5}		

① 摘自 J. A. Dean. Lange's Handbook of chemistry. 11th ed. Mc Graw-Hill Book Co. 1973.

② 摘自余志英．普通化学常用数据表．北京：中国工业出版社，1956.

③ 摘自 R. C. Geart. Handbook of chemistry and physics. 55th ed. CRC Press，1974.

附录六

常用弱酸、弱碱的解离常数

（浓度0.01～0.003mol/L，温度25℃）

名称	化学式	解离常数 K	pK
偏铝酸	$HAlO_2$	6.3×10^{-13}	12.20
砷酸	H_3AsO_4	$K_1=6.3\times10^{-3}$	2.20
		$K_2=1.05\times10^{-7}$	6.98
		$K_3=3.2\times10^{-12}$	11.50
亚砷酸	$HAsO_2$	6×10^{-10}	9.22
*硼酸	H_3BO_3	5.8×10^{-10}	9.24
氢氰酸	HCN	4.93×10^{-10}	9.31
碳酸	H_2CO_3	$K_1=4.30\times10^{-7}$	6.37
		$K_2=5.61\times10^{-11}$	10.25
铬酸	H_2CrO_4	$K_1=1.8\times10^{-1}$	0.74
		$K_2=3.20\times10^{-7}$	6.49
次氯酸	HClO	3.2×10^{-8}	7.50
氢氟酸	HF	3.53×10^{-4}	3.45
碘酸	HIO_3	1.69×10^{-1}	0.77
高碘酸	HIO_4	2.8×10^{-2}	1.56
亚硝酸	HNO_2	4.6×10^{-4}（285.5K）	3.37
磷酸	H_3PO_4	$K_1=7.52\times10^{-3}$	2.12
		$K_2=6.31\times10^{-8}$	7.20
		$K_3=4.4\times10^{-13}$	12.36
氢硫酸	H_2S	$K_1=1.3\times10^{-7}$	6.88
		$K_2=1.1\times10^{-12}$	11.96
亚硫酸	H_2SO_3	$K_1=1.54\times10^{-2}$（291K）	1.81
		$K_2=1.02\times10^{-7}$	6.91
硫酸	H_2SO_4	$K_2=1.20\times10^{-2}$	1.92
硅酸	H_2SiO_3	$K_2=1.7\times10^{-10}$	9.77
		$K_2=1.6\times10^{-12}$	11.80

续表

名称	化学式	解离常数 K	pK
甲酸	$HCOOH$	1.8×10^{-4}	3.75
乙酸	HAc	1.76×10^{-5}	4.75
草酸	$H_2C_2O_4$	$K_1=5.90\times10^{-2}$	1.23
		$K_2=6.40\times10^{-5}$	4.19
一氯乙酸	$CH_2ClCOOH$	1.4×10^{-3}	2.86
二氯乙酸	$CHCl_2COOH$	5.0×10^{-2}	1.30
三氯乙酸	CCl_3COOH	2.0×10^{-1}	0.70
氨基乙酸	NH_2CH_2COOH	1.67×10^{-10}	9.78
丙酸	CH_3CH_2COOH	1.35×10^{-5}	4.87
丙二酸	$HOCOCH_2COOH$	$K_1=1.4\times10^{-3}$	2.85
		$K_2=2.2\times10^{-6}$	5.66
丙烯酸	$CH_2=CHCOOH$	5.5×10^{-5}	4.26
苯酚	C_6H_5OH	1.1×10^{-10}	9.96
苯甲酸	C_6H_5COOH	6.3×10^{-5}	4.20
水杨酸	$C_6H_4(OH)COOH$	$K_1=1.05\times10^{-3}$	2.98
		$K_2=4.17\times10^{-13}$	12.38
* 邻苯二甲酸	$C_6H_4(COOH)_2$	$K_1=1.12\times10^{-3}$	2.95
		$K_2=3.91\times10^{-6}$	5.41
柠檬酸	$(HOOCCH_2)_2C(OH)COOH$	$K_1=7.1\times10^{-4}$	3.14
		$K_2=1.76\times10^{-6}$	4.76
		$K_3=4.1\times10^{-7}$	6.39
酒石酸	$(CH(OH)COOH)_2$	$K_1=1.04\times10^{-3}$	2.98
		$K_2=4.55\times10^{-5}$	4.34
* 8-羟基喹啉	C_9H_6NOH	$K_1=8\times10^{-6}$	5.1
		$K_2=1\times10^{9}$	9.0
* 对氨基苯磺酸	$H_2NC_6H_4SO_3H$	$K_1=2.6\times10^{-1}$	0.58
		$K_2=7.6\times10^{-4}$	3.12
* 乙二胺四乙酸 (EDTA)	$(CH_2COOH)_2NH^+CH_2CH_2NH^+(CH_2COOH)_2$	$K_5=5.4\times10^{-7}$	6.27
		$K_6=1.12\times10^{-11}$	10.95
铵离子	NH_4^+	$K_b=5.56\times10^{-10}$	9.25
氨水	$NH_3\cdot H_2O$	$K_b=1.76\times10^{-5}$	4.75
联胺	N_2H_4	$K_b=8.91\times10^{-7}$	6.05
羟氨	NH_2OH	$K_b=9.12\times10^{-9}$	8.04
氢氧化铅	$Pb(OH)_2$	$K_b=9.6\times10^{-4}$	3.02
氢氧化锂	$LiOH$	$K_b=6.31\times10^{-1}$	0.2

续表

名称	化学式	解离常数 K	pK
氢氧化铍	$Be(OH)_2$	$K_b=1.78\times10^{-6}$	5.75
	$BeOH^+$	$K_b=2.51\times10^{-9}$	8.6
氢氧化铝	$Al(OH)_3$	$K_b=5.01\times10^{-9}$	8.3
	$Al(OH)_2^+$	$K_b=1.99\times10^{-10}$	9.7
氢氧化锌	$Zn(OH)_2$	$K_b=7.94\times10^{-7}$	6.1
*乙二胺	$H_2NC_2H_4NH_2$	$K_{b_1}=8.5\times10^{-5}$	4.07
		$K_{b_2}=7.1\times10^{-8}$	7.15
*六亚甲基四胺	$(CH_2)_6N_4$	1.35×10^{-9}	8.87
*尿素	$CO(NH_2)_2$	1.3×10^{-14}	13.89

摘自 R. C. Weast，Handbook of Chemistry and Physics D-165，70th. edition，1989—1990

*摘自其他参考书。

附录七

标准电极电位表

（温度25℃）

编号	电极反应	$\varphi^\ominus$（V）
1	$Li^{+}+e \rightleftharpoons Li$	-3.024
2	$K^{+}+e \rightleftharpoons K$	-2.924
3	$Ba^{2+}+2e \rightleftharpoons Ba$	-2.90
4	$Ca^{2+}+2e \rightleftharpoons Ca$	-2.87
5	$Na^{+}+e \rightleftharpoons Na$	-2.714
6	$Mg^{2+}+2e \rightleftharpoons Mg$	-2.34
7	$Al^{3+}+3e \rightleftharpoons Al$	-1.67
8	$ZnO_2^{2-}+2H_2O+2e \rightleftharpoons Zn+4OH^-$	-1.216
9	$Sn(OH)_6^{2-}+2e^- \rightleftharpoons HSnO_2^-+3OH^-+H_2O$	-0.96
10	$SO_4^{2-}+H_2O+2e \rightleftharpoons SO_3^{2-}+2OH^-$	-0.90
11	$2H_2O+2e \rightleftharpoons H_2+2OH^-$	-0.828
12	$HSnO_2^-+H_2O+2e \rightleftharpoons Sn+3OH^-$	-0.79
13	$Zn^{2+}+2e \rightleftharpoons Zn$	-0.762
14	$Cr^{3+}+3e \rightleftharpoons Cr$	-0.71
15	$AsO_4^{3-}+2H_2O+2e \rightleftharpoons AsO_2^-+4OH^-$	-0.71
16	$SO_3^{2-}+3H_2O+6e \rightleftharpoons S^{2-}+6OH^-$	-0.61
17	$2CO_2+2H^{+}+2e \rightleftharpoons H_2C_2O_4$	-0.49
18	$Fe^{2+}+2e \rightleftharpoons Fe$	-0.441
19	$Cr^{3+}+e \rightleftharpoons Cr^{2+}$	-0.41
20	$Cd^{2+}+2e \rightleftharpoons Cd$	-0.402
21	$Cu_2O+H_2O+2e \rightleftharpoons 2Cu+2OH^-$	-0.361
22	$AgI+e \rightleftharpoons Ag+I^-$	-0.151
23	$Sn^{2+}+2e \rightleftharpoons Sn$	-0.140
24	$Pb^{2+}+2e \rightleftharpoons Pb$	-0.126
25	$CrO_4^{2-}+4H_2O+3e \rightleftharpoons Cr(OH)_3+5OH^-$	-0.12
26	$Fe^{3+}+3e \rightleftharpoons Fe$	-0.036

续表

编号	电极反应	$\varphi^\ominus$（V）
27	$2H^+ + 2e \rightleftharpoons H_2$	0.0000
28	$NO_3^- + H_2O + 2e \rightleftharpoons NO_2^- + 2OH^-$	0.01
29	$AgBr + e \rightleftharpoons Ag + Br^-$	0.073
30	$S + 2H^+ + 2e \rightleftharpoons H_2S$	0.141
31	$Sn^{4+} + 2e \rightleftharpoons Sn^{2+}$	0.15
32	$Cu^{2+} + e \rightleftharpoons Cu^+$	0.167
33	$S_4O_6^{2-} + 2e \rightleftharpoons 2S_2O_3^{2-}$	0.17
34	$SO_4^{2-} + 4H^+ + 2e \rightleftharpoons H_2SO_3 + H_2O$	0.20
35	$AgCl + e \rightleftharpoons Ag + Cl^-$	0.222
36	$IO_3^- + 3H_2O + 6e \rightleftharpoons I^- + 6OH^-$	0.26
37	$Hg_2Cl_2 + 2e \rightleftharpoons 2Hg + 2Cl^-$	0.267
38	$Cu^{2+} + 2e \rightleftharpoons Cu$	0.345
39	$[Fe(CN)_6]^{3-} + e \rightleftharpoons [Fe(CN)_6]^{4-}$	0.36
40	$2H_2SO_3 + 2H^+ + 4e \rightleftharpoons 3H_2O + S_2O_3^{2-}$	0.40
41	$O_2 + 2H_2O + 4e \rightleftharpoons 4OH^-$	0.401
42	$2BrO^- + 2H_2O + 2e \rightleftharpoons Br_2 + 4OH^-$	0.45
43	$4H_2SO_3 + 4H^+ + 6e \rightleftharpoons 6H_2O + S_4O_6{}^{2-}$	0.48
44	$Cu^+ + e \rightleftharpoons Cu$	0.522
45	$I_2 + 2e \rightleftharpoons 2I^-$	0.534
46	$I_3^- + 2e \rightleftharpoons 3I^-$	0.535
47	$MnO_4^- + e \rightleftharpoons MnO_4^{2-}$	0.54
48	$H_3AsO_4 + 2H^+ + 2e \rightleftharpoons H_3AsO_3 + H_2O$	0.559
49	$IO_3^- + 2H_2O + 4e^- \rightleftharpoons IO^- + 4OH^-$	0.56
50	$MnO_4^- + 2H_2O + 3e \rightleftharpoons MnO_2 + 4OH^-$	0.57
51	$BrO_3^- + 3H_2O + 6e \rightleftharpoons Br^- + 6OH^-$	0.61
52	$ClO_3^- + 3H_2O + 6e \rightleftharpoons Cl^- + 6OH^-$	0.62
53	$O_2 + 2H^+ + 2e \rightleftharpoons H_2O_2$	0.682
54	$Fe^{3+} + e \rightleftharpoons Fe^{2+}$	0.771
55	$Hg_2^{2+} + 2e \rightleftharpoons 2Hg$	0.789
56	$Ag^+ + e \rightleftharpoons Ag$	0.7991
57	$2Hg^{2+} + 2e \rightleftharpoons Hg_2^{2+}$	0.920
58	$NO_3^- + 3H^+ + 2e^- \rightleftharpoons HNO_2 + H_2O$	0.94
59	$HIO + H^+ + 2e \rightleftharpoons I^- + H_2O$	0.99
60	$HNO_2 + 2H^+ + 2e \rightleftharpoons NO + H_2O$	1.00
61	$Br_2 + 2e \rightleftharpoons 2Br^-$	1.0652

续表

编号	电极反应	$\varphi^{\ominus}$（V）
62	$IO_3^- + 6H^+ + 6e \rightleftharpoons I^- + 3H_2O$	1.085
63	$IO_3^- + 6H^+ + 5e \rightleftharpoons 1/2I_2 + 3H_2O$	1.195
64	$O_2 + 4H^+ + 4e \rightleftharpoons 2H_2O$	1.229
65	$MnO_2 + 4H^+ + 2e \rightleftharpoons Mn^{2+} + 2H_2O$	1.23
66	$HBrO + H^+ + 2e \rightleftharpoons Br^- + H_2O$	1.33
67	$Cr_2O_7^{2-} + 14H^+ + 6e \rightleftharpoons 2Cr^{3+} + 7H_2O$	1.33
68	$ClO_4^- + 8H^+ + 7e \rightleftharpoons 1/2Cl_2 + 4H_2O$	1.34
69	$Cl_2 + 2e \rightleftharpoons 2Cl^-$	1.3595
70	$BrO_3^- + 6H^+ + 6e \rightleftharpoons Br^- + 3H_2O$	1.44
71	$ClO_3^- + 6H^+ + 6e \rightleftharpoons Cl^- + 3H_2O$	1.45
72	$HIO + H^+ + e \rightleftharpoons 1/2I_2 + H_2O$	1.45
73	$PbO_2 + 4H^+ + 2e \rightleftharpoons Pb^{2+} + 2H_2O$	1.455
74	$ClO_3^- + 6H^+ + 5e \rightleftharpoons 1/2Cl_2 + 3H_2O$	1.47
75	$HClO + H^+ + 2e \rightleftharpoons Cl^- + H_2O$	1.49
76	$MnO_4^- + 8H^+ + 5e \rightleftharpoons Mn^{2+} + 4H_2O$	1.51
77	$BrO_3^- + 6H^+ + 5e \rightleftharpoons 1/2Br_2 + 3H_2O$	1.52
78	$HBrO + H^+ + e \rightleftharpoons 1/2Br_2 + H_2O$	1.59
79	$Ce^{4+} + e \rightleftharpoons Ce^{3+}$	1.61
80	$2HClO + 2H^+ + 2e \rightleftharpoons Cl_2 + 2H_2O$	1.63
81	$Pb^{4+} + 2e \rightleftharpoons Pb^{2+}$	1.69
82	$MnO_4^- + 4H^+ + 3e \rightleftharpoons MnO_2 + 2H_2O$	1.695
83	$H_2O_2 + 2H^+ + 2e \rightleftharpoons 2H_2O$	1.77
84	$S_2O_8^{2-} + 2e \rightleftharpoons 2SO_4^{2-}$	2.01
85	$O_3 + 2H^+ + 2e \rightleftharpoons O_2 + H_2O$	2.07
86	$F_2 + 2e \rightleftharpoons 2F^-$	2.87

主要参考书目

[1] 中国药品生物制品鉴定所，中国药品检验总所. 药品检验仪器操作规程. 北京：中国医药科技出版社，2010.

[2] 许海霞，王秀丽. 医用化学基础. 郑州：郑州大学出版社，2013.

[3] 王充，李银花. 无机及分析化学. 北京：科学出版社. 2013.

[4] 和玲，高敏，李银环. 无机与分析化学. 2 版. 西安：西安交通大学出版社，2013.

[5] 天津大学无机化学教研室. 无机化学. 4 版. 北京：高等教育出版社，2012.

[6] 张国升，靳学远. 无机化学. 北京：化学工业出版社，2013.

[7] 谢庆娟，杨其绛. 分析化学. 北京：人民卫生出版社，2012.

[8] 李发美. 分析化学. 北京：人民卫生出版社. 2011.

[9] 牟晓红，冷宝林. 化学分析. 北京：中国石化出版社，2013.

[10] 谢庆娟，李维斌. 分析化学. 2 版. 北京：人民卫生出版社，2013.

[11] 潘国石. 分析化学. 3 版. 北京：人民卫生出版社，2014.

[12] 谢美红，李春. 分析化学. 北京：化学工业出版社，2013.

[13] 李桂馨. 分析化学. 3 版. 北京：人民卫生出版社，2013.

[14] 张凌，李锦. 分析化学. 北京：人民卫生出版社，2012.

[15] 李自刚，弓建红. 现代仪器分析技术. 北京：中国轻工业出版社，2011.

[16] 张韶虹. 医用化学检测技术. 北京：化学工业出版社，2013.

[17] 闫冬良. 药品仪器检验技术. 北京：中国中医药出版社，2013.

[18] 闫冬良. 无机与分析化学基础. 北京：中国中医药出版社. 2015.

[19] 李春，商传宝. 分析化学. 南京：江苏凤凰科学出版社. 2015.

[20] 朱爱军. 分析化学. 北京：人民卫生出版社. 2016.